**Berlin,
Dezember
1989**
Berlin,
December
1989

UNBUILDING WALLS

Vom Todesstreifen zum freien Raum
From Death Strip to Freespace

Marianne Birthler, Lars Krückeberg, Wolfram Putz, Thomas Willemeit (Hrsg./Eds.)

Diese Publikation erscheint anlässlich der Ausstellung
„Unbuilding Walls. Vom Todesstreifen zum freien Raum".
Deutscher Pavillon auf der 16. Internationalen
Architekturausstellung 2018
La Biennale di Venezia

This book is published in conjunction with the exhibition
"Unbuilding Walls. From Death Strip to Freespace".
German Pavilion at the 16th International Architecture
Exhibition 2018
La Biennale di Venezia

Im Auftrag von

Bundesministerium
des Innern, für Bau
und Heimat

Birkhäuser
Basel

INHALTSVERZEICHNIS

TABLE OF CONTENTS

PROJEKTE

EPILOG

ANHANG

PROJECTS

EPILOG

APPENDIX

GRUSSWORT DES BUNDESPRÄSIDENTEN DER BUNDESREPUBLIK DEUTSCHLAND FRANK-WALTER STEINMEIER

WELCOMING ADDRESS BY THE FEDERAL PRESIDENT OF THE FEDERAL REPUBLIC OF GERMANY FRANK-WALTER STEINMEIER

Berlin, im März 2018

Der 6. Februar dieses Jahres ist ein besonderer Tag. Seit diesem Tag ist die Mauer länger verschwunden, als sie gestanden und Berlin, Deutschland und Europa geteilt hat – 28 Jahre.

Sie war eine mörderische Mauer, die Familien zerrissen, politische Unterdrückung zementiert und Menschen das Leben gekostet hat, die auf der Flucht getötet wurden. Niedergerungen wurde sie von mutigen Ostdeutschen, die eingefordert haben, was den meisten von uns heute selbstverständlich erscheint: demokratische Selbstbestimmung, politische und wirtschaftliche Freiheit. Der Fall der Mauer ist Sinnbild für die Wiedervereinigung beider deutscher Staaten und für die Geburtsstunde eines geeinten Europas.

Wie Mauern nachhaltige räumliche Wirkung hinterlassen, sieht man in Berlin heute noch. Auch 28 Jahre nach dem Mauerfall hat die Stadt Narben. Manche wurden mehr oder minder erfolgreich überbaut. Es wäre jedoch ein Fehler, alle Spuren der Erinnerung zu tilgen. Sie zu erhalten und sichtbar zu machen, ist wichtig für die Weitergabe unseres baukulturellen Erbes. Grenzgebiete und Mauerstreifen neu zu beleben, birgt dabei auch ein großes städtebauliches Potenzial für die noch immer zusammenwachsende Stadt, das noch immer zusammenwachsende Land.

Berlin, March 2018

February 6 this year is a special date. From that day onwards, the Wall has been gone for longer than it existed and divided Berlin–Germany and Europe–for 28 years.

It was a murderous wall that tore families apart, cemented political oppression and cost those who attempted to flee their lives. It was vanquished by the courage of East Germans who wanted only what most of us take for granted today: democratic self-determination and political and economic freedom. The fall of the Wall is a symbol of the reunification of both German states and the birth of a united Europe.

The lasting effect that walls have on our environment can still be seen in Berlin today. Even 28 years after the fall of the Wall, the city still bears its scars. While some have been more or less successfully built over, it would be a mistake to eradicate all traces of its memory. We must maintain and make visible these traces as part of our architectural and cultural heritage. At the same time, the regeneration of the border regions and the wall strip offers great potential for development in the urban fabric of a city that is still growing together, in a country that is also still growing together.

Unbuilding Walls beleuchtet das Phänomen „Mauer" und seine Auswirkungen in vielfältiger Weise, seien es die städtebaulichen Akzente, die es setzt, oder die Fehlstücke in der Stadtstruktur, die es sichtbar macht. Damit vermittelt der deutsche Beitrag auf der 16. Architektur-Biennale 2018 in Venedig die räumliche Geschichte der Teilung an nachfolgende Generationen.

Die Berliner Mauer ist verschwunden, ein für alle Mal. Aber in den letzten Jahren, insbesondere in der aufwühlenden Debatte über Flucht und Migration, sind neue Mauern entstanden, weniger sichtbare, ohne Stacheldraht und Todesstreifen – aber Mauern, die dem gesellschaftlichen Zusammenhalt im Wege stehen. Auch diesen anderen Mauern spürt die Ausstellung nach, sie nimmt Bezug auf aktuelle Debatten über Ausgrenzung und Spaltung.

Architektur allein kann gesellschaftliche Mauern nicht abtragen. Aber Architektur prägt das Sehen und das Denken, das Sich-Begegnen und Zusammenleben. Umso mehr wünsche ich dieser Ausstellung viele Besucher und verspreche mir neue Impulse, wie *Unbuilding Walls*, das Überwinden von Mauern, gelingen kann.

Unbuilding Walls examines the phenomenon of the "wall" and its impact at many different levels, whether as a defining element for the development of a city or the holes and fissures in the urban fabric it reveals. The German Pavilion at the 16th Architecture Biennale 2018 in Venice thus communicates the spatial history of German division for future generations.

The Berlin Wall is gone once and for all. But in recent years, especially in connection with emotional debates on flight and migration, new walls have begun to appear, walls that are less visible, walls without barbed wire and death strips, but walls that nevertheless stand in the way of social cohesion. These walls are also the subject of this exhibition; it makes reference to current debates on exclusion and division.

Architecture alone cannot remove walls in society. But architecture shapes how we see and think, how we interact and how we live together. For all these reasons and more, my wish is that as many people as possible will be able to experience this exhibition. May it give us fresh impetus and new ideas on how we can proceed with *unbuilding walls*.

EINLEITUNG DER KURATOREN

MARIANNE BIRTHLER
LARS KRÜCKEBERG
WOLFRAM PUTZ
THOMAS WILLEMEIT

Unbuilding Walls im Deutschen Pavillon
Unbuilding Walls in the German Pavilion

INTRODUCTION BY THE CURATORS

MARIANNE BIRTHLER
LARS KRÜCKEBERG
WOLFRAM PUTZ
THOMAS WILLEMEIT

Seit der Mensch sesshaft geworden ist, baut er Mauern – um sich zu schützen, das Seine zu bewahren, seine Zugehörigkeit räumlich zu definieren. Jede Mauer ist damit auch immer ein Postulat des „Wir" gegen die „Anderen". Mauern trennen. Darüber, ob Mauern gut oder schlecht sind und für wen, entscheidet erst die Absicht, mit der eine Mauer gebaut wird, welche Funktion und Bedeutung sie einnimmt. Dient sie dazu, Menschen zu schützen oder schränkt sie deren Freiheit ein und macht diese zunichte? Im letzteren Fall werden Mauern zu Gefängnissen, zu Instrumenten der Ausgrenzung und des Zerreißens von etwas, das zuvor verbunden war. Dies trifft auch für die Mauer zu, die 1961 von der DDR-Regierung rund um West-Berlin und entlang der deutsch-deutschen Grenze gebaut wurde, um die in ihrem Machtbereich lebenden Menschen an der Flucht zu hindern. Eine Schutzfunktion hatte sie allenfalls für die Machthaber. Für die Menschen in der DDR war sie ein Gefängnis.

Die Berliner Mauer insbesondere nahm bald eine symbolische Bedeutung ein, die über das eigentliche Bauwerk hinausging. Sie stand nicht nur für die Teilung einer Stadt und eines ganzen Landes, sondern sie wurde zum Sinnbild für staatliche Repression, gewaltsame Trennung, autokratische Willkür und das Potenzial zur Unmenschlichkeit einer politischen Ideologie. Die Mauern in der Welt schotten autoritäre Systeme vom Rest der Welt mit einer todbringenden Grenze ab, oder sind das Ergebnis jahrzehntelanger Konflikte, gescheiterter Diplomatie, des Unwillens bzw. der Unfähigkeit, friedliche und menschenfreundliche Lösungen zu suchen und zu finden.

Seit dem 5. Februar 2018 ist die Mauer, die Deutschland 28 Jahre teilte, länger verschwunden, als sie stand. Dieser geschichtliche Spiegelmoment bietet Anlass, sich mit den Entwicklungen im ehemaligen Grenzraum seit dem Fall der Mauer zu beschäftigen. Mauer und Grenzanlagen waren ein Raum, in dem jedwede Spuren der Vergangenheit ausgelöscht wurden, um für eine Todeszone Platz zu machen, die jeglichen Versuch aus der DDR zu fliehen verhindern sollte. Als in Folge der friedlichen Revolution in der DDR die Mauer am 9. November 1989 fiel, lag diese militärische Wüstung zwischen den ein Jahr später wiedervereinten Landesteilen wie eine große Wunde. Sie stellte aber auch eine große Chance dar, den Prozess des Zusammenwachsens räumlich und programmatisch zu gestalten.

People have been building walls since mankind became sedentary—to protect themselves, to keep safe what is theirs and to give spatial definition to a sense of belonging. Every wall therefore postulates an "us" and "them". Walls divide. Whether walls are good or bad, and for whom, depends on the reason why they were built and the function and meaning they assume. Do they serve to protect people or do they limit their freedom and render it worthless? In the latter case, walls become prisons, instruments of exclusion and division that separate what was formerly connected. This applies to the wall built in 1961 by the GDR government around West Berlin and along the inner-German border to prevent people living in their territory from leaving. Its protective function served at most those in power. For the people of the GDR it was imprisoning.

The Berlin Wall, in particular, quickly took on a symbolic meaning over and above that of the actual construction. It represented not only the division of a city and the division of an entire country but also came to symbolize state repression, forcible separation, autocratic despotism and the inhuman potential of a political ideology. The walls in this world seal off authoritarian regimes from the rest of the world with a frequently deadly border, or are the product of decades of conflict, failed diplomacy, or a lack of will or ability to seek and find peaceful and humane solutions.

Since February 5, 2018, the Wall that divided Germany for 28 years has been gone for longer than it was there. This symmetrical moment in history presents an opportunity to reflect on developments in the former border space since the fall of the Wall. The Wall and its border installations were a space that eradicated all traces of the past in order to turn it into a deadly zone that would hinder any attempt at fleeing the GDR. A year after the peaceful revolution brought about the fall of the Wall on November 9, 1989, this military zone laid empty between the two parts of the now reunified country like a vast open wound. At the same time, it also represented a unique opportunity to shape the process of the growing together of the city and country both spatially and programmatically.

Die Beschäftigung mit dem Mauerstreifen steckt voller Ambivalenzen.

Bis heute lässt sich eine komplexe Heterogenität der Ansätze erkennen. Revolution und Mauerfall trafen die beiden deutschen Teilstaaten unvorbereitet, und es gab für den Weg in die Einheit keinen Masterplan. Wie in vielen anderen Bereichen der deutschen Gesellschaft entwickelte sich auch in den Planungs-disziplinen eine „Schlagseite" im Einigungsprozess, die viele ehemalige DDR-Bürger unzufrieden zurück-ließ und nach wie vor für soziale und gesellschaftliche Spannungen sorgt.

Dort, wo sich zuvor Mauer und Todesstreifen befanden, ging es darum, freie Räume zu gestalten. Neben den staatlich initiierten Verbindungsarchi-tekturen, wie beispielsweise dem Band des Bundes von Axel Schultes (S. 196), entwickelte sich ein vielgestaltiges, demokratisches Ringen um den neuen freien Raum. Darf man auf einem ehemaligen Todesstreifen wohnen? Sollte man dieses brutale, gebaute Zeugnis eines schwierigen und konfliktrei-chen Abschnitts deutscher Geschichte auslöschen oder aber für zukünftige Generationen erhalten? Die Beschäftigung mit dem Mauerstreifen steckt voller Ambivalenzen. Ost und West, Trennung und Verbindung, Prominenz und Alltag, Vergessen und

Für die Videoinstallation *Wall of Opinions* im Deutschen Pavillon reisten die Journalistin Maria Seifert und der Kameramann Helge Renner an Grenzmauern in Zypern, Nordirland, zwischen Israel / Palästina, USA / Mexiko, Nord- und Süd-korea sowie an die EU Außengrenze in Ceuta. Dort interviewten sie Menschen, die mit Mauern leben. Die Dreharbeiten dauerten zur Drucklegung dieses Ausstellungskatalogs noch an. For the video installation *Wall of Opinions* in the German Pavilion, the director Maria Seifert and cinematographer Helge Renner interviewed people living alongside the border walls in Cyprus, Northern Ireland, between Israel and the Occupied Palestinian Territories, the USA and Mexico, North and South Korea as well as the EU's external border at Ceuta. Filming was still in progress as this catalog went to print.

The approaches to dealing with the space left behind by the Wall are rife with ambivalent situations.

Gedenken, Besetzen und Freilassen, Gewinnen und Verlieren, Wiederherstellen oder Verändern: In diesen aufgeladenen Spannungsfeldern wurden Lösungen gefunden, die mal ein bewusstes Nebeneinander, Verbindungen von Altem und Neuem, mal aber auch etwas ganz Neues, Überraschendes abbilden.

Der Pluralismus der Architekturen der letzten 28 Jahre entlang des früheren Todesstreifens ist das gebaute Abbild dieser Debatte. Er dokumentiert das Ringen um Selbstverständnis und Identität – der jeweiligen Akteure ebenso wie des wiedervereinten Deutschlands und seiner Menschen insgesamt. Die Vielfalt der Ergebnisse betrachten wir deshalb als Reichtum, denn sie ist nicht zuletzt Beleg einer lebendigen, pluralen Zivilgesellschaft.

Zugleich befindet sich diese Entwicklung noch im Prozess: Auch überwundene Mauern werfen lange Schatten. Die städtebaulichen und architektonischen Themen sind untrennbar verbunden mit den gesellschaftlichen Umwälzungen auf dem Gebiet der früheren DDR, mit den Erfolgsgeschichten der Wiedervereinigung ebenso wie mit den Verwerfungen und Brüchen im Leben zahlloser Menschen. Die durch Mauer und Todesstreifen entstandene „Wunde" muss nicht nur entlang der Grenze heilen. Sie war und ist ein hochkomplexer gesellschaftlicher, ökonomischer und kultureller Prozess, der noch lange nicht abgeschlossen ist. Statistische Erhebungen zeigen, dass das Land auf erschreckende Weise immer noch an vielen Stellen getrennt ist, egal ob es sich um Machtverteilung, Gehälter oder Wahlverhalten dreht. Wie baut man also Mauern ab? Physisch, räumlich, gedanklich: Wie funktioniert *Unbuilding Walls*?

Die Beschäftigung mit der innerdeutschen Grenze und ihren bis heute spürbaren Echoräumen gewinnt im Hinblick auf gegenwärtige Debatten über Nationen und Nationalismus, Protektionismus und Abgrenzung eine erweiterte Aktualität. Während die Welt immer mehr zusammenwächst, werden zeitgleich neue Mauern diskutiert und errichtet, die Menschen

Looking back, we can see a complex variety of different approaches. The revolution and the fall of the Wall happened suddenly, catching both German states unprepared. There was no master plan for the path towards unity. As in many other areas of society during the process of reunification, the work of the planning disciplines was not entirely even-handed, which left many GDR citizens unhappy and to this day is the cause of some resentment and social tension.

Where the Wall and former death strip used to be, the intention was to create free spaces. Alongside state-initiated gestures of connection, such as Axel Schultes' design for the Federal Ribbon (p. 196), a complex process of democratic wrangling ensued about the future of this new urban space that took many forms. Should one be allowed to live on a former death strip? Should one eradicate this brutal, built testimony to a difficult and contentious period of German history or should it be kept for future generations? The approaches to dealing with the space left behind by the Wall are rife with ambivalent situations: East and West, separation and connection, prominence or integration, forget or commemorate, occupy or leave empty, win or lose, reconstruct or transform. Within these fields of tension, solutions have since been found that are sometimes a conscious coexistence of old and new, sometimes a connection of the two and sometimes also something entirely new and surprising.

The pluralism of architectural approaches along the former death strip over the last 28 years is the built manifestation of this debate. It documents a struggle for self-conception and identity—of the respective protagonists as well as of reunified Germany and its people as a whole. For us its variety is an expression of richness, a testament to a vibrant, plural society.

At the same time, this process is still ongoing: walls that have been overcome still cast a long shadow. The urban and architectural concepts are inseparably bound up with the social upheavals and transformations in the former GDR, with the success of reunification and also with the disruptions and changes of direction in people's personal lives. The "wound" that resulted from the Wall and the death strip must heal, and not just along the former border. It has been and continues to be a highly complex social, economic and cultural process that is by no means finished. Statistical surveys show that the country is in

voneinander trennen. In einer Welt, deren Handel globalisiert ist, deren individuelle Kommunikation weltumspannend funktioniert und deren Bedrohung durch ein sich rasant veränderndes Klima nur gemeinsam gelöst werden kann, scheint der populistische Ruf nach Aus- und Abgrenzung absurd, hat aber dennoch große Anziehungskraft: Immer stärkere Vernetzung erzeugt zugleich auch Sehnsüchte und Verlustängste, bezogen auf Besitzstände und Identitäten. Die neuen Mauern sind vor allem Ausdruck gesellschaftspolitischer Veränderungen und des Unwillens bzw. der Ohnmacht zum Dialog. Hier entstehen neue Trennungslinien in den Köpfen, *walls of opinions*; der damit verbundene Abbruch von Kommunikation, die Beendigung des Zuhörens, setzt und verhärtet Denkgrenzen. Derartige Tendenzen gefährden eine freie Gesellschaft, die auf Pluralismus, Toleranz von Diversität und respektvollem Austausch gegründet ist.

Vielleicht lassen sich Mauern nicht immer verhindern. Aber dort, wo sie entstehen, weisen sie immer auch auf einen Notstand hin – auf abgebrochene Kommunikation, auf die Unfähigkeit, Hass und Ungerechtigkeiten mit zivilen Mitteln zu begegnen. Damit wird auch die Verantwortung jedes Einzelnen sichtbar, Mauern in den Köpfen abzubauen.

Von der in Deutschland gebauten und nach 28 Jahren überwundenen Mauer geht eine wichtige Botschaft aus: Mauern werfen lange Schatten. Auch wenn sie eingerissen werden, sind die durch sie verursachten unsichtbaren Trennungen noch lange spürbar.

many respects still alarmingly imbalanced, whether in the distribution of power, earnings or voting patterns. So, how can one dismantle walls? Physically, spatially and mentally: how do we *unbuild walls*?

In the current climate of renewed debate on nations and nationalism, protectionism and segregation, our consideration of the experience of the inner-German border and the many areas in which it continues to resonate today gains new relevance. As the world grows ever more connected, new walls are being discussed and built that separate people from one another. In a world in which trade is global, in which personal communications function on a global scale and in which the threat of rapid climate change can only be tackled together, populist calls for exclusion and restriction seem absurd. Nevertheless, they find a broad echo: the more we are connected, the more it breeds desire on the one hand and a fear of loss on the other with regard to possessions, standing and identity. The new walls that are appearing are above all an expression of socio-political changes and an unwillingness, or an incapacity, to enter into dialog. New dividing lines are arising in people's minds: *walls of opinions* that signal an end to communications, an unwillingness to listen and hardened fronts of opinion. Such tendencies are a threat to free societies founded on pluralism, tolerance of diversity and mutual respect in interactions.

Perhaps it is not possible to prevent walls entirely. Wherever they appear, however, they are a sign of crisis—of a breakdown in communications, of the inability to meet hate and injustice with civil means. This is where every one of us can play a role in breaking down the walls in our minds.

From our experience of the wall built in Germany and of overcoming it after 28 years, we can draw an important message: walls cast long shadows—even when walls are torn down, the invisible divisions they create remain tangible for a long time.

**Wall of Opinions im
Deutschen Pavillon**
Wall of Opinions in
the German Pavilion

40 JAHRE TEILUNG BRAUCHEN 40 JAHRE HEILUNG

MARIANNE BIRTHLER

Brunnenstraße 9–10, Berlin "Human willpower can move anything. This house once stood in another country." Brunnenstrasse 9–10, Berlin

40 YEARS OF DIVISION NEED 40 YEARS TO HEAL

MARIANNE BIRTHLER

Als die Mauer gebaut wurde, war ich 13, und lebte mit meiner Familie in Ost-Berlin. Bis dahin war die Grenze noch offen, fünf Minuten zu Fuß war sie entfernt, und wir waren oft im Westen, besuchten Verwandte und Freunde, kauften ein, was es bei uns nicht gab, gingen ins Kino und besichtigten das neu gebaute Hansa-Viertel.

Im Sommer 1961 wurde unsere Welt von einem Tag auf den anderen sehr klein. Vom frühen Morgen des 13. Augusts an wurden Straßen aufgerissen, Panzersperren errichtet, Bahnstrecken stillgelegt. Die SED ließ die Berliner Grenze abriegeln, über die in den letzten Jahren immer mehr Menschen aus der ganzen DDR in den Westen geflohen waren. Auf beiden Seiten der Grenze standen Menschen mit fassungslosen Gesichtern. Manche hielten ihre Kinder in die Höhe, winkten einander zu und weinten. Die in der DDR lebenden Deutschen waren zu Gefangenen geworden.

Von Anfang an versuchten Menschen durch die noch verbliebenen Schlupflöcher in den Westen zu gelangen. Günter Litfin, 24 Jahre alt, wollte am 24. August durch den Humboldthafen in den Westen schwimmen und wurde von DDR-Grenzern erschossen. Er war der erste von mehr als 100 Menschen, die in den folgenden Jahren beim Versuch, in die Freiheit zu gelangen, an der Berliner Mauer ums Leben kamen. Viel mehr noch wurden bei Fluchtversuchen verletzt oder festgenommen. Zumeist wurden sie zu langen Haftstrafen verurteilt.

Doch die Mauer wurde nicht nur für diejenigen zum Verhängnis, die ums Leben kamen oder politisch verfolgt wurden. Sie beschädigte das Leben aller Menschen in der DDR. Sie lebten ja nicht nur hinter einer Mauer, sondern auch in einer Diktatur: Als Untertanen der SED, der machthabenden Partei, wurden sie bevormundet, überwacht und, wenn sie nicht gehorchten, bestraft. Eigensinn, Individualität und die Sehnsucht nach Freiheit galten als verdächtig und wurden systematisch abtrainiert.

Im Osten Deutschlands leben bis heute Millionen Menschen, die die meisten Jahre ihres Lebens hinter realen und ideologischen Mauern verbracht haben. Nicht wenige von ihnen würden ihr Leben in der DDR völlig anders beschreiben, als ich das hier tue. Sie schätzen bis heute die Freiheit weniger als die vermeintliche Sicherheit der Diktatur, die Berechenbarkeit des Alltags und einen zwar dürftigen, aber für jeden erschwing-

When the Wall was built, I was 13 and lived with my family in East Berlin. Until then, the border was still open, only five minutes away on foot, and we were often in West Berlin to visit friends and relatives, to go shopping for what we couldn't buy at home, to go to the cinema, and to visit the newly-built district Hansa-Viertel.

In summer 1961, our world grew much smaller from one day to the next. In the early hours of August 13, street surfaces were broken open, tank barriers erected and railway lines closed. The SED, the Socialist Unity Party of the GDR, closed the border in Berlin through which ever more people from the GDR had been fleeing to the West. On both sides of the Wall, people looked on, unable to believe their eyes. Some held their children up high, waved to one another and cried. Germans living in the GDR had suddenly become prisoners.

Right from the beginning, people quickly tried to escape to the West via the few remaining unsecured points. On August 24, 24-year-old Günter Litfin tried to swim to the West through the Humboldt harbor and was shot by GDR border guards. He was the first of more than 100 people to lose their lives at the Wall while trying to escape to freedom in the West over the years that followed. Many more were injured or detained while attempting to flee, most of whom received long prison sentences.

But the Wall was not just devastating for those who died or were subject to political persecution. It damaged the lives of everyone in the GDR. They didn't just live behind a wall, they lived in a dictatorship. As subjects of the SED, the ruling communist party, they were dictated to, surveilled and also punished when not obedient. Self-will, individual expression and a yearning for freedom were deemed suspicious tendencies and were systematically extinguished through education.

Millions of those living in the east of Germany today have spent much of their lives behind real and ideological walls. Not all of them would describe life in the GDR as I have here. For some, freedom was not as important as the apparent social security of the dictatorship, the predictability of everyday life and a standard of life that, although meager, was affordable for everyone. As with every authoritarian system, the SED dictatorship relieved its subjects of the responsibilities, risks and efforts that life in a free country entail. If one was willing to accept that, or even valued it, one could live a relatively untroubled life: those who don't move don't feel the chains. While very few people in East Germany truly wish

lichen Lebensstandard. Wie fast jedes autoritäre System entlastete auch die SED-Diktatur ihre
Untertanen von Verantwortung und den Risiken
und Anstrengungen, die das Leben in einem frei-
en Land mit sich bringt. Wenn man das hinnahm
oder sogar schätzte, lebte man vergleichsweise
unbehelligt: Wer sich nicht bewegt, spürt keine
Ketten. Kaum jemand im Osten Deutschlands
wünscht sich heute wirklich, wieder in der DDR
zu leben, aber die Sehnsucht nach Sicherheit
und die Angst vor Freiheit und Verantwortung
sind immer noch spürbar.

Natürlich gibt es solche Sehnsüchte und Ängste
auch im Westen. Die Deutschen haben eine lange
gemeinsame Geschichte vormundschaftlicher Tradition und autoritärer Strukturen. Sie teilen auch die
Erfahrung der nationalsozialistischen Herrschaft und
des Zweiten Weltkriegs sowie das Wissen um den
Holocaust und um Kriegsverbrechen. Doch schon in
der Frage, wie in beiden deutschen Staaten mit der NS-
Zeit umgegangen wurde, gingen die Bundesrepublik und
die DDR völlig verschiedene Wege: Im Westen dauerte es
mehr als eine Generation, bis Holocaust, Kriegsverbrechen
und die Verfolgung und Ermordung zahlreicher Widerstandskämpfer zum öffentlich anerkannten Thema wurden. Bis dahin
hatten die Opfer der NS-Zeit einen schweren Stand, während
viele Täter und Mitläufer des NS-Systems ihre beruflichen
Karrieren nahtlos fortsetzen konnten. Dann aber entwickelte
sich, vor allem aus der Zivilgesellschaft heraus, eine breitgefä-
cherte Erinnerungskultur, in deren Folge die Verbrechen beim
Namen genannt, die Opfer rehabilitiert und der Widerstand
gewürdigt wurden.

Die DDR hingegen verstand sich seit ihrer Gründung als
antifaschistischer Staat. Die früheren Konzentrationslager
wurden zu Gedenk- und Pilgerstätten. Als Kinder legten wir
Blumen an den Wohnhäusern nieder, an denen Gedenktafeln
an Widerstandskämpfer erinnerten, die dort gewohnt hatten
und von den Nazis ermordet worden waren. Freilich handelte
es sich bei ihnen nahezu ausnahmslos um Kommunisten.
Sozialdemokratischer, erst recht bürgerlicher oder christlich
motivierter Widerstand spielte kaum eine Rolle. Auch von den
Millionen ermordeter Juden war zumindest in den 1950er und
1960er Jahren, als ich zur Schule ging, kaum die Rede. Der
Antifaschismus der DDR war schnell zum politischen Mythos
geworden und vor allem zu einer mächtigen Waffe im Klassen-
kampf. Wer in der sowjetischen Besatzungszone und später
in der DDR gegen die neu errichtete Diktatur rebellierte, verschwand im Lager. Tausende starben, unter ihnen Hunderte
junger Menschen, die Anfang der 1950er Jahre nach Moskau

they could still live in the GDR, a desire for security
and a fear of responsibility and freedom is still very
much present today.

Such desires and worries are, of course, also felt in the
West. The German people have a long common history
of custodial traditions and authoritarian structures. They
share the experience of Nazi rule and the Second World
War and know about the Holocaust and war crimes.
The way in which the two German nations dealt with the
history of the Nazi period, however, was very different in
the GDR and the Federal Republic: in the West it took
more than a generation for the Holocaust, war crimes and
the persecution and murder of many resistance partisans
to become a topic of public debate. Before then, the
victims of the Nazis had a hard time while many perpetrators and supporters of the Nazi regime were able to
continue their careers unhindered. Over time, however, and especially as the result of civic initiatives, a
broad culture of remembrance arose in which these
crimes were acknowledged for what they were,
victims were rehabilitated and the efforts of the
resistance recognized.

The GDR, on the other hand, saw itself as an
anti-fascist state from the moment of its foundation. The former concentration camps became
memorial and pilgrimage sites. As children we
laid flowers in front of the houses of resistance
fighters killed by the Nazis, which were marked
by commemorative plaques. Most of them were,
of course, communists. Social democratic, civil
or religiously motivated resistance played a less-
er role. At the time I went to school in the 1950s
and 1960s, the millions of murdered Jews
were likewise rarely mentioned. The anti-fascist
stance of the GDR was quickly elevated to a
political myth and became a powerful weapon in
the class struggle. Those who rebelled against
the powers in the Soviet Occupation Zone and
later the GDR were deported to special camps.
Thousands died, among them hundreds of
young people deported to Moscow in the early
1950s, who were shot under the pretext that
they were fascists, although that was not the
case. The same mendacious claim was used to
justify the bloody suppression of the democratic
uprising in June 1953. The Nazi perpetrators—
as I was told in school—had all fled the GDR
and lived freely in the West. The same applied
apparently to Nazi accomplices and sympathizers,

**Christburger Straße,
Ost-Berlin, 1978** Christburger
Straße, East Berlin, 1978

deportiert und erschossen wurden – zumeist unter dem Vorwand, dass es sich bei ihnen um Faschisten handelte. Das war ebenso falsch wie die Behauptung, der blutig niedergeschlagene demokratische Volksaufstand vom Juni 1953 sei faschistisch gesteuert gewesen. Die Nazi-Täter – so lernte ich es in der Schule – waren inzwischen allesamt aus der DDR geflohen und lebten unbehelligt im Westen. Anscheinend auch alle Mittäter und Mitläufer, denn in der DDR schien es sie nicht mehr zu geben. Die Ostdeutschen waren die Guten, Hitler war Westdeutscher. Niemals zahlte die DDR auch nur eine Mark an Israel, und die Mauer wurde – logisch! – antifaschistischer Schutzwall genannt. Wie sollte unter diesen Umständen eine ehrliche Auseinandersetzung mit Schuld und Verantwortung erfolgen?

Wer von den noch heute existierenden mentalen Mauern zwischen Ost und West spricht, darf diese historisch relevanten Unterschiede nicht missachten. Mindestens so wirksam war aber, dass sich zwei Gesellschaftssysteme entwickelten, die politisch, wirtschaftlich und ideologisch extrem gegensätzlich waren. Während sich in der Bundesrepublik unter dem Einfluss der Westmächte, verstärkt durch das Wirtschaftswunder, eine parlamentarische Demokratie und im Lauf der Jahrzehnte auch eine offene Gesellschaft entwickelte, wurde in der DDR eine kommunistische Diktatur nach dem Vorbild der Sowjetunion errichtet, ein Land der Mangelwirtschaft, aus dem Millionen in den Westen flohen, ein Land, in dem das Misstrauen regierte und die herrschende Partei das Volk immer stärker überwachte und kontrollierte.

Einer der vielen Witze, die in der DDR hinter vorgehaltener Hand weitererzählt wurden, ging so: Als Deutschland geteilt wurde, wurde auch das Erbe von Karl Marx aufgeteilt: Der Westen bekam das Kapital, und der Osten das Manifest.

Es gehörte seit jeher zu den Lieblingsbeschäftigungen der Ostdeutschen, sich mit dem Westen zu vergleichen. Dieser Vergleich weckte in ihnen aber zumeist keinen Stolz, sondern Sehnsucht und nicht selten Neid. Aber zu Mauer-Zeiten war das eben so: Der wohlhabende Westen und der schäbige Osten mit seinen grauen Städten – das waren halt zwei verschiedene Länder mit einer Grenze dazwischen, und wer es nicht aushielt, versuchte irgendwie in den Westen zu gelangen.

Erst der Fall der Mauer rückte die Unterschiede zwischen Ost und West in ein grelles, unbarmherziges

for there were none living in the GDR, so we were told. The East Germans were the good guys, Hitler was West German. The GDR did not pay any reparations to Israel and the Wall was officially called—of course—the "anti-fascist protection rampart". How could an honest debate on German crimes and responsibilities come to pass in this climate?

Those who speak of the still existent walls in the mind between East and West should not disregard these historically relevant differences. But at least as relevant is the fact that the two models of society developed in very different political, economic and ideological directions. While the Federal Republic grew from strength to strength with the help of the Allied powers, especially in the years of the "economic miracle", and established a parliamentary democracy with an open society that evolved over several decades, the GDR founded a communist dictatorship modeled on that of the Soviet Union in which the economy was increasingly characterized by scarcity. It was a country from which millions fled to the West while they could, and a land where mistrust was widespread, and where the ruling party monitored and surveilled its people with ever stricter controls.

One of the many jokes told behind closed doors describes how the legacy of Karl Marx was divided between the two Germanys: the West got the capital, the East the manifesto.

East Germans always compared themselves with those in the West. The comparison, however, only rarely gave cause for pride, and frequently manifested itself as desire, if not envy. During the Wall years, that was how it was: the affluent West and the shabby East with its gray cities—two countries with a border between them. Those who found it intolerable tried somehow to flee to the West.

But it was the fall of the Wall that made the differences between East and West ruthlessly apparent: the contrast was patently obvious—one needed only to look at the relative states of the towns and cities, of the economy, of income levels and living standards. In newly reunified Germany, not so obvious but nevertheless very tangible differences also came to light: the East had a different culture of living, different ways of communicating, and many lacked the experiences and capabilities to compete with self-assured, competitive "Wessis". To compound this, many felt a sense of

Licht: Der Kontrast war offenkundig – mit Blick auf den Zustand der Städte und der Wirtschaft, die Einkommensverhältnisse und den Lebensstandard. Jetzt, im wiedervereinten Deutschland, zeigten sich auch die nicht so offensichtlichen, aber sehr spürbaren Unterschiede: Der Osten hatte eine andere Lebenskultur, andere Kommunikationsformen, und vielen mangelte es an der Fähigkeit, sich neben den selbstbewussten und konkurrenzerfahrenen „Wessis" zu behaupten. Hinzu kam ein Gefühl von Zweitklassigkeit neben den weltläufigen Westlern, die noch dazu keinen Anlass sahen, sich mit dem Erbe der SED-Diktatur auseinanderzusetzen – weder mit den Folgen der Unterdrückung, dem Verrat, noch dem Abschied von lebenslangen Überzeugungen.

Gleichzeitig mit der Wiedervereinigung gab es im Osten noch einen anderen, sehr schmerzhaften Kampf: Zwischen denen, die als Parteifunktionäre, Kaderleiter, Stasi-Offiziere, Schuldirektoren oder FDJ-Sekretäre die Diktatur gestützt hatten, und – auf der anderen Seite – jenen, die immer in Distanz zu den Machthabern gelebt hatten: als Akteure der politischen Opposition oder als Menschen, deren Leben durch Verfolgung, Haftstrafen, Bildungs- und Berufsverbote zerstört oder beeinträchtigt worden war. Dazwischen die große Mehrheit derjenigen, die – mal mehr, mal weniger anständig – irgendwie durch die Zeit gekommen waren und jetzt versuchten, die eigene Biografie und Lebensleistung zu verteidigen, vor sich selbst, aber auch vor dem kritischen Blick des

being second class citizens alongside the cosmopolitan citizens of the West, who for their part saw no reason why they should deal with the legacy of the SED dictatorship—neither the consequences of repression, the sense of betrayal nor the need to part with long-held convictions.

At the same time as the reunification, another extremely painful battle was underway in the East: between those who had supported the dictatorship as party functionaries, group leaders, Stasi officers, school directors or FDJ youth movement secretaries and—on the other side—those who had kept their distance to those in power: members of political opposition groups or people whose lives had been destroyed or obstructed by persecution or detention, or who had been barred from studying or pursuing their preferred occupation. Between these poles were the greater majority of more or less respectable people who had somehow managed to muddle through and now found their own biographies and life achievements thrown into a new light that frequently put them on the defensive, especially vis-à-vis critical scrutiny from the West. Few in the West, however, took the time to more carefully appraise the biographies of East Germans and many a

Regierungskabinett der großen Koalition 2018. Außer der Bundeskanzlerin Angela Merkel stammt nur Franziska Giffey, Ministerin für Familie, Senioren, Frauen und Jugend, aus Ostdeutschland. Cabinet ministers of the German grand coalition in 2018: with the exception of the Federal Chancellor Angela Merkel, only Franziska Giffey, Minister for Family Affairs, Senior Citizens, Women and Youth, is originally from East Germany.

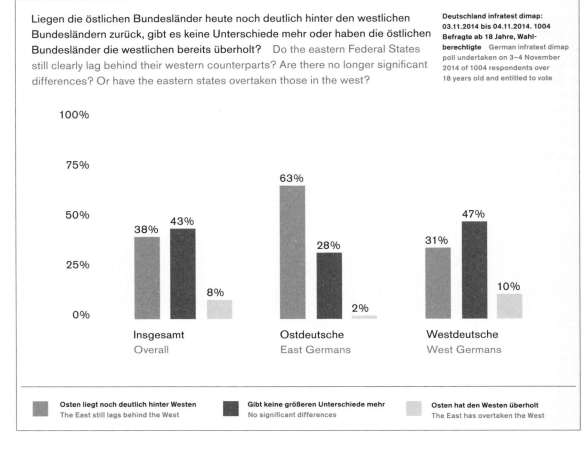

Liegen die östlichen Bundesländer heute noch deutlich hinter den westlichen Bundesländern zurück, gibt es keine Unterschiede mehr oder haben die östlichen Bundesländer die westlichen bereits überholt?   Do the eastern Federal States still clearly lag behind their western counterparts? Are there no longer significant differences? Or have the eastern states overtaken those in the west?

Deutschland infratest dimap: 03.11.2014 bis 04.11.2014. 1004 Befragte ab 18 Jahre, Wahlberechtigte   German infratest dimap poll undertaken on 3–4 November 2014 of 1004 respondents over 18 years old and entitled to vote

Insgesamt / Overall — 38%, 43%, 8%
Ostdeutsche / East Germans — 63%, 28%, 2%
Westdeutsche / West Germans — 31%, 47%, 10%

Osten liegt noch deutlich hinter Westen / The East still lags behind the West
Gibt keine größeren Unterschiede mehr / No significant differences
Osten hat den Westen überholt / The East has overtaken the West

Westens. Dort gab es wenig Bereitschaft, sich differenziert mit den Biografien der Ostdeutschen zu beschäftigen, und manch Journalist oder auch Vorgesetzter witterte in jeder Lehrerin oder jedem Abteilungsleiter einen früheren Stasispitzel. Die Ostdeutschen reagierten gekränkt, oft auch wütend.

Mit dem Ende der SED-Diktatur war auch ein politisch gewollter und zweifellos sinnvoller Elitenwandel verbunden: Zahlreiche führende Mitarbeiter aus Justiz, Verwaltung, Polizei oder Universitäten, die ihre Funktionen nicht durch Qualifikation, sondern durch SED-Parteikarrieren erworben hatten, wurden völlig zu Recht abgelöst. Doch woher sollten neue, unbelastete Richter oder Verwaltungsfachleute kommen? In vielen Fällen wurden die freigewordenen Stellen also nicht mit Ost-, sondern mit Westdeutschen ersetzt.

Viel dramatischer als der politisch bedingte Elitenwechsel wirkten sich jedoch die rasend schnellen Veränderungen in fast allen gesellschaftlichen Bereichen, vor

journalist, superior or head teacher suspected a former Stasi informer among their staff. The East Germans were naturally offended and frequently also furious.

The end of the SED dictatorship also heralded a fundamental switch of those in elite positions that was both politically motivated and without doubt sensible: numerous directorial staff in the judiciary, public administration, police service and universities who had acquired their position not through qualifications but through party connections were replaced, and rightfully so. The problem was: where could one find new suitably qualified and politically untainted judges or administrative personnel? As a consequence, many of the vacant positions were appointed to West Germans rather than East Germans.

More dramatic than the politically necessary replacement of the old administrative elite, however, were the rapid changes in almost all areas of society, especially in the economy and job market. The effect on the vocational and professional biographies of many East Germans was dras-

allem in der Wirtschaft und auf dem Arbeitsmarkt aus. Sie hatten gravierende Brüche in den Berufsbiografien vieler Ostdeutscher zur Folge – entweder weil ihre Ausbildung und ihre Studienabschlüsse für den bundesdeutschen Arbeitsmarkt nicht taugten oder weil ihre Arbeitsplätze nicht mehr existierten oder auch weil sie in der Konkurrenz mit aus dem Westen stammenden Bewerbern nicht mithalten konnten. Das wiederum lag nicht selten an gänzlich anderen Berufserfahrungen oder einer Arbeits- und Kommunikationskultur, die sich von der des Westens unterschied.

Die große Mehrheit der Ostdeutschen war von diesen Brüchen und Abbrüchen betroffen. Plötzlich wieder ganz am Anfang zu stehen, mit dem Gefühl, dass 20 oder 30 Jahre Berufserfahrung nichts mehr wert sind – das ist schwer in einem Alter, in dem andere die letzten Stufen einer erfolgreichen Karriereleiter erklommen haben und sich eines entsprechenden Einkommens und Ansehens erfreuen.

Auch die Statistiken zeigen deutliche Unterschiede: Durchschnittlich verdienen die Ostdeutschen 20 Prozent weniger als ihre Landsleute im Westen und verfügen über weniger als die Hälfte an Geld- und Immobilienvermögen. Und dort, wo in Deutschland Entscheidungen fallen – die großen, wirklich wichtigen Entscheidungen –, kann man die Ostler mit der Lupe suchen. In den Top-Etagen von Universitäten, DAX-Unternehmen, Verlagen, Gewerkschaften, Bundeswehr, Medienanstalten oder Zeitungsverlagen regiert nach wie vor der Westen: Als Führungselite der Bundesrepublik gelten nach wissenschaftlicher Einschätzung zwischen 5000 und 10.000 Spitzenpositionen.[1] Maximal zwei Prozent davon haben Ostdeutsche inne, obwohl diese etwa 17 Prozent aller Bundesbürger ausmachen. Während von den 13 Mitgliedern der Bundesregierung immerhin zwei aus dem Osten kamen, sieht es auf der Ebene darunter anders aus: Von 60 Staatssekretären sind ganze drei ostdeutscher Herkunft. Von den insgesamt 190 Vorstandsposten der DAX-Konzerne befinden sich ganze drei in den Händen Ostdeutscher. Ganze zwei von 200 Bundeswehr-Generälen sind ostdeutscher Herkunft, von den obersten Richtern der Bundesgerichte niemand.

Bemerkenswert ist auch die Machtverteilung im Osten selbst, also den fünf neuen Bundesländern: Dort sind weniger als 25 Prozent der Positionen, die zur Führungselite gehören, von Ostdeutschen besetzt. Beispielsweise

tic—either because their training and studies no longer qualified them to work in their vocation, because their work place no longer existed or because they could not compete with other applicants from West Germany. That, in turn, was often due to different work experiences, a different work ethic and a different culture of communication to that in the West.

Overall, the greater majority of East Germans have experienced interruptions to or switches in their careers. Having to start again from scratch after 20 or 30 years working in a job that is no longer deemed useful is difficult, especially at an age when other members of one's peers are reaching the upper rungs of their career ladder and are enjoying a corresponding income and reputation.

The statistics reveal these differences quite clearly: on average, East Germans earn 20 percent less than their fellow citizens in the West and have less than half as much capital in savings or property. And in senior management—where the really important decisions are being made in Germany—East Germans are so scarce one practically needs a magnifying glass to find them. In the boardrooms and management of universities, Stock companies, publishers, trade unions, the armed forces, media institutions and newspapers, the West still rules: according to academic research, this management elite numbers some 5,000 to 10,000 leading positions.[1] Of these, a maximum of two percent are occupied by East Germans, although East Germany makes up 17 percent of the population. While two of the 13 ministers of the German government in 2017 came from the East, the situation in the next tier is very different: only three of the 60 state secretaries originate from the East. Of the 190 board seats of Stock companies, just three are occupied by former East Germans. In the armed forces it is no different: two of the 200 Bundeswehr generals are originally from the East. And of the chief judges at federal courts, none are from the East.

In the five new eastern Federal States themselves, the distribution of power is equally astounding: of the leading positions in East Germany, East Germans account for less than 25 percent. For example, only 25 percent of companies registered in the East also have directors from the East. Only three of the 14 university rectors are from East Germany and not quite 13 percent of all judges at superior courts.[2]

Heute zeigt eine Doppelpflastersteinreihe
den Verlauf der ehemaligen Berliner Mauer
Today a double row of cobblestones marks
the course of the former Berlin wall

40 JAHRE TEILUNG BRAUCHEN 40 JAHRE HEILUNG   40 YEARS OF DIVISION NEED 40 YEARS TO HEAL

stammen in den dort ansässigen Unternehmen nur 25 Prozent der Leiter aus dem Osten. Nur drei von 14 Hochschulrektoren sind ostdeutscher Herkunft und nur knapp 13 Prozent aller Richter an obersten Gerichten.[2]

Warum ist das so? Mit dem Elitenwechsel nach dem Ende der Diktatur ist es nicht, jedenfalls nicht hinreichend, zu begründen. Vielmehr ist von Bedeutung, dass Karrieren über Jahrzehnte aufgebaut werden und von bestimmten Start-bedingungen abhängen, nicht zuletzt von der Kultur, in der ein Mensch großgeworden ist und Verbindungen geknüpft hat. Ähnliche Erfahrungs-welten, lebenslang wirkmächtige Verbindungen und eine gewisse, eher auf der Gefühlsebene angesiedelte kulturelle Nähe – all das begünstigt den Aufstieg. Die langwirkenden Geflechte von Voraussetzungen und Bedingungen sind bei Ost- und Westdeutschen nach wie vor höchst unterschiedlich und wirken sich in hohem Maße aus, wenn es um die Besetzung von Top-Positio-nen geht.

Hinzu kommt, dass der Westen auch ohne den Osten, also auch ohne die Menschen aus

Why is that so? The replacement of the old elite after the end of the dictatorship can only explain some of that. A more likely reason is that careers are built up over decades and depend in part on certain starting conditions, not least the culture in which a person grew up and the connections they have made. Similar worlds of experience, useful lifelong connections and at an emotional level, similar cultural wavelengths all help people rise through the ranks. The long-term networks of backgrounds, conditions and connections are still very different in East and West Germany and this plays a par-ticularly strong role in the appointment of top positions.

In addition, the West had functioned well without the East, and by extension without people from the East. The East, on the other hand, was heavily dependent on the West both before and after the fall of the Wall—on its money but also its know-how. After reunification, thousands upon thousands of civil servants, lawyers, administrative personnel and managers made a vital contribution to the reconstruction of the territories of the former GDR, for example to convert the centrally planned economy into a market economy, to transform the dictatorship into a democratic constitutional state and to adapt its structures, legislation and administrative processes to those of West Germany. That was a com-prehensive process that demanded a lot from the people

dem Osten, gut funktionierte. Der Osten wiederum war vor und nach dem Mauerfall in hohem Maße auf den Westen angewiesen – auf sein Geld ebenso wie auf sein Know-how. Nach der Wiedervereinigung leisteten abertausende Beamte, Juristen, Verwaltungsfachleute und Manager unverzichtbare Aufbauarbeit auf dem Gebiet der früheren DDR, um die Planwirtschaft in die Marktwirtschaft zu überführen, um das Land aus einer Diktatur in einen demokratischen Rechtsstaat zu verwandeln, um Strukturen, Gesetze und Verwaltungsverfahren an den Westen anzupassen. Das war ein umfassender Prozess, der den Menschen viel abverlangte und alle Lebensbereiche wie auch den gesamten Alltag betraf. Einerseits stieß er auf viel Zustimmung – immerhin hatten ja die Bürgerinnen und Bürger der DDR selbst die Entscheidung getroffen, der Bundesrepublik beizutreten und möglichst schnell und umfassend deren Verhältnisse zu übernehmen. Andererseits aber brachte dieser Anpassungsprozess, so erfolgreich er auch war, Enttäuschungen mit sich. Sehr schnell stellte sich heraus, dass die Ostler als Konsumenten hoch willkommen waren, aber weniger als Arbeitskräfte. Und dass nichts, aber auch gar nichts von der DDR übrigbleiben sollte, auch nicht das, was ganz gut funktioniert hatte. Das wurde von vielen als Kränkung erlebt. Der aus der DDR stammende ZEIT-Journalist Christoph Dieckmann bringt dies folgendermaßen auf den Punkt: „Der Westen brauchte keinen Osten; er war stabil und komplett. Er koppelte die „neuen Länder" an wie eine Lok die Wagen 12 bis 16. Bisweilen keuchte die Lok, doch fortan war der Osten Drittelland und Fünftelvolk und hatte sich der Mehrheitsgesellschaft und ihren Regularien zu fügen."[3]

Ja, die deutsche Einheit ist eine Erfolgsgeschichte. Und auf den ersten und vielleicht auch zweiten Blick sind die Deutschen zusammengewachsen. Ein gigantisches Sanierungsprogramm hat die zerfallenen Innenstädte wieder auferstehen lassen. Dort, wo Seen und Flüsse durch industriellen Dreck in stinkende Gewässer mit schillernder Oberfläche verwandelt worden waren, kann man heute wieder schwimmen gehen. Und das Schönste und Wichtigste: Die einst hinter der Mauer gefangenen Ostdeutschen reisen durch die Welt und müssen sich auf der Straße nicht mehr ängstlich umschauen, bevor sie einen politischen Witz erzählen. Für die Generation meiner Enkel, um die Jahrtausendwende herum geboren, sind SED-Diktatur und Teilung lang zurückliegende Geschichte, und die Frage, wer aus dem Osten und wer aus dem Westen kommt, entscheidet weder über ihren Bildungsweg noch über ihre Karrierechancen.

and affected all realms of daily life. On the one hand it met with much support–the citizens of the GDR had, after all, made the decision to join the Federal Republic and wanted to achieve the same general conditions as completely and as soon as possible. At the same time, this process of adaptation, as successful as it was, brought disappointments with it. It quickly became clear that the East Germans were very welcome as consumers but less so as a workforce. Even more galling was the fact that nothing, absolutely nothing of the GDR remained, not even that which had functioned well. For many, that was an affront. Writing in the ZEIT, the journalist Christoph Dieckmann, who originated from the GDR, wrote: "The West did not need the East; it was already stable and complete. The 'new Federal States' were simply hooked up, as if attaching wagons 12 to 16 to a train. To begin with, the train strained, but from that point on, East Germany was a third of the country and a fifth of the population and had no option but to comply with the majority of society and its rules and regulations."[3]

Yes, the reunification of Germany has been a success. And at first, and perhaps also second glance, the German people have grown together. A gigantic renovation program has revitalized many of the dilapidated inner cities. And one can now swim in the lakes and rivers that once reeked and shimmered due to industrial pollution. And best and most important of all: East Germans who once lived behind the Wall can travel around the world and no longer need to look around them fearfully before to telling a political joke. For the generation of my grandchildren, born around the turn of the millennium, the SED dictatorship and the division of Germany is a story from the past, and the question of whether one comes from the East or the West no longer dictates one's course of education or career chances.

And still, the question is as relevant as ever. When today's young East Germans ask their grandmothers and grandfathers about their past to learn about their own roots, it seems almost inconceivable to them that the image of democracy can be suffering so alarmingly in a country where their own parents and grandparents experienced and perhaps even assisted in the overthrowing of a dictatorship.

Und trotzdem ist die Frage immer noch von Belang. Die jungen Ostler fragen Opa und Oma nach ihren Geschichten und versuchen, ihre Wurzeln zu finden. Und sie fragen sich, warum dort, wo ihre Eltern und Großeltern den Niedergang einer Diktatur erlebten oder vielleicht sogar mitherbeiführten, das Ansehen der Demokratie beängstigend sinkt.

Neben den Erfolgsgeschichten der deutschen Einheit sind auch neue Mauern sichtbar und spürbar geworden. Mag sein, dass der Begriff „Mauer" für die nach wie vor bestehenden Unterschiede zwischen Ost und West überzogen ist, zumal es ja kein tatsächliches hüben und drüben mehr gibt. Vielmehr leben viele ehemals Ost- und Westdeutsche heute in denselben Städten, sind Nachbarn oder Kollegen. Aber der Riss ist noch da. Und wenn man unter sich ist, nicht nur an den Stammtischen, wird – je nachdem – nach Kräften über die Westler oder die Ostler hergezogen.

Über die Ursachen der nach wie vor bestehenden Unterschiede in den Lebensverhältnissen einerseits und der mangelnden Repräsentanz Ostdeutscher auf der Ebene der Eliten andererseits mag es verschiedene Ansichten geben. Ihre Folgen jedoch beförderten seit Anfang der 1990er Jahre das Gefühl der Zurücksetzung und der Ungerechtigkeit.

Zwar zeigen Befragungen, dass Ost- wie Westdeutsche inzwischen eine „hohe allgemeine Lebenszufriedenheit" äußern. Doch während sich drei Viertel der Westdeutschen in der Bundesrepublik „politisch zu Hause" fühlten, bejahte dies nur knapp die Hälfte der Ostdeutschen. Und nicht nur das: Wahlergebnisse und Umfragen zeigen, dass das Verhältnis der Ostdeutschen zur Demokratie brüchig ist. Die Zustimmungswerte zur Regierung und zu demokratischen Institutionen in Ostdeutschland unterscheiden sich deutlich von denen im Westen: Während im Osten deutlich mehr als die Hälfte der Menschen weniger oder gar nicht zufrieden mit der Demokratie in der Bundesrepublik Deutschland ist, sind es im Westen weniger – etwas mehr als ein Drittel.

Niemand ahnte in den glücklichen Tagen nach dem Fall der Mauer, dass deren Überwindung, ihre wirkliche Überwindung, nicht eine Frage von Jahren, sondern von Generationen ist. Und niemand darf erwarten, dass sie irgendwann restlos aus unserer kollektiven Erinnerung getilgt sein wird, dass man sie ungeschehen machen könnte. Wenn eine tödliche Grenze durch ein Land geht, ist das wie eine große Wunde. Diese Wunde heilt nun schon seit 28 Jahren, aber sehr langsam. Und wenn die Ostdeutschen auch glücklich darüber sind, dass die Mauer schon so

Alongside the success stories of German reunification, new walls have become visible and tangible. Admittedly, the term "wall" may seem exaggerated to denote the ongoing differences between East and West, especially when "here" and "there" are no longer. In fact, many former East Germans and West Germans live and work alongside one another in the same cities as neighbors and colleagues. But the crack is still there. And when people are amongst their own kind, and not just when sharing a drink at the regulars' tables, tales, often unfavorable ones, still abound about the respective other group.

While there are many different opinions on why there are still differences in living conditions, and why East Germans are so poorly represented in important managerial positions, the consequences of these conditions still fuel a continued sense of being unfairly disadvantaged that has existed since the early 1990s.

Surveys have revealed that Germans in both the East and West now enjoy a "high general level of satisfaction". But while three quarters of West Germans feel "at home politically", not quite half of the East Germans said the same. And not only that: voting results and opinion polls show that many East Germans have a precarious relationship to democracy. Approval ratings of the government and democratic institutions in East Germany are quite different to those in the West: while in the East, significantly more than half the people are somewhat or very dissatisfied with the democracy in the Federal Republic of Germany, the figure is much less—a little more than one third—in West Germany.

No-one could know in the joyful days after the fall of the Wall that its legacy, as opposed to its physicality, would take not just years but generations to overcome. And no-one should expect that at some point it will disappear from our collective memory, that we can make it undone. When a deadly border runs through a country, it is in effect a giant wound. This wound has been healing now for 28 years, but only very slowly. And although East Germans are happy that the Wall has been gone for so long, many still feel a sense of separation, pain, sadness and incomprehension. Scars will still remain.

lange weg ist, spüren viele manchmal noch Trennung, Schmerzen, Trauer, Unverständnis. Und es werden Narben bleiben.

Eine meiner Enkeltöchter ist jetzt 13 Jahre alt – so wie ich damals, als die Mauer gebaut wurde. Und natürlich werde ich mit ihr immer mal wieder dorthin gehen, wo die Mauer stand – nur 300 Meter von meinem Haus entfernt. Ich wünsche mir sehr, dass meine Mauergeschichten ihr helfen, sensibel für Mauern jeglicher Art zu werden – und ihre Freiheit zu schätzen.

One of my granddaughters is now 13 years old—exactly as old as I was when the Wall was built. And, of course, from time to time I will go back there with her to the place where the Wall once stood, just 300 meters from my house. I hope very much that my stories of the Wall will help her to remain sensitive to the presence of walls of all kinds—and to value her freedom.

1 Kollmorgen, Raj: „Ostdeutsche in den Eliten. Problemdimensionen und Zukunftsperspektiven", in: Apelt Andreas (Hrsg.): *Ostdeutsche Eliten: Träume, Wirklichkeiten und Perspektiven*, Berlin 2017.

2 Bluhm, Michael; Jacobs, Olaf: *Wer beherrscht den Osten? Ostdeutsche Eliten ein Vierteljahrhundert nach der deutschen Wiedervereinigung*, Leipzig 2016.

3 Dieckmann, Christoph: „Warum besinnen sich so viele Jüngere plötzlich auf ihre Ost-Herkunft?", in DIE ZEIT Campus, Onlineausgabe, 2. Januar 2018.

1 Kollmorgen, Raj: "Ostdeutsche in den Eliten. Problemdimensionen und Zukunftsperspektiven" (East Germans in Elite Positions: the Dimensions of the Problem and Perspectives for the Future), in: Apelt Andreas (Ed.): *Ostdeutsche Eliten: Träume, Wirklichkeiten und Perspektiven*, Berlin 2017.

2 Bluhm, Michael; Jacobs, Olaf: *Wer beherrscht den Osten? Ostdeutsche Eliten ein Vierteljahrhundert nach der deutschen Wiedervereinigung*, Leipzig 2016.

3 Dieckmann, Christoph: "Warum besinnen sich so viele Jüngere plötzlich auf ihre Ost-Herkunft?" (Why are so many young people suddenly reflecting on their origins in the East?), in DIE ZEIT Campus, online edition, January 2, 2018.

M UMGANG MIT M RAUM DER STIGEN BERLINER UER NACH IHREM LITISCHEN FALL

KLAUSMEIER

PPROACHES TO THE ACE OF THE FORMER BERLIN WALL AFTER ITS POLITICAL FALL

Abbruch der Mauer an der Brunnen-
straße/Bernauer Straße, Berlin, 1990
Demolition of the Berlin Wall at the
Brunnenstrasse/Bernauer Strasse,
Berlin, 1990

ANFLUG

Peter Schneiders 1982 erschienener „Mauerspringer"[1]
ist vor allem aus zwei Gründen berühmt geworden:
zunächst wegen der begriffsprägenden Erkenntnis, dass
es wesentlich länger dauern werde, die „Mauer im Kopf"
zu überwinden „als irgendein Abrissunternehmen für
die sichtbare Mauer braucht." Und zweitens wegen des
fulminanten Beginns der Erzählung, in der er die geteilte
Stadt Berlin beschreibt, wie sie sich dem Betrachter
aus der Luft darstellte, beim Anflug in Richtung des im
Nordwesten gelegenen Flughafens Tegel. Sofern man
von Westen anreiste, musste die Mauer wegen der
vorherrschenden Westwinde zumeist dreimal überflogen
werden. Schneider beschreibt, wie die Stadthälften sich,
aus der Luft gesehen, absolut glichen, Mietskaserne
um Mietskaserne, Neubaugebiet um Neubaugebiet.
„Zwischen all diesen Rechtecken wirkt die Mauer in
ihrem phantastischen Zickzackkurs wie die Ausgeburt
einer anarchistischen Phantasie. Nachmittags von der
untergehenden Sonne und nachts verschwenderisch
vom Scheinwerferlicht angestrahlt, wirkt sie eher als
städtebauliches Kunstwerk denn als Grenze."[2] In
Wahrheit konnte, so heißt es dort, einzig der Schatten
des Flugzeugs sich frei zwischen beiden
Stadtteilen bewegen.

Dieser bemerkenswerte Anflug auf das Thema der
Erzählung und das kunstvolle Spiel der Perspektiven
wirken bis heute nach, auch wenn sich das Bild Berlins
bei der Annäherung auf die Stadt von Westen her heute
gänzlich anders zeigt. Und doch ist die „harte Kante"
des einstigen West-Berlins zum umliegenden Land Brandenburg zumindest im Süden der Stadt noch deutlich
erkennbar. Dort nämlich leuchtet das Lichtermeer der
dichtbebauten Gropiusstadt in die Dämmerung und
unmittelbar südlich davon, also dort, wo einst die öde

APPROACH

Peter Schneider's "The Wall Jumper"[1], published in
Germany in 1982, is particularly notable for two reasons:
firstly, for coining the term "the Wall in our heads" and
the insight that it will take much longer to overcome than
"any wrecking company will need for the Wall we can
see." And secondly for the striking image of its opening sequence in which he describes the divided city of
Berlin seen from the air when coming into land at Tegel
Airport in the northwest of Berlin. When arriving from the
west, planes crossed the path of the Wall three times
in order to land against the prevailing westerly winds.
Schneider describes how the two halves of the city
looked absolutely homogenous from the air: tenement
blocks here, tenements blocks there, new housing estates here, new housing estates there. "Among all these
rectangles, the wall in its fantastic zigzag course seems
to be the figment of some anarchic imagination. Lit up in
the afternoon by the setting sun and lavishly illuminated
by floodlights after dark, the wall seems more a civic
monument than a border."[2] In reality, as the narrator
observes, only the plane's shadow was free to move
between the two parts of the city.

This remarkable approach to the subject of the novel
and the clever interplay of perspectives still springs to
mind today, even though the image one has of Berlin
from the west is now quite different. And yet the "hard
edge" where former West Berlin meets the surrounding
hinterland of Brandenburg is still clearly visible, especially in the south of the city. A sea of lights in the dense-
ly-built district of Gropiusstadt glows in the twilight,
bordered by a fringe of dense dark-green woodland
where the emptiness of the wall zone once was, before
the dark expanse of agricultural land starts. In-between,
small points of light are now springing up, occasionally

Leere der Mauer war, grenzt eine tiefgrüne Übergangs-fläche mit dichtem Baumbestand deutlich die dunkle Weite der davorliegenden agrarischen Flächen ab. Inzwischen aber gibt es in diesen dunklen Flächen einzelne Anwesen, die sich mitunter in kleinere Siedlungen verdicken; eine noch vor 28 Jahren unvorstellbare Tatsache, denn auch das agrarische Umland des einstigen Grenzgebiets war nur spärlich besiedelt, nachdem zuvor grenznahe Siedlungen systematisch geräumt worden waren, so etwa das einstige Osdorf südlich von Berlin Lichterfelde, das im Jahr 1968 dem Ausbau des Grenzstreifens weichen musste. Die innerstädtischen Stadthälften hingegen sind heute vielerorts zusammengewachsen, der einstige Mauerstreifen dazwischen ist selbst für den Kennerblick kaum bzw. nur noch vereinzelt auszumachen.

"DIE MAUER MUSS WEG!" EIN BLICK ZURÜCK

Beim nahezu einheitlich geforderten schnellen Abriss der Sperranlagen im Jahr 1990 folgten die BerlinerInnen der von ihrem früheren Regierenden Bürgermeister Willy Brandt in seiner gestanzten Art immerfort wiederholten Forderung: „Die Mauer muss weg!" und das so schnell wie möglich. Zu groß klaffte der Teilungsschmerz nach dem politischen Fall der Mauer und die „Schandmauer" musste umgehend aus dem Stadtbild verschwinden. Berlin wollte endlich eine „normale Stadt" werden und so waren die Sperranlagen bis Ende des Jahres 1990 großflächig abgeräumt.[3] So sehr der überwiegende Teil der BerlinerInnen und BrandenburgerInnen diesen „furor murensis" befeuerte oder wenigstens begrüßte, so verwundert nahmen insbesondere internationale Gäste die nun entstandene Leere, die der Abriss der Mauer hinterlassen hatte, wahr, denn für Viele waren gerade das Bauwerk Mauer und das damit einhergehende Phänomen der Teilung das – durchaus fragwürdige – „touristische Alleinstellungsmerkmal" der Stadt. Zur Wiedervereinigung im Oktober 1990 waren gerade einmal zwölf Abschnitte der Mauer von ebenso engagierten wie überzeugungsstarken DenkmalpflegerInnen wie Gabi Dolff-Bonekämper in die Denkmalliste des Landes Berlin eingetragen worden und es ist zu betonen, dass der Erhalt von größeren Mauerresten fast immer auf bürgerschaftliches Engagement zurückgeht: sei es etwa in der Bernauer Straße um den unermüdlichen Pfarrer der Versöhnungsgemeinde, Manfred Fischer, an der East Side Gallery, beim „Parlament der Bäume" des Künstlers Ben Wagin oder aber auch beim erhalten gebliebenen Wachturm am Kieler Eck, den Jürgen Litfin, der jüngere Bruder des ersten Erschossenen an der Mauer, Günter Litfin, in eine Gedenkstätte für seinen Bruder

agglomerating into glowing clusters of houses. 28 years ago, that would have been unthinkable: the agricultural land of the former border zone was sparsely populated, not least because villages near the border were systematically evacuated: Osdorf, for example, just south of Berlin Lichterfelde was levelled in 1968 to make way for an expansion of the border installations. In the center of Berlin, however, many parts of the two halves of the city have grown together and the former border strip is now only partially visible, even to those who know what to look for.

"THE WALL MUST GO!" A LOOK BACK

In 1990, almost all Berliners universally agreed that the border installations had to be removed as soon as possible, echoing the ever more emphatic call of their former mayor, Willy Brandt, that "The Wall must go!" The pain of the wounds of division after the political fall of the Wall was such that the continued presence of the "Wall of Shame" was intolerable. Berlin wanted to finally be a "normal city". And so, by the end of 1990, the majority of the border constructions had been demolished.[3] While the majority of Berlin and Brandenburg's residents spurred on, or at least welcomed, the "furor murensis", international guests in particular looked on in wonder at the gaping void appearing in the Wall's wake. For years, the Wall had been the unique—albeit highly contentious—tourist highlight of the city. By reunification day in October 1990, just twelve sections of the Wall had been saved and listed as historic monuments by committed and courageous conservationists such as Gabi Dolff-Bonekämper. That longer stretches of Wall still remain has almost always been the product of civic initiatives and personal commitment: the tireless campaigning of the pastor of the Reconciliation Parish, Manfred Fischer, in the Bernauer Strasse, the artists of the East Side Gallery, the persistence of the artist Ben Wagin at the "Parliament of Trees", or the transformation of a remaining watchtower at Kieler Eck by Jürgen Litfin into a memorial for his elder brother Günter Litfin, the first person to be shot attempting to cross the Wall. Meanwhile, a purge of almost all traces of the fallen dictatorship in the urban realm was underway throughout Berlin: streets were

1991: Abriss des Berliner Lenindenk-
mals von Nikolai Tomski (1970)
1991: Taking down of the statue of
Lenin by Nikolai Tomski (1970)

entwickelte. Parallel dazu wütete stadtweit ein moderner Bildersturm gegen beinahe alles, was stadträumlich an die untergegangene Diktatur erinnerte: Straßen wurden umbenannt, vom System errichtete Erinnerungsskulpturen wie Denkmale in der Formensprache des sozialistischen Realismus abgeräumt, allen voran der großformatige Lenin am einstigen Leninplatz im November 1991, aber auch das für zahlreiche propagandistisch instrumentalisierte Gedenk-veranstaltungen an den erschossenen Grenzsoldaten erinnern-de Reinhold-Huhn-Denkmal in der Jerusalemer Straße in der Nähe der einstigen Grenze (Oktober 1994).

renamed and commemorative statues and monuments in the style of socialist realism were taken down, most notably the oversized sculpture of Lenin at what was formerly Leninplatz in November 1991 and also the Reinhold Huhn Memorial in the Jerusalemer Strasse near the former border, which as a memorial for the border soldier who died while serving at the Berlin Wall (October 1994) had been the site of numerous propaganda exercises.

Gerade in der Zeit des politischen Einigungsprozesses wurde deutlich, wie enorm stadtbildprägend die einstige Mauer mit allem, was zu ihr gehörte und was sie baulich und stadträumlich nach sich zog, tatsächlich war.[4] Neben den eigentlichen Infrastrukturanlagen der Grenze, zu denen neben den Sperranlagen auch die zahlreichen Grenzübergangsstellen und Truppenunterkünfte gehörten, hatte man während der gesamten „Mauerzeit" auch städtebaulich vielfältig auf die Teilung reagiert. Der Kunsthistoriker Martin Warnke charakterisierte diese auch über politische Grenzen hinwegreichenden baulichen Bezugnahmen in anderem Zusammenhang einst treffend mit dem Begriffspaar von „Bau und Gegenbau"[5], bei dem Architektur als politischer Bedeutungsträger im Sinne Bandmanns[6] gelesen wird. Hatte man zunächst teilungsbedingt zahlreiche Funktionsbauten in den politisch getrennten Stadthälften einfach verdoppeln müssen – man denke nur an die Opernhäuser und Universitäten in Ost und West – bewegte man sich mit der Internationalen Bauausstellung (IBA) 1987 räumlich wieder auf die Mauer zu: Hier sind insbesondere die IBA-Bauten an der West-Berliner Zimmerstraße zu nennen, die aufgrund des Vorhandenseins der Sperranlagen im Straßenraum räumlich von der vorhandenen Straßenführung zurückgesetzt wurden.

ANEIGNUNG, BESPIELUNG UND VERWERTUNG DES FREI GEWORDENEN GRENZRAUMES

Der zügige Abriss der Grenzanlagen, der vom einzig frei gewählten Parlament der DDR noch im März 1990 beschlossen worden war und am 13. Juni in der Bernauer Straße/Ecke Ackerstraße offiziell begann, hinterließ zunächst eine städtebauliche Leere, die insbesondere im Zentrum der Hauptstadt als besonders markant empfunden wurde. Zwar waren längst zahlreiche Straßen für die alltägliche Nutzung geöffnet worden, doch nun wurde an dem symbolträchtigen Ort kurz vor der Währungsunion für alle sichtbar: Die Einheit kommt wirklich!

Von den rund 155 Kilometern Sperranlage blieb in der Folge des systematisch vorangetriebenen Abrisses nicht viel übrig. Die Mauer wurde geschreddert und verbaut. Bis Ende 1990 wurden mehr als 300.000 Tonnen

The period of political unification in particular revealed just how defining the former Wall and everything associated with it had been for the city through the gaping wounds in the urban realm that it left behind.[4] In addition to the actual infrastructure of the border installations, including the border wall, the various border crossing points and military barracks, urban development on both sides of the city had responded over the Wall years to the division of the city in various ways. The art historian Martin Warnke has aptly described this pattern of reciprocal architectural reference across political divides in another context as "building and counter-building"[5], where architecture also functions as what Bandmann[6] called a bearer of political meaning. After an initial period in which functions on either side of the divided city were simply duplicated by each political system—for example the opera houses and universities in East and West Berlin—the focus of attention returned to the Wall with the IBA International Building Exhibition in 1987: of note here are the IBA buildings on the Zimmerstrasse in West Berlin that are set back from the historical block perimeter line because the border installations ran down the middle of the street.

APPROPRIATION, TEMPORARY USAGE AND UTILIZATION OF THE EMPTY BORDER ZONE

The rapid demolition of the border installations following a decree by the only freely elected parliament in the GDR in March 1990 officially began on June 13 in the Bernauer Strasse where it intersects the Ackerstrasse and left behind an empty void in the urban realm that was especially evident in the center of the city. While many streets crossing the border had been reopened for normal traffic, the absence of the Wall at this symbolic place made it apparent to all that the reunification of the city was really about to happen!

Of the approximately 155 kilometers of border installation, little remained after the highly efficient and systematic process of demolition had run its course. The Wall was broken down and crushed for use as aggregate. By the end of 1990, more than 300,000 tons of concrete had been turned into road gravel. Individual segments were also sold around the world—some even by the last SED parliament in December 1989—and pieces of the Wall can now be found in all continents of the world[7]: in museums, as memorials in public urban spaces and parks, and in private collections. Each of these new

Mauerbeton zu Straßenschotter. Einzelne Elemente wurden auch – mitunter sogar noch von der letzten SED-Regierung im Dezember 1989 – weltweit verkauft und so stehen heute auf allen Kontinenten Mauer-Teile[7]: in Museen, aber auch im öffentlichen Raum als Denkmäler sowie auf privatem Besitz. Immer erzählen diese Denkmalsetzungen auch von Aneignungsprozessen und divergierenden Interpretationen der für die Denkmalsetzung Verantwortlichen, und so sind die Reste der Berliner Mauer weltweit die wohl einzige Denkmalsachgesamtheit, die auf allen Kontinenten repräsentiert ist und für zahlreiche Deutungen in Anspruch genommen wird.

Zeitgleich mit der sich institutionalisierenden wissenschaftlichen Aufarbeitung des SED-Unrechts, etwa durch die Einrichtung von Enquete-Kommissionen des Deutschen Bundestages und der Einrichtung des Bundesbeauftragten für die Stasi-Unterlagen am 3. Oktober 1990 und dessen Bundesfolgebehörde im Dezember 1991, verbreitete sich der vielerorts empfundene Wunsch, den einstigen Mauerstreifen städtebaulich unsichtbar werden zu lassen, so als könne man damit die zugefügten Wunden auch städtebaulich heilen. So entwickelte sich alsbald ein großflächiger Stadtentwicklungsraum, der unterschiedlichen Konzepten Platz gab: Hier und da verdichtete und überbaute man die innerstädtische Brache vollständig und bis zur Unkenntlichkeit des einstigen Grenzraums. Zu nennen sind hier etwa der gesamte innerstädtische Raum im Regierungsviertel rund um das Brandenburger Tor, aber auch das Areal zwischen Friedrichstraße und Stallschreiberstraße im Zentrum der Hauptstadt. Anderenorts zeichnet sich die Leere des abgeräumten Mauerstreifens noch bis heute in der Vegetation ab, so etwa an der einstigen Grenzübergangsstelle in Stolpe, wo sich Spontanvegetation der letzten 28 Jahre deutlich vom rahmenden Altbaumbestand absetzt und so das einstige Grenzareal markiert. Ähnliches gilt für längere Streifen im Umland, etwa entlang der einstigen Kolonnenwege zwischen Potsdam Sacrow und Berlin Kladow oder im Berliner Süden bei Lichtenrade. Im früheren Grenzverlauf bei Spandau, in Schildow oder bei Teltow, um nur einige Orte am „Außenring" zu nennen, erfüllten sich im einstigen Grenzstreifen zahllose, zumeist junge Familien den Traum vom günstigen Eigenheim im Grünen. Infrastrukturanlagen der Grenztruppen, die zumeist Plattenbauten waren, wurden häufig vollständig abgerissen, wie etwa in Schildow und Berlin Rummelsburg, und nur selten umgenutzt. In Potsdam allerdings

memorials is a process of appropriation, a tale of the diverging interpretations of those who installed them. Taken together, these pieces of Berlin Wall around the world collectively constitute the only memorial to be found in all continents of the world and to have been appropriated for so many different interpretations.

Parallel to the establishment of institutions for reappraising the SED dictatorship, such as the inquiry commission set up by the German Bundestag, and a Federal Commissioner for the Records of the State Security Service of the former GDR appointed on October 3, 1990, and the subsequent Federal Agency in December 1991, there was a growing general desire to render the former border strip invisible in the urban realm, to as it were heal the wounds in the city through its redevelopment. A large-scale framework plan for the city's urban development was soon drawn up that incorporated a variety of different concepts: several sections of the vacant strip in the inner city were almost entirely built over with urban infill developments, leaving little remaining of the former border zone, among them the entire inner-city area of the parliament quarter around the Brandenburg Gate as well as the blocks between Friedrichstrasse and Stallschreiberstrasse in the center of the city. In other places, the empty zone of the cleared border strip is still legible in the vegetation, for example at the former border crossing point in Stolpe where spontaneous vegetation has arisen over the last 28 years but differs from the mature trees framing it on either side. Other longer stretches are visible in the surrounding hinterland of Berlin, for example along the former border patrol road between Potsdam Sacrow and Berlin Kladow or in south Berlin near Lichtenrade. In the former border zone near Spandau, in Schildow or near Teltow, to name just a few places on the "outer ring", numerous predominantly young families have built new homes on the land of the cleared border strip. Supporting infrastructure for the border troops, most of them slab-block constructions, such as those in Schildow and Berlin Rummelsberg, were most often demolished and only rarely converted. In Potsdam, however, a prefabricated block from the 1960s that formerly housed relatives of border troops is now the seat of the revenue agency of the state of Brandenburg, and in Henningsdorf and Wassmannsdorf, two identical prefabricated blocks have been converted into transitional accommodation for asylum seekers, not least due to their outlying location.

Topographie des Terrors
Topography of Terror

residiert nun das Finanzamt des Landes Brandenburg in einem Typenbau, in dem Mitte der 1960er Jahre Unterkünfte für Miltärangehörige eingerichtet worden waren. In Hennigsdorf und Wassmannsdorf wurden baugleiche Bauten aus Fertigbauelementen wohl auch aufgrund ihrer städtebaulichen Randlage in Übergangsheime für Asylsuchende umgewandelt.

Mit der immer gleichen und stets wiederkehrenden Touristenfrage „Wo war denn eigentlich die Mauer?" entwickelte sich die Mauer insbesondere seit Ende der 1990er Jahre weiter zu einem der wichtigen Berliner Tourismuslabels, auch wenn es – zumindest in West-Berlin – ein vergleichbares Phänomen schon zu Zeiten der Mauer gegeben hatte („Frontstadt West-Berlin" mit obligatorischen Mauertouren). Immerhin war 1998 die aus bürgerschaftlichem Engagement hervorgegangene Gedenkstätte Berliner Mauer in der Bernauer Straße der Öffentlichkeit übergeben worden und auch auf dem Gelände der „Topographie des Terrors" erhielt man Überreste der Berliner Mauer, die hier wirkmächtig am historischen Ort auf den Folterkellern der Gestapo des „Dritten Reiches" stehen und die doppelte Berliner Diktaturgeschichte verkörpern. Vielerorts markierte man in den Folgejahren den einstigen Grenzverlauf auch mit einer zunächst stark kritisierten doppelten Kopfsteinpflasterreihe. Kritisiert, weil der Verlauf nur den Verlauf des „Vorderen Sperrelements" repräsentierte und gerade nicht die eigentliche, gegen die ostdeutsche

From the late 1990s onwards, as tourists increasingly began asking where the Wall used to be, the Berlin Wall started to become an important tourism label for the city—and not for the first time: a comparable phenomenon had previously existed, in West Berlin at least during the Wall years ("West Berlin–A City on the Front Line" complete with obligatory Wall tours). In 1998, the Berlin Wall Memorial in the Bernauer Strasse, which had started as a civic initiative, opened to the public, and on the site of the "Topography of Terror" remnants of the Berlin Wall were retained that stand on the cellars of the Gestapo headquarters where detainees were tortured during the Third Reich. Consequently, this site testifies to the history of two dictatorships in Berlin. Over the following years, the course of the former wall was marked by a double row of cobblestones, although this was initially the subject of contention as it represented only the course of the "outer barrier wall" and not the actual so-called "inner security wall" that the East German population saw. At around 30 locations, information panels were put up as part of the "Berlin Wall History Mile" that relate the history of each location with historical photos and short texts.

Memorial markers were also erected in the public realm and from 2001 onwards, following a proposal by the Green Party, the Berlin Wall Trail[8] was created in several successive stages as a cycle path along the route of the former customs patrol road around West Berlin

Bevölkerung gerichtete sogenannte „Hinterlandsicherungsmauer". Die in Ergänzung zur doppelten Kopfsteinpflasterreihe an rund 30 Orten aufgestellten Tafeln der „Berliner Geschichtsmeile" zur Berliner Mauer stellen eine mehrsprachige Dauerausstellung dar, die mit kurzen Texten und historischen Bildern ortsbezogene Informationen liefert.

Ferner wurden weitere Erinnerungszeichen im öffentlichen Raum gesetzt. Der Berliner Mauerradweg[8] entstand auf Initiative der Fraktion Bündnis 90/Die Grünen in mehreren Etappen seit 2001, wobei es darum ging, den auf dem Berliner Stadtgebiet liegenden „Zollweg", der schon lange als Rad- und Wanderweg genutzt wurde, als öffentlichen Weg auszuweisen und mit historischen Informationen zur Teilungsgeschichte zu versehen. Mehrfach eignete man sich den einstigen Grenzraum auch künstlerisch an, so etwa der West-Berliner Künstler Ben Wagin, der seit 1990 unweit des Reichstages sein „Parlament der Bäume" schuf, das heute die letzten authentischen Mauerspuren im Regierungsviertel umfasst und erst im November 2017 in die Denkmalliste des Landes Berlin eingetragen wurde. Anderenorts pflanzte man Alleen mit Japanischen Kirschen (Prunus serrulata), die insbesondere während der Frühjahrsblüte durch ihre einzigartige Farbigkeit irritieren und die Frage aufwerfen, warum diese Alleen gerade hier im zumeist eng besiedelten städtischen Raum stehen, wie etwa unmittelbar nördlich der Bösebrücke – eben dort, wo am 9. November 1989 die Mauer durchlässig wurde und ab 23.30 Uhr unzählige Menschen als erste in den Westen strömten.

Höhepunkt der gedenkpolitischen Bemühungen des Landes Berlin, der Bundesrepublik Deutschland und der Europäischen Union war sicherlich das 2006 verabschiedete dezentrale Berliner Gesamtkonzept zur Erinnerung an die Mauer, das mit der Fertigstellung des Ausbaus der Gedenkstätte Berliner Mauer an der Bernauer Straße anlässlich des 25. Jahrestages des Mauerfalls im November 2014 seinen vorläufigen Abschluss erreichte. Der zurückhaltende, die Aura und Geschichtlichkeit des Ortes respektierende Entwurf der Berliner Architektenbüros Sinai, ON architektur Christian Fuchs und Mola + Winkelmüller erhielt in den vergangenen Jahren nicht zuletzt aufgrund seiner städtebaulichen Qualität mehrere Architekturpreise, womit dieses ungewöhnliche Gedenk- und Erinnerungsprojekt ebenso angemessen wie würdig honoriert wurde.

Dass die Reste der Berliner Mauer im heutigen Berlin auch 28 Jahre nach der friedlichen Überwindung des international berühmtesten Symbols des Kalten Krieges

which was in parts already used as a footpath and cycle way. Now officially designated as a public trail, it was augmented with information on the history of Berlin's division. Various artists also appropriated the border strip for installations, among them the West Berlin artist Ben Wagin, who from 1990 onwards created the "Parliament of Trees" in the direct vicinity of the Reichstag. Today it is the last remaining authentic section of the Wall in the parliament quarter and was only listed as an official monument of the Federal State of Berlin in November 2017. In other places, avenues of Japanese Cherry (Prunus serrulata) were planted along the border strip. With their colorful blossoms in early spring they are especially evident and raise the question as to why these avenues were planted at this particular point in the urban realm, for example directly north of the Bösebrücke—the point where on November 9, 1989, the Wall first opened and from 11.30 p.m. the people of East Berlin began streaming into the West.

The culmination of Berlin's, Germany's and the European Union's efforts at establishing a culture of remembrance was without doubt the initiation of, and in 2006 the agreement on, a coherent overall concept for remembering the Berlin Wall at its many locations. Its most visible manifestation is the expanded Berlin Wall Memorial along the Bernauer Strasse that was completed for the 25th anniversary of the fall of the Wall in November 2014. The sensitive design of the space and its interventions by the Berlin-based offices of Sinai landscape architects, ON Architektur Christian Fuchs and Mola + Winkelmüller architects respects the aura and history of the site and its qualities as an urban space. This unusual memorial and place of remembrance have since been widely recognized, earning it numerous architectural awards.

The fact that, 28 years after its overcoming through peaceful revolution, the remains of the Berlin Wall as the most famous international symbol of the Cold War are still the subject of intense debate is revealed by the current dispute surrounding the so-called East Side Gallery in the district of Friedrichshain-Kreuzberg. Following several urban development projects, this section of the Wall no longer exists in one piece. In place of original wall sections are now only the replicas last painted by artists in 2009. And nevertheless, more than 1.5 million tourists visit the stretch of the former border every year. Meanwhile, an entirely new urban quarter is being

Denkmal für die ermordeten Juden Europas (Peter Eisenman, 2005) Memorial to the Murdered Jews of Europe (Peter Eisenman, 2005)

noch immer intensiv diskutiert werden, beweisen die jüngsten Debatten um den angemessenen Umgang mit der sogenannten East Side Gallery im Bezirk Friedrichshain-Kreuzberg. Wegen verschiedener städtebaulicher Maßnahmen ist sie mittlerweile nicht mehr durchgehend erhalten, und anstelle der Originale von damals existieren heute nur noch die zuletzt im Jahr 2009 entstandenen, von den Künstlern erstellten Repliken. Und dennoch: Entlang des einstigen, von mindestens 1,5 Millionen Touristen jährlich besuchten Grenzstreifens entsteht derzeit ein völlig neues Stadtquartier, das seinen Namen von der einstigen künstlerischen Aktion herleitet und zugleich doch historische Strukturen umfänglich zerstört. Hier jedoch fungieren die Reste der Berliner Mauer als identitätsstiftendes Element. Zugleich

developed alongside it that derives its name from the activist-artistic initiative of the day but also threatens to irretrievably destroy large sections of the historical structure. Here, though, the remnants of the Berlin Wall are a defining part of the identity of the place. At present, different social groups are vociferously and publicly laying claim to the East Side Gallery, and the spectrum of (supposed) stakeholders ranges from rival artists' initiatives to commercial companies, memorial campaigners and representatives of the Wall's victims, not to mention aging American pop stars such as David Hasselhoff

nehmen unterschiedliche gesellschaftliche Gruppen die East Side Gallery zumeist laut und medienwirksam für sich in Anspruch und die Spannbreite der dabei vertretenen (vermeintlichen) *stakeholders* reicht von rivalisierenden Künstlerinitiativen über kommerzielle Unternehmen, Akteure von Gedenkinitiativen und Opfervertretungen bis hin zum in die Jahre gekommenen amerikanischen Popstar David Hasselhoff.

Ganz anders und still, beinahe unmerklich, entstand in den letzten Jahren auf Betreiben mehrerer Gemeinden direkt an der Gedenkstätte Berliner Mauer in der Bernauer Straße ein Gemeinschaftsgarten, ein nicht kommerzielles Projekt, das Menschen aus den sozial so unterschiedlich geprägten Stadtteilen nördlich und südlich der Bernauer Straße zusammenführen soll. Auch hier spielt der Genius Loci eine gewichtige Rolle, denn Menschen zusammenzuführen an einem Ort, der einst durch Trennung und Gewalt gekennzeichnet war, ist auch ein starkes Symbol hinein in die Gesellschaft. Und um eben diese Bedeutungsebene der Mauer kennen zu lernen, nämlich den Ort zu besuchen, an dem es gelang, eine Diktatur friedlich zu überwinden, geht es zahllosen Berlintouristen aus aller Welt. Nicht nur für sie sind die Reste der Berliner Mauer ein Hoffnungsträger für die so unfriedliche heutige Welt.

Meanwhile, another project has gone almost entirely unnoticed, developing quietly over the past few years: a community garden directly next to the Berlin Wall Memorial in the Bernauer Strasse was initiated by several parishes adjoining the former border as a non-commercial project that aims to bring together people from the quite different urban districts north and south of the Bernauer Strasse. Here too, the location's Genius Loci is of special significance in bringing people together at a place once characterized by division and violence, making it a powerful symbol for society. It is this level of meaning that attracts so many visitors to Berlin: to visit a place that shows that a dictatorship can be overcome through peaceful means. The remains of the Berlin Wall are a powerful symbol of hope for people all over the world, especially in the present-day climate of uncertainty and distrust.

1 Schneider, Peter: *Der Mauerspringer*, Reinbek bei Hamburg 1995.

2 Ebd, S. 4–5

3 Feversham, Polly; Schmidt, Leo: *Die Berliner Mauer heute. The Berlin Wall today*, Berlin 1999, S. 47.

4 Vgl. Schlusche, Günter; Pfeifer-Kloss, Verena; Dolff-Bonekämper, Gabi und Klausmeier, Axel (Hrsg.): *Stadtentwicklung im doppelten Berlin. Zeitgenossenschaften und Erinnerungsorte*, Berlin 2014.

5 Warnke, Martin: „Bau und Gegenbau", in: *Hipp, Hermann und Seidl, Ernst (Hrsg.): Architektur als politische Kultur*. Berlin 1996.

6 Bandmann, Günter: *Mittelalterliche Architektur als Bedeutungsträger*, Berlin 1951.

7 Vgl.: Kaminsky, Anna (Hrsg.): *Die Berliner Mauer in der Welt*, Berlin 2009.

8 Cramer, Michael: *Berliner Mauer-Radweg. Eine Reise durch die Geschichte Berlins*, Rodingerdorf 2004.

1 Schneider, Peter: *The Wall Jumper– A Berlin Story*, University of Chicago Press, 1998 (first published in English 1983).

2 Ibid, pp 4–5

3 Feversham, Polly; Schmidt, Leo: *Die Berliner Mauer heute. The Berlin Wall today*, Berlin 1999, p 47.

4 Cf. Schlusche, Günter; Pfeifer-Kloss, Verena; Dolff-Bonekämper, Gabi und Klausmeier, Axel (Eds.): *Stadtentwicklung im doppelten Berlin. Zeitgenossenschaften und Erinnerungsorte*, Berlin 2014.

5 Warnke, Martin: "Bau und Gegenbau", in: *Hipp, Hermann und Seidl, Ernst (Eds.): Architektur als politische Kultur*. Berlin 1996.

6 Bandmann, Günter: *Early Medieval Architecture as Bearer of Meaning*, New York 2005 (German original: *Mittelalterliche Architektur als Bedeutungsträger*, Berlin 1951).

7 Cf.: Kaminsky, Anna (Ed.): *Where in the World is the Berlin Wall?*, Berlin 2014.

8 Cramer, Michael: *Berliner Mauer-Radweg. Eine Reise durch die Geschichte Berlins*, Rodingerdorf 2004.

Temporäre Installation „Lichtgrenze"
zum 25. Jahrestag des Mauerfalls, 2014
"Border of Lights", temporary installation commemorating the 25th anniversary of the fall of the Wall, 2014

EUROPA-RADWEG EISERNER VORHANG

MICHAEL CRAMER

Brücke bei Dömitz, 2006
Bridge near Dömitz, 2006

Abgebrochene Brücke bei Dömitz, 1984
Demolished bridge near Dömitz, 1984

THE IRON CURTAIN TRAIL – A EUROPEAN CYCLE ROUTE

MICHAEL CRAMER

Vacha, 1986
Vacha, 1986

Brücke der Einheit nach Vacha, 2006 Bridge of German Unity at Vacha, 2006

The Iron Curtain divided an entire continent into East and West and was until its fall a physical and ideological border between two hostile blocs. It not only separated many neighboring countries but divided Germany and Berlin into two parts: East and West. Today, little remains of the former death strip. The few remaining relicts serve as a reminder of the Cold War, but it no longer divides us.

Der Eiserne Vorhang trennte den Kontinent in Ost und West und war bis zu seinem Fall die physische und ideologische Grenze zweier sich feindlich gegenüberstehender Blöcke. Er trennte nicht nur viele Nachbarstaaten voneinander, sondern spaltete auch Deutschland und Berlin in Ost und West. Heute ist von dem ehemaligen Todesstreifen kaum noch etwas zu sehen, seine Relikte mahnen uns an den Kalten Krieg – aber sie trennen uns nicht mehr.

Heute verläuft entlang der früheren Westgrenze der Warschauer Pakt-Staaten der Europa-Radweg Eiserner Vorhang. Von der Barentssee an der norwegisch-russischen Grenze bis zum Schwarzen Meer an der bulgarisch-türkischen Grenze führt er auf einer Länge von 10.000 Kilometern durch 20 Länder, von denen heute 15 Mitgliedstaaten der EU sind. Er erinnert uns an die jahrzehntelange Spaltung des Kontinents – und auch an deren Überwindung durch meist friedliche Revolutionen

Today, the course of the former western border of the Warsaw Pact States is now the path of the Iron Curtain Trail cycle route. Stretching from the Barents Sea on the Norwegian-Russian border to the Black Sea on the Bulgarian-Turkish border, it runs for 10,000 kilometers through 20 countries, 15 of which are European Member States. It reminds us of the decades of continental division—but also of the predominantly peaceful revolutions in Central and Eastern Europe that led to its overcoming. It was the civil societies of these countries, more specifically the courage and commitment of a critical percentage of their citizens, that changed the world. The political leaders in the East and West were ultimately only able to respond to the will of the people.

The cycle route and hiking trail begins in the far north of the European continent, near the Norwegian town of Kirkenes on the Barents Sea. For more than 1,500 kilometers, the route follows the course of the

in Ostmitteleuropa. Es waren mutige und engagierte Mitglieder der Zivilgesellschaften in diesen Ländern, die die Welt veränderten. Die politisch Verantwortlichen in Ost und West haben darauf nur reagiert, reagieren müssen.

Seinen Ausgangspunkt nimmt der Rad- und Wanderweg im äußersten Norden des europäischen Kontinents, nahe der norwegischen Stadt Kirkenes am Ufer der Barentssee. Über ca. 1500 Kilometer radelt man an der norwegisch-russischen und finnisch-russischen Grenze entlang bis zur Ostsee und passiert dort die Küstenstreifen von Russland, Estland, Lettland, Litauen, Kaliningrad, Polen und der ehemaligen DDR. Von der Halbinsel Priwall bei Travemünde bis zum sächsisch-bayerisch-tschechischen Dreiländereck folgt die Route dem ehemaligen innerdeutschen Grenzstreifen an vielen Flüssen und Seen entlang und überwindet die Höhen des Harzes ebenso wie die des Thüringer Waldes.

Dann führt die Route über die Höhen des Böhmerwaldes, vorbei an Mähren und der slowakischen Hauptstadt Bratislava, um dort die Donau zu überqueren. Entlang der Südgrenze Ungarns führt der Weg über Slowenien und Kroatien. Zwischen Rumänien und Serbien folgt die Strecke weitgehend dem Lauf der Donau, um schließlich über Bulgarien, Mazedonien und Griechenland am nördlichsten Punkt der Türkei an der bulgarischen Schwarzmeerküste zu enden.

Eine sichtbare Erinnerung an die historischen Ereignisse gibt es bereits mit dem Berliner Mauerweg, der ausgeschildert und fahrradfreundlich ausgebaut wurde. Im Sommer 1989 radelte ich zum ersten Mal den 160 Kilometer langen Zollweg rund um West-Berlin ab, der von den West-Alliierten nach dem Mauerbau angelegt worden war. Man konnte sich nicht verfahren, denn es ging auf der West-Berliner Seite immer an der Wand lang. Dann fiel die Mauer, und ich wiederholte diese Umrundung im Frühjahr 1990 auf dem Kolonnenweg der DDR-Grenzanlagen, der zwischen Vorder- und Hinterlandmauer verlief. Bei diesen Radtouren wurde die Idee vom Berliner Mauerweg geboren.

Der Allgemeine Deutsche Fahrradclub (ADFC) und die Berliner Grünen warben schon kurz nach dem Mauerfall für einen Radweg entlang der früheren Grenze. Entsprechende Vorschläge fanden zunächst keine Mehrheit, weil die Parole der Medien und der meisten Politiker in Berlin damals lautete: „Die Mauer muss weg." Der Abriss des ehemaligen „anti-faschistischen

Norwegian-Russian and Finnish-Russian borders to the Baltic Sea where it continues along the coastline of Russia, Estonia, Latvia, Lithuania, Kaliningrad, Poland and the former GDR. At the Priwall peninsula near Travemünde, the route turns inward and follows the line of the former inner-German border to the point where Saxony, Bavaria and the Czech Republic meet, passing many rivers and lakes on its way, and ascending and descending the highlands of the Harz region and the Thuringian Forest.

From here, the route traverses the range of the Bohemian Forest, passing Moravia and the Slovakian capital Bratislava, where it crosses the River Danube. Continuing along the southern border of Hungary the trail borders on Slovenia and Croatia. It then mainly follows the course of the Danube between Romania and Serbia before crossing Bulgaria, Macedonia and Greece, finally ending at the shores of the Black Sea in Bulgaria at Turkey's northernmost point.

A visible memory of the historical events had already been created in the form of the "Berlin Wall Trail", which has been marked and made suitable for cycling. In the summer of 1989, I first cycled the 160-kilometer-long former customs patrol road around West Berlin created by the Western Allies after the Berlin Wall was built. There was no mistaking the path as it ran along the West-Berlin side of the Wall. Then the Wall came down and I repeated my ride around Berlin in spring 1990, this time following the path of the GDR border control road between the inner and outer walls. The idea for the Berlin Wall Trail was born during these bike rides.

Soon after the fall of the Wall, the German Cyclist's Association (ADFC) and the Green Party in Berlin called for a cycle path along the former border. Their proposals initially fell on deaf ears as the mood of the media and most of the politicians at that time was that "The Wall must go!" The tearing-down of the former "Anti-Fascist Protection Rampart" followed swiftly, undertaken with typical Prussian-socialist thoroughness by GDR military units, who remained responsible for the demolition until October 2, 1990. Only a small minority thought beyond the moment and campaigned to save authentic sections of the Wall and border fortifications. A small number of individuals, representatives of conservation authorities and citizens' initiatives are to thank for preventing grass from entirely growing over history.

Schutzwalls" wurde von den Grenztruppen der DDR, die dafür bis zum 2. Oktober 1990 die Verantwortung trugen, mit preußisch-sozialistischer Gründlichkeit realisiert. Nur eine kleine Minderheit dachte über den Tag hinaus und setzte sich für den Erhalt authentischer Teile von Mauer und Grenzstreifen ein. Es waren Einzelpersonen, Vertreter der Denkmalschutzbehörden, Bürgerinitiativen, die verhinderten, dass Gras über die Geschichte wuchs.

Heute sind alle dankbar für die authentischen Mauerreste.

Zu ihnen zählte Willy Brandt, der schon am 10. November 1989 vor dem Schöneberger Rathaus anregte, „ein Stück von jenem scheußlichen Bauwerk (...) als Erinnerung an ein historisches Monstrum stehen (zu) lassen". Und auch die Grüne Senatorin für Stadtentwicklung und Umweltschutz, Michaele Schreyer, setzte sich über den geschichtsvergessenen Zeitgeist hinweg und stellte die Mauer in der Niederkirchnerstraße unter Denkmalschutz. Damals wurde sie heftig angefeindet. Heute sind alle dankbar für die authentischen Mauerreste gerade an dieser Stelle.

Als ich anlässlich des 40. Jahrestages des Mauerbaus einen neuen Anlauf nahm und im Abgeordnetenhaus von Berlin den Antrag für den Mauerweg stellte, bestand die Reaktion des Staatssekretärs nur in der polemischen Frage: „Haben Sie eigentlich nichts Besseres zu tun, als am Wochenende immer die Mauer rauf und runter zu radeln?" In einer Broschüre informierten wir über das Projekt und radelten unter meiner Leitung in acht Etappen rund um West-Berlin. Das Echo der Medien war überaus positiv, sogar die Tagesthemen berichteten vom „Mauerstreifzug" kurz vor dem 40. Jahrestag des Mauerbaus, an dem am 11. August 2001 250 Radelnde teilnahmen. Angesichts der großen öffentlichen Aufmerksamkeit – die meistgestellte Frage in Berlin war damals, auch von den Touristen: „Wo stand

Among them was Willy Brandt, who in his well-known speech in front of Berlin's Schöneberg City Hall on November 10, 1989, appealed to the crowd that "a piece of this terrible edifice […] should be left standing as a reminder of a historical monstrosity" for future generations. The Berlin Senator for Urban Development and Environmental Protection and Green Party member, Michaele Schreyer, likewise went against the prevailing historical amnesia in placing a section of the Wall in the Niederkirchnerstrasse under protection as a listed monument. At the time, her decision was met with much hostility but today, people are grateful that an authentic section of the Wall still remains at this particular spot.

On the occasion of the 40th anniversary of the building of the Wall, I undertook a renewed attempt to table a motion for the Berlin Wall Trail at the Berlin House of Representatives, but the State Secretary only responded flatly with the rhetorical question: "Don't you have anything better to do with your weekends than to cycle back and forth along the Wall?" Undeterred, we printed a brochure detailing the project and I led an eight-stage series of bike rides around West Berlin. The response from the media was overwhelmingly positive, and a ride on August 11, 2001, shortly before the 40th anniversary, attracted 250 cyclists and made national TV news headlines. In view of the broad public interest—"Where did the Wall actually stand?" was one of the most commonly-heard questions in Berlin, and not just from tourists—the Senate and House of Representatives agreed that the remaining sections of the Berlin Wall be declared historic

Today, people are grateful that an authentic section of the wall still remains.

monuments and that a memorial stele be erected for Chris Gueffroy, the last person to be shot attempting to cross the Wall. In addition, the route of the Berlin Wall Trail would be marked and made suitable for cycling. These plans were put into action and completed in 2007. Likewise, the "Parliament of Trees Against Violence and War" by the artist and environmental activist Ben Wagin, the only section of the Wall in the Parliament Quarter, was finally declared a listed monument after lengthy discussions.

43

Grenze bei Görsdorf (Thüringen),
1984 The border near Görsdorf
(Thuringia), 1984

Grenze bei Görsdorf (Thüringen),
2006 The border near Görsdorf
(Thuringia), 2006

eigentlich die Mauer?" –
beschlossen Senat und
Abgeordnetenhaus, die verbliebenen Mauerreste unter
Denkmalschutz zu stellen,
für den letzten erschos-
senen Flüchtling, Chris
Gueffroy, eine Gedenkstele
zu errichten, den Berliner
Mauerweg auszuschildern
und ihn fahrradfreundlich
auszubauen. Diese Pläne
wurden bis 2007 realisiert.
Und auch das „Parlament
der Bäume gegen Krieg
und Gewalt" des Aktions-
künstlers Ben Wagin, die
einzigen Mauersegmente
im Regierungsviertel, wurde nach langen Diskussio-
nen endlich unter Denkmalschutz gestellt.

Nicht nur Berlin, auch
Deutschland und Europa
waren jahrzehntelang
gespalten. Als ich 2004
ins Europäische Parlament
gewählt wurde, diskutier-
ten wir einen Bericht über
nachhaltigen Tourismus.
Der portugiesische Berichterstatter Luís Queró wollte
die europäische Identität durch den Tourismus fördern.
Als gebürtiger Westfale, der als Berliner für Deutschland
europäische Politik gestalten wollte, konnte ich ihn davon überzeugen, dass wir Europäer durch die Spaltung
des Kontinents geprägt seien, unabhängig davon, ob wir
weit weg vom Eisernen Vorhang in Portugal oder ganz
nahe dran in Deutschland gelebt hatten. Deshalb hat
das Europäische Parlament im Herbst 2005 mit großer
Stimmenmehrheit aus allen Ländern und allen Fraktionen

But Berlin is not the only example; Germany and Europe
were also divided for decades. Soon after I was elected
to the European Parliament in 2004, we discussed
a report on sustainable tourism by the Portuguese
representative Luís Queró, who proposed promoting
European identity through tourism. As someone born
in Westphalia, resident in Berlin and actively shaping
European politics on behalf of Germany, I was able to
convince him that as Europeans, we were all defined by
the division of the continent, regardless of whether we

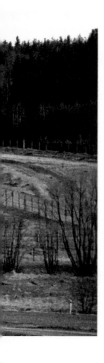

meinem Antrag zugestimmt, in dem die Kommission und die Mitgliedstaaten aufgefordert wurden, die „Initiative, Iron Curtain Trail' [EuropaRadweg Eiserner Vorhang] umzusetzen, [...] um die europäische Identität zu fördern".

Die Europäische Kommission hat daraufhin Workshops in Warschau, Sopron und Sofia organisiert, an denen Mitglieder der Ministerien sowie von Fahrrad- und Tourismusorganisationen aus allen 20 beteiligten Ländern teilnahmen. An der Ausschilderung und der fahrradfreundlichen Ausgestaltung wird in allen Ländern gearbeitet, wobei auch die teilweise noch vorhandenen asphaltierten Patrouillenwege der Grenzanlagen genutzt werden. Nicht nur Schwerter wurden zu Pflugscharen, auch Militärstraßen zu Radwegen. Man begegnet auf ihnen immer wieder Hinweisen auf historische Ereignisse.

So wurde zum 25. Jahrestag des Paneuropäischen Picknicks am 19. August 2014 die Ausschilderung des Radweges entlang der österreichisch-ungarischen Grenze eingeweiht. Damals war für eine Stunde der Eiserne Vorhang geöffnet worden, damit die Österreicher unkompliziert an diesem Picknick in Ungarn teilnehmen konnten. Weil sich diese Absicht herumgesprochen hatte, nutzten 700 DDR-Touristen diese kurze Öffnung zur Flucht von Ost nach West. Bei der Feier 25 Jahre später wurde mit der Einweihung der ausgeschilderten Route durch den Verteidigungsminister von Ungarn, den Ministerpräsidenten des Burgenlandes und durch mich als Vorsitzenden des Ausschusses für Verkehr und Tourismus im Europäischen Parlament daran erinnert. Nachdem wir das rote Band durchschnitten hatten, fand eine gemeinsame Fahrradtour über 93 Kilometer entlang des ehemaligen Eisernen Vorhangs von Sopron nach Kőszeg statt und es freute uns besonders, dass uns auch der ungarische Verteidigungsminister Csaba Hende auf dieser langen Strecke mit seinem Rad begleitet hat.

Im Herbst 2017 radelten zur Erinnerung an die 100-jährige Unabhängigkeit Finnlands Mitglieder des Europäischen Parlaments aus verschiedenen Fraktionen an der finnisch-russischen Grenze entlang.

lived far away from the Iron Curtain in Portugal or in its immediate proximity in Germany. In autumn 2005, the European Parliament agreed by a large majority, with votes from all countries and across all parties, to my proposal that the Commission and Member States "put into effect the 'Iron Curtain Trail' as a model for promoting European identity."

The European Commission organized workshops in Warsaw, Sopron and Sofia attended by members of the respective ministries and cycling and tourism organizations from all 20 countries involved. Work also began in all countries to mark the route and make it suitable for bike riding. In many places, sections of the pre-existing asphalted border patrol roads have been used. In the past swords were beaten to ploughshares; here military roads have been repurposed as cycle paths. They bear witness to historical events, traces of which one encounters along the entire trail.

On the 25th anniversary of the Pan-European Picnic on August 19, 2014, the newly-signposted stretch of the cycle path along the Austrian-Hungarian border was opened. Twenty-five years earlier, the Iron Curtain was opened for one hour to allow the Austrians to take part in the picnic in Hungary. Word got around, however, and 700 tourists from the GDR took the opportunity to flee through the hole to the West. To mark the 25th anniversary, the route was opened by the Hungarian Defense Minister, the Prime Minister of the State of Burgenland and myself as chairman of the European Parliament's transport and tourism committee. After cutting the red ribbon, we embarked on a joint bicycle tour along the 93-kilometer stretch of the former Iron Curtain from Sopron to Kőszeg and were particularly pleased to be joined by the Hungarian Defense Minister Csaba Hende for the entire stretch.

In autumn 2017, various members of the European Parliament from different parties rode along the Finnish-Russian border to commemorate the 100th anniversary of the independence of Finland.

The Iron Curtain Trail, for which Marianne Birthler, Václav Havel (1936–2011) and Lech Wałęsa are patrons, passes through several national parks with interesting flora and fauna and connects numerous unique landscapes that previously lay in exclusion zones and

Dieser Radweg, für den Marianne Birthler, Václav Havel (1936–2011) und Lech Wałęsa die Schirmherrschaft übernommen haben, verläuft durch mehrere Nationalparks mit einer interessanten Flora und Fauna und verbindet eine Vielzahl einzigartiger Landschaften, die in der Sperrzone lagen und nahezu unberührt geblieben sind. Man trifft aber auch auf zahlreiche Mahnmale, Denkmäler, Grenzlandmuseen und manche der noch verbliebenen Wachtürme, die an die Geschichte der Spaltung Europas und ihrer Überwindung durch überwiegend friedliche Revolutionen erinnern.

Die Bedeutung des Grünen Bandes für den Naturschutz und der Wert als Symbol der Vereinigung zwischen Ost und West wird heute auch international anerkannt. Am 23. September 2014 haben Gabriel Schwaderer für die European Green Belt Initiative, Daniel Mourek für die European Cyclists Federation und ich für das Europäische Parlament in Slavonice ein „Memorandum of Understanding" unterzeichnet, um den Green Belt zu schützen und in ihm das Radeln zu ermöglichen.

Die unterzeichnenden Institutionen verpflichten sich im Rahmen beider Projekte, den nachhaltigen Tourismus, den Schutz und die Bewahrung von Flora und Fauna sowie das Bewusstsein für Geschichte und Kultur zu unterstützen. Sie sind sich einig, dass diese Ziele nur gemeinsam mit der Bevölkerung erreicht werden können. Durch nachhaltigen Tourismus kann insbesondere die lokale Wirtschaft gestärkt werden, was auch durch die Verbesserung der bestehenden Infrastruktur erreicht werden soll. All das zeigt, dass der ehemalige Eiserne Vorhang heute Symbol einer gemeinsamen und gesamteuropäischen Erfahrung im wiedervereinigten Europa ist.

Seit dem Fall der Mauer in Berlin und des Eisernen Vorhangs in Europa sind fast drei Jahrzehnte vergangen. Gemäß der Aussage von Wilhelm von Humboldt, „Nur wer die Vergangenheit kennt, hat eine Zukunft", müssen wir uns mit der Vergangenheit auseinandersetzen. Deshalb pflegen wir mit Dankbarkeit die Erinnerung an die friedlichen Revolutionen in Ostmitteleuropa und vergessen nicht die Opfer und das Leiden, zu dem die jahrzehntelange Spaltung unseres Kontinents führte. Auf diesem internationalen „Iron Curtain Trail", dessen Route durch ein Gelände führt, das von einem Todesstreifen zu einem Lebensraum wurde, kann man europäische Geschichte, Politik, Natur und Kultur authentisch erfahren.

had for decades developed as unspoiled nature. Along the route, one also encounters numerous memorials, monuments, border museums as well as some of the remaining watchtowers that bear testimony to the division of Europe and its overcoming through peaceful revolution.

The relevance of the Green Belt for nature conservation and its value as a symbol of the reunification of East and West is now also recognized around the world. On September 23, 2014, Gabriel Schwaderer of the European Green Belt Initiative, Daniel Mourek of the European Cyclists Federation and myself representing the European Parliament signed a "Memorandum of Understanding" to protect the Green Belt and create a cycle path along its route.

As part of both these projects, the participating institutions pledged to support and foster sustainable tourism, to protect and conserve flora and fauna, and to raise awareness of history and culture. All are aware that these aims can only be achieved with the help of local people. Sustainable tourism offers an opportunity to strengthen local economies, not least through the improvement of existing infrastructure. All of the above shows that the former Iron Curtain is today a symbol of a shared, pan-European experience in a reunified Europe.

Nearly three decades have passed since the fall of the Wall in Berlin and the Iron Curtain in Europe. Wilhelm von Humboldt said, "Only he who knows the past has a future." It is for this reason that we must reflect on our past: we remember with gratitude the peaceful revolutions in Central and Eastern Europe and we shall not forget the victims of the decades of division in Europe and the suffering it brought. The international "Iron Curtain Trail" has transformed a former death strip into a natural living environment, and offers an authentic experience of European history, politics, nature and culture.

Verlauf des Iron Curtain Trails The route of the Iron Curtain Trail

28/28

JOHN KORNBLUM

Ringstraße, Wien, Österreich Ringstrasse, Vienna, Austria

28/28

JOHN KORNBLUM

Es gibt etwas, das mag die Mauer nicht,
das schickt den Frost darunter, dass der Boden schwillt
und streut die Steine oben weit umher.
Robert Frost

Mauern stehen seit der Antike symbolhaft für Identität, Macht, Sicherheit, Eroberung, aber auch für Teilung. In früheren, oftmals gesetzlosen Zeiten definierten ganze Städte und Länder ihr Territorium mithilfe von Mauern. Die Chinesische Mauer ist bis heute erhalten. Mauern hielten Angreifer draußen und Flüchtende drinnen. Sie dienten als Schanzen, von denen aus Feinde bekämpft wurden. Sie ermöglichten Kontrollposten zum Einsammeln von Steuern und zur Überwachung des Handels.

Im Europa des Mittelalters galten Mauern auch als Zeichen von Macht und Ruhm. Die dicken Stadtmauern und Gräben rund um Städte wie Wien, Paris oder Rom sollten nicht nur vor Eindringlingen schützen. Sie spiegelten auch die Stärke und den Einfluss der Machthaber wider. Ein herausragendes Beispiel ist der Moskauer Kreml, dessen Mauern bis heute diesen Zweck erfüllen.

Auf seltsame Weise bewahrten Mauern oft den Frieden allein dadurch, dass sie da waren. Invasoren dachten zweimal darüber nach, einen Fürsten anzugreifen, der in der Lage war, eine so großartige Barriere zu bauen. Unzufriedene Bürger fühlten sich vom regierenden Monarchen eingeschüchtert, der eine so uneinnehmbare Bastion kontrollierte. Historische Radierungen und Gemälde geben uns bis heute einen Eindruck von den imposanten Festungen, die überall auf der Welt errichtet wurden. Diese Bauwerke waren auf lange Dauer angelegt, und Teile von ihnen haben bis heute überlebt.

Mauern haben aber auch etwas Subversives, wie es Robert Frost in seinem unvergesslichen Gedicht „Beim Mauerflicken" ausdrückte. Eine Mauer ist ein Bauwerk, in dem sich Zorn und Boshaftigkeit ausdrücken. Sie besitzt keinen Sinn für Schönheit oder Ästhetik. Sie teilt eher als sie vereint. Warum ist sie überhaupt da? Wer versucht da wen draußen zu halten, und wer versucht wen zu besiegen? Quasi vom Moment ihres Entstehens an ist eine Mauer eine Beleidigung der menschlichen Freiheit, eine Herausforderung für diejenigen, die sie ausschließt. Irgendwie schreit sie danach, eingerissen zu werden.

Und dieser Wunsch ging auch meistens in Erfüllung. Den großen Stadtmauern der Vergangenheit gelang es nur selten, die Menschen oder

Something there is that doesn't love a wall,
that sends the frozen-ground-swell under it,
and spills the upper boulders in the sun.
Robert Frost

Since antiquity, walls have been a symbol of identity, power, security, conquest, but also of division. In the lawless days of old, entire cities and countries defined their territory within walls. China's ancient wall remains intact to this day. Walls kept out invaders and kept in those who would escape. They were used as redoubts from which to defeat enemies. They made possible control boxes to collect taxes and monitor trade.

In the Middle Ages in Europe, walls were also a sign of power and glory. The great walls and moats surrounding cities such as Vienna or Paris or Rome were not only for protection against invaders. They also signified the great strength and influence of those who were in charge. Moscow's Kremlin is a unique example that continues to fulfill its purpose today.

In some strange way, walls often kept the peace just by being there. An invader would think twice about attacking a prince who was able to build such a magnificent barrier. Dissatisfied citizens were intimidated by a ruling monarch who controlled such an impenetrable bastion. Historic etchings and paintings give us to this day a sense of the impressive fortresses that were built across the world. They were lasting monuments, and parts of them have survived to the modern day.

However, as Robert Frost put it in his immortal poem "Mending Wall," there is also something subversive about a wall. A wall is an angry piece of construction. A wall possesses no beauty or esthetic sense. It divides rather than unifies. Why is it there in the first place? Who is trying to keep whom out or who is trying to defeat whom? Almost from the moment of its birth, a wall is an insult to human freedom, a challenge to those whom it excludes. It was somehow calling out to be "unbuilt."

And this wish has most often been realized. Once the great city walls of the past were built, they rarely kept out the people or countries they were built against. Instead, the opponents learned to innovate. From the Trojan horse of Greek antiquity to the barbarians who sacked Rome, innovations such as the great systems of tunnels and fortifications built by invading armies 750 years ago, to the long bows of the English and the cannons invented by the Chinese, all of this modern technology was aimed against one thing—the wall.

Länder fernzuhalten, gegen die sie gebaut wurden. Stattdessen lernten die Gegner zu innovieren. Ganz gleich, ob es um das Trojanische Pferd der griechischen Antike geht, um die in Rom eingefallenen Barbaren, die Tunnel und Festungen, die angreifende Armeen vor 750 Jahren bauten, die Langbogen der Engländer oder die von den Chinesen erfundenen Kanonen – technische Innovationen richteten sich allesamt stets gegen eine Sache: Mauern.

Am Ende ging die Technik als Siegerin hervor. Die alten Mauern der Geschichte sind verschwunden. In vielen europäischen Städten erinnern nur noch die Ringstraßen, die oft genau ihrem Verlauf folgten, an sie. Heute ist die Rolle ihrer einstigen Standorte die, Autos und Busse auf effiziente Weise rund um die überfüllten Städte zu bewegen. Die Autos selbst stehen für jene Technik, die dafür gesorgt hat, dass die Mauern zuerst unpraktisch und dann unnötig wurden.

Die massenhafte Zerstörung der feudalen Mauern im 19. Jahrhundert hatte jedoch auch etwas Ironisches an sich. In der Zeit, als sie geschliffen wurden, stand die Welt vor einer neuen industriellen Revolution, die die Legitimität jener Herrschenden, die hierfür den Auftrag erteilten, unterminierte. In Wien beispielsweise wurden entlang der neuen Ringstraße prachtvolle Neubauten errichtet, die den Glanz der österreichisch-ungarischen Monarchie zelebrieren sollten. Fünfzig Jahre später fiel auch dieses Reich, als Opfer des neuen Industriezeitalters.

Als sich die Industriegesellschaft immer weiter ausbreitete, entdeckte sie auch den Wert einer neuen Art von Mauer. An die Stelle ihrer physischen Aufgaben trat eine symbolische, ja sogar ideologische Entwicklung. Wenn Mauern schon nicht mehr in der Lage waren, Kanonen oder Flugzeuge zu stoppen, konnten sie doch immer noch Menschen voneinander trennen. Sie konnten helfen, Gesetze und Bestrafungen für diejenigen zu etablieren, die ihnen nicht gehorchten. Sie konnten Grenzlinien ziehen. Und die Botschaft verbreiten: Vielleicht schafft ihr es, meine Häuser zu zerstören, doch Ideen können genauso gefährlich sein.

Die europäische Geschichte der ersten Hälfte des 20. Jahrhunderts war durch die Errichtung ideologischer Mauern quer durch den gesamten Kontinent gekennzeichnet. Kulturen zogen sich in ihre nationalen Grenzen zurück und forderten andere auf, sich fernzuhalten. Die alten Reiche wurden durch Dutzende von souve-

And in the end, technology won out. The walls of history are no longer with us. The internal ring roads of many European cities remind us of their past. Many of them follow exactly the course charted by the walls of old. That they are today efficient means of moving automobiles and buses around crowded cities gives them a unique new role. The automobiles themselves represent the technology that made the walls first impractical and then unnecessary.

But there was something ironic about this mass destruction of feudal walls in the nineteenth century. At the moment they were being torn down, the world was entering a new, industrial revolution, which undermined the legitimacy of the very leaders who were taking them apart. In Vienna for example, the new *Ringstrasse,* which followed the route of the old wall, was decked out with magnificent new buildings meant to celebrate the grandeur of the Austro-Hungarian Empire. Fifty years later, that Empire also fell, a victim of the new industrial age.

As industrial society expanded, it too discovered the value of a new sort of wall. Their physical role was replaced by a symbolic, even ideological evolution. If walls could no longer stop cannons or airplanes, they could still divide humans from each other. They could establish laws and punishment for those who disobeyed them. They could draw lines. Their message: you may be able to destroy my bricks and mortar, but ideas can be just as dangerous

In fact, the history of the first half of the twentieth century in Europe was characterized by the erection of ideological walls across the continent. Cultures withdrew into their national boundaries and told others to keep out. The old empires were replaced by dozens of sovereign states, each based on a single culture that wished to be separate from others. Old-fashioned stone walls were usually not necessary. The borders established in our minds were often just as efficient

In fact, one way to define Europe in the twentieth century, is through the process of division and cultural wall-building that replaced the great stone edifices of the past. European history came to be dominated by new ideological empires whose walls were just as thick and impenetrable as were those of the old feudal kings. Their soldiers were still there. But this time, they controlled freedom and ideas instead of fighting against other armies

The new ideologies, Communism, Fascism, Maoism, the religion of national liberation, tore apart the tightly woven cultural carpet of the pre-industrial world. As the old world of feudal dukes was being torn apart, these new scientific, social and technological religions built complex systems of walls that divided societies more efficiently than the old leaders could ever have imagined.

Soon the modern world was marked by this new sort of ideological wall. Especially after the collapse of the European order in 1918, symbolic ideological walls were being built everywhere. But they often signified national awakenings and religious or ideological confrontations in the rest of the world as well. We need only think of the division of British India into Muslim and Hindu nations or the confrontation in Israel and Palestine or even the walls built around Cuba in the Caribbean to understand how widespread and penetrating this trend had become.

ränen Staaten ersetzt, von denen jeder auf einer Kultur basierte, die von den anderen getrennt sein wollte. Altmodische Steinmauern waren dafür für gewöhnlich nicht notwendig. Die in unseren Köpfen gezogenen Grenzen waren oft genauso effizient.

Einen Ansatzpunkt, das Europa des 20. Jahrhunderts zu beschreiben, bietet der Prozess der Trennungen und des Bauens kultureller Mauern, der die großen Steinbauwerke der Vergangenheit ablöste. Europa wurde zusehends von neuen ideologischen Reichen erobert, deren Mauern genauso dick und unüberwindbar waren wie die der alten Könige. Deren Soldaten waren immer noch da. Doch diesmal kontrollierten sie Freiheit und Ideen, anstatt andere Armeen zu bekämpfen.

Die neuen Ideologien, Kommunismus, Faschismus, Maoismus, die Religion der nationalen Befreiung – sie alle zerrissen den engmaschigen kulturellen Teppich der vorindustriellen Welt. Kaum war die alte Welt der Herzöge zerteilt, errichteten die neuen wissenschaftlichen, sozialen und technischen Religionen komplexe Systeme von Mauern, die die Gesellschaften effizienter trennten, als es sich die alten Führer je hätten vorstellen können.

Diese neue Art von Mauern prägte schon bald die ganze moderne Welt. Symbolische ideologische Mauern entstanden vor allem nach dem Zusammenbruch der europäischen Ordnung im Jahr 1918 und bedeuteten oft auch ein nationales Erwachen sowie religiöse oder ideologische Konfrontationen im Rest der Welt. Man denke nur an die Teilung Britisch-Indiens in muslimische und hinduistische Nationen, an den Konflikt in Israel und Palästina oder an die in der Karibik um Kuba gezogenen Mauern, um zu verstehen, wie weit verbreitet und tiefgreifend dieser Trend geworden ist.

Mitte des 20. Jahrhunderts wurden ideologische Mauern mitunter auch von realen Bauwerken unterstützt. In drei dramatischen Fällen teilten sie als unmittelbare Folge des Zweiten Weltkriegs die Länder Korea, Vietnam und Deutschland. Viele Jahrzehnte lang bildeten diese Mauern eine strategische und ideologische Barriere, die Ereignisse in allen Teilen der Welt beeinflusste.

Die Mauer rund um die westlichen Sektoren von Berlin und zwischen dem westlichen und östlichen Teil Europas war die folgenschwerste und bedeutendste dieser drei Barrieren. In Vietnam hielt die Mauer das Erbe des französischen Kolonialismus am Leben und führte zu einem der blutigsten „nationalen Befreiungskriege" der modernen Geschichte. Die Mauer, die die beiden Teile Koreas trennt, existiert bis heute. Erst vor kurzem haben sich die Spannungen zwischen den beiden Landesteilen erneut zu einer globalen Konfrontation ausgeweitet.

Europa war dennoch der Ort, an dem die tiefste und gefährlichste Spaltung entstand. Um 1960 war praktisch der gesamte Kontinent geteilt in die von den USA unterstützten westlichen Demokratien und die sogenannten sozialistischen Republiken, die in Wirklichkeit Teil eines der größten jemals in Europa existierenden Imperien waren – jenem der Sowjetunion und der ihr unterworfenen Staaten in Mitteleuropa.

By the middle of the twentieth century, these ideological walls sometimes were supported by real edifices. The most dramatic were walls separating the three countries divided by the confrontations that emerged from the Second World War–Korea, Vietnam and Germany. For many decades those three walls formed a strategic, ideological barrier that affected events in all parts of the world.

The wall built around the Western sectors of Berlin and between the Western and Eastern parts of Europe was

Kreml, Moskau, Russland
Kremlin, Moscow, Russia

Den großen Stadtmauern
der Vergangenheit
gelang es nur selten, die
Menschen oder Länder
fernzuhalten, gegen die
sie gebaut wurden.

Once the great city walls of the
past were built, they rarely kept
out the people or countries they
were built against.

Entschlossen, nie wieder von Deutschland oder dem Westen überfallen zu werden, errichteten die sowjetischen Führer in allen ihren Territorien einen streng kontrollierten Polizeistaat und stationierten dort eine gewaltige Anzahl an Atomwaffen, um die militärische Überlegenheit des Westens auszugleichen.

Im Mittelpunkt dieses Konflikts stand die ehemalige deutsche Hauptstadt Berlin. Sie war 1945 in vier Sektoren aufgeteilt worden, die gemeinsam von den britischen, französischen, amerikanischen und sowjetischen Siegermächten verwaltet werden sollten. An die Stelle einer einheitlichen Besatzungspolitik trat jedoch bald die Konfrontation. 1961, gut eineinhalb Jahrzehnte nach Ende des Krieges, bestand die einzige Möglichkeit der Sowjets, ihren Satellitenstaat, die DDR, zu retten, in der Errichtung zweier Mauern – eine, die Ost- und Westdeutschland teilte, und eine, die die Westsektoren Berlins von Ost-Berlin und den umliegenden Teilen Ostdeutschlands trennte.

Mehr als 28 Jahre blieb das hässliche Bauwerk bestehen. Die Wunde, die es Berlin zufügte, und das menschliche Leid, das es verursachte, waren so drastisch, dass es schnell zu dem Symbol schlechthin wurde für die Konfrontation, die den Globus nach Ende des Zweiten Weltkriegs fast 45 Jahre lang in Schach hielt.

Dieser Kalte Krieg war in Wirklichkeit die Fortsetzung der beiden Weltkriege, die die alte europäische Ordnung in der ersten Hälfte des 20. Jahrhunderts zerstört hatten. Er wurde wie eine Militäraktion geführt und an seinem Ende stand der Zusammenbruch der Sowjetunion.

Mit anderen Worten: Europa befand sich von August 1914 bis November 1989 fast ununterbrochen im Krieg. Dabei standen sich gewaltige Armeen gegenüber, der größte Teil davon mitten in Deutschland. Die amerikanischen und sowjetischen Führer verfügten über Tausende von Atomwaffen.

In mehreren kritischen Phasen der Nachkriegszeit drohte sich die Pattsituation in Berlin in eine militärische Konfrontation zu verwandeln. Die Stadt hat in dieser Zeit viele symbolische Bilder geliefert, wie z.B. die Berliner Luftbrücke, den Beginn des Berliner Mauerbaus am 13. August 1961, den Checkpoint Charlie und die Glienicker Brücke. Diese Brücke, die West-Berlin mit Potsdam in Ostdeutschland verband,

the most dramatic and the most important of these three barriers. But the wall in Vietnam kept alive the legacy of French colonialism and led to one of the bloodiest "wars of national liberation" in modern history. The wall dividing the two parts of Korea exists until this day. Only recently have the tensions between the two parts of the country again erupted into a global confrontation.

Europe, however, was also the place where the most thorough and most dangerous divisions arose. By 1960, virtually the entire continent had been divided between Western democracies supported by the United States and so-called socialist republics that were in reality part of one of the largest empires ever built in Europe—that of the Soviet Union and the nations it subjugated in Central Europe.

Determined never again to be invaded by Germany or the West, Soviet leaders built a tightly controlled police state in all of their territories and stashed away a massive number of nuclear weapons with which to offset the West's large military advantage.

Ground Zero of this stand-off was the former German capital of Berlin. It had been divided into four sectors to be administered jointly by the British, French, American and Soviet victorious powers. Joint administration soon dissolved into confrontation. By 1961, the only way the Soviets could save its client state, the GDR, was by building two walls—one separating East and West Germany and one separating Western sectors of Berlin from East Berlin and from the surrounding parts of East Germany.

The ugly edifice remained standing for more than 28 years. The scar it tore across Berlin and the human suffering it caused were so dramatic that it rapidly came to symbolize the entirety of the confrontation that held the globe in check for nearly 45 years after the end of the Second World War.

This Cold War was in effect an extension of the two shooting wars that had destroyed the old European order during the first half of the twentieth century. It was conducted as if it were a military campaign and its conclusion ended with the collapse of the Soviet Union.

Europe, in other words, was on a war footing almost without interruption from August 1914 to November 1989. Massive armies con-

war 1985 Schauplatz des größten Agenten-
austauschs der Neuzeit. Dabei zeigte sich,
dass der Kalte Krieg auch ohne militärische
Konfrontationen letztlich doch nicht so „kalt"
war. Es ist die Symbolik des ehemaligen Grenzübergangs durch die Berliner Mauer in der
Friedrichstraße, die den als Checkpoint Charlie
bekannten Ort bis heute zu einem der beliebtes-
ten Reiseziele in ganz Deutschland macht.

1972 hatten die Westmächte und die Sowjetunion das sogenannte Viermächteabkommen über
Berlin geschlossen, das sowohl ihre Konkurrenz
als auch ihre Kooperation in der geteilten Stadt
regelte. Durch die Zusammenarbeit entwickelten
die Sowjets und der Westen im Lauf der Jahre
ein gegenseitiges Verständnis dafür, wie wichtig
es war, das Gleichgewicht in Berlin aufrechtzu-
erhalten. Die bizarre Teilung der Stadt wurde zur
Schnittstelle der Kommunikation zwischen Ost
und West und trug auf diese Weise wahr-
scheinlich dazu bei, größere Konfrontationen zu
vermeiden.

Doch die Berliner Mauer blieb ein dramati-
sches Symbol für Zwang und Unterdrückung.
Als Ronald Reagan 1987 Berlin besuchte,
brauchte er nur einen Satz, „Mr. Gorbachev,
tear down this Wall!", auszusprechen, um
Amerikas gesamte Europa-Strategie zu definieren. Und selbst heute, fast 30 Jahre später,
wird das Ende des Kalten Krieges meistens
mit einem Verweis auf „nach dem Fall der
Mauer" definiert – nicht der Berliner Mauer,
sondern einfach nur *der* Mauer.

Am 5. Februar 2018 war die Berliner Mauer
so lange weg, wie sie gestanden hatte – 28
Jahre, 2 Monate und 26 Tage. Man müsste
lange und gründlich suchen, um ein historisches Bild von vergleichbarer Symbolkraft
zu finden. Eigentlich gibt es keines.

fronted each other, mostly at the center of Germany.
Thousands of nuclear weapons were at the disposal
of American and Soviet leaders.

At several flashpoints during the post-war period, the
stand-off in Berlin threatened to dissolve into a military
confrontation. The city has provided many symbolic
images of this period, such as the Berlin Airlift, the
building of the Berlin Wall on August 13, 1961, Checkpoint Charlie and the Glienicke Bridge. In 1985, this
bridge, which connected West Berlin with Potsdam
in East Germany, hosted the largest spy exchange
in modern history. It demonstrated that despite the
absence of military confrontation, the Cold War had not
been so "cold" after all. To this day, the symbolism of the
site of the former Allied crossing point through the Berlin
Wall on Friedrichstrasse, known as Checkpoint Charlie,
makes it one of the most popular tourist destinations in
all of Germany.

But by 1972, the Western powers and the Soviet Union
had concluded the so-called Quadripartite Agreement on
Berlin, which regulated both their competition and their
cooperation in the divided city. Over the years, cooperation evolved into a mutual understanding by the Soviets
and the West of the importance of maintaining balance
in Berlin. As such, the bizarre division of the city became
a point of communication between East and West and
probably helped avoid broader confrontation.

The dramatic image of the Berlin Wall was so powerful that
in 1987, Ronald Reagan was able to use a single sentence:
"Mr. Gorbachev, tear down this Wall!" to define America's
entire European strategy. And even today, nearly 30 years
later, the end of the Cold War is most often defined with a
reference to "after the fall of the Wall." Not the Berlin Wall,
but simply *the Wall*.

On February 5, 2018 the Berlin Wall has been gone for as
long as it was there. 28 years, 2 months and 26 days. One
has to search long and hard to find an equally iconic historical
image. There really isn't one.

BERLIN – STADT DER DOUBLETTEN

THOMAS KRÜGER

Freie Volksbühne (heute: Haus
der Berliner Festspiele, Fritz
Bornemann, 1961–1963)
Freie Volksbühne (now: Haus
der Berliner Festspiele, Fritz
Bornemann, 1961–1963)

Volksbühne am Rosa-Luxem-
burg-Platz (Oskar Kaufmann,
1913–1914)   Volksbühne on
Rosa-Luxemburg-Platz (Oskar
Kaufmann, 1913–1914)

BERLIN–
CITY OF DOUBLES

THOMAS KRÜGER

Berlin als Stadt der Doubletten zu decodieren, mag auf den ersten Blick konstruiert erscheinen, entpuppt sich aber als veritable These. In Berlin gibt es fast alles mindestens zweimal, und für fast jede dieser doppelten Institutionen und Einrichtungen gibt es zwei Namen: Zoo und Tierpark, Freie Volksbühne und Volksbühne am Rosa-Luxemburg-Platz. Humboldt-Universität und Freie Universität, Staatsbibliothek im Kulturforum und Staatsbibliothek Unter den Linden, Union und Hertha. Die Reihe lässt sich fast beliebig fortsetzen.

Die Stadt war fast drei Jahrzehnte lang geteilt, da musste es beides diesseits und jenseits der Mauer geben für die Menschen, die hier und dort lebten. Aber reicht das wirklich aus, um die vielen Doubles zu erklären? Interessanter ist die Frage: Ist die Doublette nicht Ausdruck einer hypertrophen und maßlosen, ideologischen Symbolpolitik? Eine Annäherung an die architektonische Doublette, in Gestalt des Hansa-Viertels und der Karl-Marx-Allee, mag bei der Beantwortung dieser Frage vielleicht erhellend sein.

Gleich mehrfach miteinander verflochten, sind sie architektonische Zeugen einer städtebaulichen Parallelgeschichte, weil ihre Entstehungsgeschichte im Zeitalter der Ideologien auch städtebaulichen Moden unterworfen war und weil sie so gleich mehrfach aufeinander Bezug nehmen. Zusammen interpretiert sind diese beiden Bauwerke deshalb einmalig, ein weltweit unvergleichliches, doppelt verflochtenes Kulturerbe.

Die Karl-Marx-Allee, einstmals Stalinallee, ist heute aus städtebaulicher Sicht ein durchaus zeitgemäßes Ensemble. Am Blockrand ausgerichtet, ignoriert sie nicht den historischen Stadtgrundriss. Ästhetisch eignen wir uns heute die Karl-Marx-Allee mit ihrem sozialutopischen, gesellschaftliche Veränderung beanspruchenden Potenzial neu an, und allenfalls ein kurzer Schauder überkommt uns beim Gedanken an ihre Geschichte.

Die Allee war der prachtvolle Rahmen für die narzisstischen Sozialismus-Shows, die stundenlang live im Staatsfernsehen übertragen wurden. Sie diente als TV-Kulisse eines Propaganda-Lehrstückes, die Repräsentation simulierter Stärke. Die Allee ist Produkt und Mythos der Aufbaujahre, der in Beton gegossene Anfang einer monströsen Illusion. Mit ihr setzte sich das DDR-System ein Denkmal, übrigens um einiges früher als der Senat im Westen der geteilten Stadt.

The notion of Berlin as a city of doubles may initially sound somewhat contrived, but at a closer glance turns out to be a veritable proposition. In Berlin, there are two of almost everything. And for almost all of these pairs of institutions and facilities, there are two names: Zoo and Tierpark, Freie Volksbühne and Volksbühne am Rosa-Luxemburg-Platz, Humboldt-Universität and Freie Universität, Staatsbibliothek im Kulturforum and Staatsbibliothek Unter den Linden, Union and Hertha football clubs. The list could be continued almost indefinitely.

A simple explanation is that the city was divided for almost three decades and both were needed on each side of the Wall for the people who lived here and over there. But does that fully explain the existence of so many doubles? Might not the doubles also be an expression of a hypertrophic and excessively pronounced politics of ideological symbolism? An interesting question that deserves greater scrutiny. A closer look at two prominent architectural doubles, the Hansa-Viertel and the Karl-Marx-Allee, may shed some light on this question.

The two are interconnected in many ways, firstly as architectural testimonies to an age of parallel urban reconstruction shaped by their respective ideologies and urban design convictions, and secondly because they relate to each other at multiple levels. Taken together, the two building complexes therefore represent a unique, doubly intertwined cultural heritage that is without comparison in the world.

From today's standpoint, the Karl-Marx-Allee, initially called the Stalinallee, is a more contemporary urban ensemble than one might imagine. Aligned along the block perimeter, it does not ignore the historical plan of the city. Its esthetics, too, in particular the socio-utopian promise of social change it conveyed, are gradually garnering more general acceptance, a shudder passing over us only briefly when we think of its history.

The Allee was the grand stage for the narcissistic socialist parades that were broadcast live on state television for hours on end. It served as a television backdrop for a piece of copybook propaganda, its imposing façades simulating strength. The Allee is both a product and myth of the formative years, the concrete manifestation of the begin of a monstrous illusion. With the building of the Stalinallee, the GDR system marked a milestone that the Senate in the West of the city would only reach some time later.

Die Menschen wohnten – und wohnen! – gerne in den hypertrophen Zuckerbäckerbauten. Es gehört zur Ironie der Geschichte, dass diese Kulisse einer Ideologie, die von den Zeitläuften und ihren mutigen Protagonisten hinweggefegt wurde, im Vergleich der beiden Quartiere bis heute seltsamerweise die zeitgemäßere Gestalt des Städtebaus aufzuweisen scheint. Dagegen wirkt das Hansa-Viertel heute wie aus der Zeit gefallen. Aufgelockerte Baustrukturen und die Funktionstrennung von Arbeiten, Wohnen und Freizeit gelten weithin als Sackgassen in der Geschichte nicht nur des Berliner Städtebaus. Das ist so seit der zweiten Internationalen Bauausstellung im Westteil der Stadt, Ende der 1980er Jahre: Bei der Reparatur der so lange geteilten Stadt orientierte man sich am historischen Straßengrundriss, und dieses Credo bestimmt bis heute die Rekonstruktion.

Die „Interbau 57", die Antwort des West-Berliner Senats auf die Karl-Marx-Allee, bricht radikal mit der Geschichte des Berliner Städtebaus vor dem Krieg, ist aber andererseits auch die dezidierte Negation des städtebaulichen Konzepts jenseits der Mauer. Dennoch lässt sich das Hansa-Viertel auch als Remake der Stalinallee deuten, mit internationalen Stars der Baumeister-Szene, mit einem gewaltigen Budget und einer schwindelerregenden Inszenierung von Wohnmaschinen und Wolkenkratzern. Dieses Bauprojekt spiegelt den Wettlauf der Systeme um die Deutungshoheit der Bilder und Symbole.

Das Hansa-Viertel ist weniger ein Double der Karl-Marx-Allee, weil sie ja selbst nicht das ist, was man ein Original nennen könnte, sondern fast schon ein gelungenes Patchwork aus einer Vielfalt von Stilen und Einflüssen. Mit dem dritten Bauabschnitt der Karl-Marx-Allee Anfang der 1960er Jahre doubeln die Baumeister des Ostens stilistisch gar das Hansa-Viertel. Denn nun baut das Regime plötzlich im Stil der Moderne weiter an seiner finalen Kulisse: Das Kino International, das Café Moskau und das Hotel Berolina sind stilistische Doubles innerhalb der architektonischen Doublette.

Das Original selbst ist die Doublette, ist Signifikat und Signifikant zugleich. Das Wechselspiel beider Baudenkmäler kann als Fanal des Ringens um Meinungsführerschaft im Kampf der Ideologien gesehen werden. An die Stelle urbaner und funktionaler Erschließung von Stadtraum tritt beim „doppelten Berlin" zunächst und zuallererst die symbolische und ideologisch motivierte Repräsentation. Wir haben es also mit zwei städtebaulichen

People liked—and indeed still like—living in the overblown wedding-cake architecture of the Allee. Ironically, of the two urban quarters, this backdrop to an ideology swept away by the changes of time and its bold protagonists is today regarded as a more appropriate form of urbanism. By comparison, the district Hansa-Viertel seems lost in time. Its dispersed arrangement of buildings and the functional separation of living, working and recreation are today generally regarded as historical deadends, and not just in Berlin. That became particularly apparent by the end of the second International Building Exhibition in the western part of the city at the end of the 1980s: the repair of the long-divided city took the historical urban plan of the city as its model, a credo that has informed the reconstruction of the city to the present day.

The "Interbau 57", the West Berlin Senate's answer to the Karl-Marx-Allee, broke radically with the historical urban planning of pre-war Berlin and at the same time was also a direct negation of the urban concept on the other side of the Wall. Despite this, it can be interpreted as a remake of the Stalinallee: constructed by international stars of the architecture scene with a huge budget, it is a dizzying display of "machines for living" and high-rises that exemplifies the competition between the systems for primacy of images and symbols.

The district Hansa-Viertel is in some respects less a double of the Karl-Marx-Allee because the latter lacks the character of an original work but is rather a skillfully assembled patchwork of diverse styles and influences. In fact, with the third phase of the Karl-Marx-Allee, the architects of East Berlin built a stylistic double of the Hansa-Viertel. In a sudden change of style, the final section of the GDR's grand urban axis adopts the modern style: the Kino International, the Café Moskau, and the Hotel Berolina are stylistic doubles within the architectural double.

The original is itself the double; it is both signifier and signified. The interplay between the two monumental complexes can be seen as an expression of the struggle for dominance in the battle of ideologies. In this "city of doubles", symbolism and ideologically-motivated representation took precedence over urban and functional considerations.

The two urban constellations serve as screens on to which the two social systems projected their image; and thus relate to one another in a kind of negative dialectic: the district Hansa-Viertel is the indispensable twin to East Berlin's Stalinallee.

Projektionsflächen zu tun, mit Bilderfabriken der beiden gesellschaftlichen Systeme, die sich in einer Art negativer Dialektik aufeinander beziehen: Das Hansa-Viertel war das nicht aufhebbare Andere von Ost-Berlins Stalinallee.

Um diese Geste, diese Inszenierung geht es an verschiedenen Stellen im Westteil der Stadt, dem „freien" (aber nicht ideologiefreien) Berlin der drei Westsektoren. Diese Illusion wird in der Nachkriegszeit sukzessive aufgebaut durch die systematische Gründung institutioneller Doubletten, die den Schein einer ganz normalen selbstreferentiellen Stadt und ihrer Funktionen erzeugen sollen.

Als Mutter aller Bilder und als Gründungsmythos von West-Berlin, der die Freundschaft zu den „Schutzmächten" tief verankerte, könnte man die „Luftbrücke" anführen. Nichts ist, wie es scheint, schon gar nicht die Bilder dieses Mythos des Kalten Krieges: die zum Himmel gestreckten Hände und Blicke ausgemergelter, vom Kommunismus bedrohter Kinder in einer eingekesselten Stadtbastion. Sicher, es regnete Rosinen und Bonbons, aber die Rosinenbomber flogen auch deshalb so viel und so oft nach Berlin, weil sie systematisch und generalstabsmäßig große Teile der wirtschaftlichen Infrastruktur aus Berlin in den Westen des Landes ausfliegen und damit vor den Kommunisten retten sollten.

Such gestures, such projections, can be found all over the western part of the city, in the "free"—but not "ideology-free"—world of the three Western sectors of Berlin. This illusion was successively cultivated in the post-war period through the systematic founding of institutional doubles that aimed to give the impression of a normal, self-referential city and its functions.

The mother of all these images, and the founding myth of West Berlin, deeply rooted in its alliance with the "protective forces" of the West, is the "Luftbrücke", the Berlin Airlift. Here, too, nothing is as it seems, especially the images propagating this myth of the Cold War: pictures of emaciated children living in a besieged city and menaced by communism, their eyes and outstretched hands elevated skywards. While it did rain raisins and candy, the "raisin bombers" also flew back and forth so frequently in order to systematically, and with military efficiency, transport important infrastructure out of Berlin to West Germany, ostensibly to prevent it from getting into the hands of the communists.

The propaganda war in Berlin at the time was undoubtedly won by the West. The glorified portrayal of the "altruistic raisin bombers" as defenders of freedom effectively obscured and trivialized the ideologically-motivated removal of the city's resources. With first the "Aid for Berlin" subsidies provided by the Federal Republic, newly stocked with infrastructure freshly flown out of Berlin, and then the "Emergency Relief Stamps", a picture was painted

Die Propagandaschlacht ist damals eindeutig vom Westen gewonnen worden. Der „altruistische Rosinenbomber" hat den ideologisch motivierten Raubbau an der Stadt als Freiheitsromanze verklärt und verharmlost. Erst die „Berlin-Hilfe" genannten Subventionen der mit der ausgeflogenen Berliner Infrastruktur unterstützten Bundesrepublik, auch das philatelistische „Notopfer Berlin", haben aus dem Westteil der Stadt ein optimiertes, erfolgreicheres und symbolpolitisch alternatives Modell zum „real existierenden Sozialismus" geschaffen: die West-Berliner Hängematte. Der Westen Berlins also eine leere Hülle?

Wirtschaftlich betrachtet womöglich ja, doch wo die Mauerstadt sich in ihrer wirtschaftlichen Bedeutung dem Nullpunkt nähert, wo Fabrikhallen leer und Industriegebiete verwaist sind, da gibt es viel Raum für die kreative und künstlerische Aneignung, die Umdeutung der gestürzten Götzen. Der „Mythos West-Berlin" hat jüngst geradezu ein Revival erlebt, war die „Insel" doch zu Mauerzeiten für Wessis und die Internationale der Kreativen so etwas wie das Schlaraffenland. Dieser Mythos starb schon in der historischen Nacht des 9. November 1989, als – vor der DDR – das alte West-Berlin unterging.

Im subversiv Parasitenhaften waren sich West und Ost vielleicht ähnlicher, als man sich denken kann: Prenzlauer Berg und Kreuzberg zum Beispiel, Refugien der Kreativen, die sich hier wie dort dem Zugriff des ideologischen Diskurses und der merkantilen Produktivität entzogen. Freie Räume im toten Winkel symbolisch rivalisierender Gesellschaftsformationen – noch so eine Doublette ist das, wenn auch nicht asymmetrisch, weil sie ihre Kraft nicht aus dem negativen Bezug zum ideologisch Anderen zieht, sondern aus einer ähnlichen Negierung des jeweils herrschenden, kapitalistischen oder sozialistischen Systems. Oder vielleicht präziser: des jeweiligen Verblendungszusammenhangs?

Von diesem Mythos zehrte lange der Prenzlauer Berg, als er nach der friedlichen Revolution „entdeckt" wurde. Eine Narration aus der Spätzeit des Kalten Krieges im Ostteil der Stadt, wo Künstler und Literaten der freien Szene inklusive der berichtenden Hypertexte inoffizieller Mitarbeiter der Staatssicherheit von einem anderen Leben träumten und in den Ost-Berliner Altbauten, die längst für den Abriss bestimmt waren, ein Refugium für ihre Entfaltung fanden. Diese Erzählung hat die Anziehungskraft von Prenzlauer Berg ausgemacht, der mehr als 25 Jahre später nicht mehr wiederzuerkennen ist und in seiner „Schwaben-pracht" heute von ahnungslosen Newcomern schon mal dem früheren West-Berlin zugeschlagen wird.

of West Berlin as an optimized, more successful and politically symbolic alternative model to "real existing socialism": West Berlin as an easy-going, heavily subsidized dependency. So, was West Berlin little more than an empty husk?

From an economic perspective, this may have been the case, but where a city's economic relevance has declined, factories are empty and industrial estates deserted, there also lies potential for creative and artistic appropriation, and for recoding and repurposing toppled idols. In recent times, the "myth of West Berlin" has experienced something of a revival, having been a carefree paradise for many West Germans and for creatives from around the world during the Wall years. That myth was buried on the night of November 9, 1989, which marked the end of West Berlin's island status—even before the GDR had come to an end.

In terms of their subversive, parasitic nature, the West and East were perhaps more similar than one might think: Prenzlauer Berg and Kreuzberg, for example, were each a haven for creatives on either side of the Wall who wished to escape the dictates of ideological discourse and mercantile productivity. Such spaces of freedom in the respective blind spots of these competing symbolic and social orders is another instance of doubles, although this time not asymmetrical, as they derived their strength not from a negative view of the competing ideology but from a similar negation of the respective dominant capitalist or socialist system. Or perhaps, to be more precise, from the respective context of delusion?

Prenzlauer Berg was buoyed by this myth for a long time after its "discovery" following the peaceful revolution. The narrative stems from the end of the Cold War period in the east of the city, where artists and writers from the independent scene, and with them the web of reports by state security informants, dreamt of another life and found refuge and the space to breathe in the old buildings of East Berlin that had long been earmarked for demolition. For years, this narrative was central to Prenzlauer Berg's attraction, but 25 years on the district is barely recognizable, so thoroughly and pristinely renovated it has become that many a clueless newcomer falsely attributes it to West Berlin.

What is interesting, however, is that the obsolete symbolism of the Cold War and the fading ideologies of the twentieth century can still be sensed

Spannend ist jedoch, dass die tote Symbolik des Kalten Kriegs und die verblassenden Ideologien des 20. Jahrhunderts heute als Konkursmasse in Form ergebnisoffener und neu zu interpretierender Aneignungsprozesse in neue spekulative Stadt- und Lebenskonzepte transformiert werden. Subjekte und Akteure sind plural, international, diasporisch, hybrid, offen. Die in Berlin gewachsene Kultur des Parasitären unterstützt heute eine Art postideologisches Versuchslabor entgrenzter Lebensentwürfe, die sich nicht sofort der Domestizierung durch ökonomische Zwänge unterwerfen.

Aber natürlich muss die Frage lauten: Wie lange noch? Die Stadt hat zwar die Ressourcen einer *global city* und kann sich heute glücklich schätzen, von Menschen erobert zu werden, für die das „doppelte Berlin" nicht mehr und nicht weniger als urbane Verfügungsmasse ist. Genau deshalb ist der erinnernde, kritische und reflektierende Diskurs eine unverzichtbare Qualität. Dieser Zustand wird jedoch durch konkurrierende, vor allem ökonomische Interessen permanent in Frage gestellt.

Mauern können also – wie das Beispiel Berlin eindrucksvoll zeigt – trennen und dafür sorgen, dass zwei unterschiedliche Lebenswelten parallel nebeneinander existieren und ihre individuelle Infrastruktur und Kultur aufbauen. Mauern sorgen im Umkehrschluss jedoch auch für Anpassung. West- und Ost-Berlin haben ähnliche Räume geschaffen und aufeinander Bezug genommen.

Noch heute, fast 30 Jahre nach dem Fall der Mauer, sind solche Parallelen zu finden, das Zusammenwachsen wird noch immer auch in einem stadträumlichen Prozess vollzogen. Die Mauer hat als Conclusio 28 Jahre lang Deutschland geteilt. Aber sie lebt tatsächlich fort: Berlin als heutige Doublette ist ein Resultat davon, hat deshalb gesellschaftspolitisch besondere Bedeutung und sorgt für kulturelle wie architektonische Vielfalt. Die „Schwaben" haben zwar den Prenzlauer Berg übernommen, aber nur wenig weiter im Osten, in Köpenick, heißt es in der Fußballhymne: „Wer lässt sich nicht vom Westen kaufen? Eisern Union!" Hertha dagegen ist und bleibt der Club des alten West-Berlins, dem schon zu Teilungszeiten bei Auswärtsspielen der Ruf entgegenschallte: „Wir verschenken Berlin an die D-D-R!"

Die Mauer ist nach wie vor der zentrale Code der Stadt. Ohne die alte und unzählige neue Mauern, mentale wie architektonische, ist Berlin – dasnach einem autochthonen Lebensgefühl „nie ist, sondern immer wird" – als Hauptstadt Deutschlands, als einzige Großstadt, die es in Deutschland gibt, nicht zu denken.

today, transformed and reworked into new, open-ended processes of appropriation and new speculative concepts for living in and shaping the city. The subjects and stakeholders here are plural, international, diasporic, hybrid and non-exclusive. The parasitic culture that evolved in Berlin has created the conditions for a kind of post-ideological experimental laboratory of non-prescriptive ways of life that resist immediate domestication through the pressures of economic necessity.

The question, of course, is how long can this last? The city has the resources of a global city and can be thankful for the many people making their lives here for whom the "city of doubles" is no more and no less than a field of urban possibilities. But this also exemplifies why a climate of critical, reflective, and historically-aware discourse is of such vital importance. This, however, is under constant pressure of being displaced by competing and especially economic interests.

Walls—as the example of Berlin so strikingly shows—can divide but also create the conditions for two different living environments to exist and evolve parallel to one another, each developing their own individual infrastructure and culture. By implication, walls therefore also give rise to adjustment and alignment. West and East Berlin have both created similar spaces and also relate to one another.

Today, some 30 years after the fall of the Wall, we can still find such parallels. The growing together of the city also still manifests itself as an urban process. The Wall ultimately divided Berlin for 28 years. But it continues to live on: one result of this is the city of doubles we see today, which is why it is of special socio-political importance as an agent of cultural as well as architectural diversity. Prenzlauer Berg may have been overtaken by an influx of wealthy West Germans, but one need only venture a little further east, to Köpenick, to hear "Who won't be bought by the West? Iron Union" sung from the football terraces. The fans of Hertha, on the other hand, traditionally the home club of West Berlin since the Wall years, had to endure the opponent's fans taunt "We'll give Berlin to the D-D-R!" (the GDR) at their away games.

Then as now, the Wall remains the city's central code. Berlin, as the only metropolitan city in Germany, as its capital, and as a place that in the minds of its citizens "never is, but is always becoming" is inseparably intertwined with the old Wall, and with the innumerable new walls in our minds and in the city.

BIOGRAPHIEN IN BETON

MICHAEL PILZ

BIOGRAPHIES IN CONCRETE

MICHAEL PILZ

ZWEIFEL

Mein Leben war symmetrisch, als ich 50 wurde. Fünf-
undzwanzig Jahre DDR und 25 Jahre neues Deutschland. Seither neigt es sich, wie ein Haus auf dem
Berliner Schwemmsand, durch die vielen einseitigen
Um- und Anbauten wieder nach Osten. Auch der Geist
ist geometrisch, das Gedächtnis folgt seiner sensiblen
Statik. Wo die Mauer stand, läuft durch die Stadt ein
Band aus Pflastersteinen. Um die East Side Gallery,
die noch vorhandenen, von Künstlern nachträglich ge-
stalteten Betonsegmente, streiten Baulöwen und Denk-
malschützer. Mauerreste finden sich vor dem Verlagshochhaus von Axel Springer mit einem „Balanceakt" auf
dem Sims, einer Skulptur von Stephan Balkenhol. Als
sich der Abriss des Berliner Wahrzeichens zum 25. Mal
jährte, stiegen leuchtende Luftballons als „Lichtgrenze"
zum Abendhimmel auf.

Die Mauer musste weg. Darin waren sich alle einig, die
hinter ihr lebten und sie nicht für einen Schutzwall gegen
den Kapitalismus hielten, sondern für ein sozialistisches
Gehege. Als die Mauer offenstand, fielen die Mauer-
spechte ein. Sie hämmerten und meißelten das Mahnmal
bis auf die Bewehrungsstreben kurz und klein. Sie
tüteten zertifizierte Brocken ein und stellten sich mit ihrer
Ware vor das Brandenburger Tor. Sie sicherten sich ihre
Schürfrechte im wilden Osten. Sie trugen ein volksei-
genes, volksfeindliches Bauwerk ab, verwandelten es
in privates, produktives Kapital und sorgten dafür, dass
sich das Gemäuer für die Gründungslüge seiner Bau-
herren am Ende doch noch zu rechtfertigen schien. Die
Mauer musste weg, um sich als Sinnbild im gesamtdeutschen Gefühlshaushalt zu zementieren, in den Köpfen.

Mit der betonierten Grenze war ein Land entsorgt
worden. Um das politische Vermächtnis kümmerten
sich Aufarbeitungskommissionen, um die ökonomischen
Verhältnisse die Einigungsverträge und die Treuhand.
Um sein neues Leben kümmerte sich jeder selbst. Was
jenseits dieses Lebens ökonomisch und politisch vor
sich ging, spielte sich in abstrakten Räumen ab. Konkret
wurde es in den eigenen Räumen und den Räumen

My life was symmetrical when I turned 50. Twenty-five
years GDR and 25 years new Germany. Since then, it
has tilted back eastwards, like a house built on Berlin's sandy soil leaning under the weight of one-sided
additions and alterations. The mind, too, is geometrical,
memory maintaining its own delicate equilibrium. Where
the Wall once stood is now a ribbon of cobblestones
running through the city. The East Side Gallery, consist-
ing of a few intact segments of concrete wall, painted
by artists after the fall of the Wall, remains the subject
of ongoing battles between building developers and
conservationists. In front of the Axel Springer headquarters, a few more segments are accompanied by Stephan
Balkenhol's sculpture "Balancing Act", symbolically
walking the line—a line that on the 25th anniversary of
the demolition of the Wall was marked as a "Border of
Lights", its glowing balloons successively disappearing
into the night sky at the end of the day.

The Wall had to go. Of that, all were agreed who had
lived behind it and knew that the Wall was not there to
keep capitalism out but to keep socialism in. The opening of the Wall heralded the arrival of the "wallpeckers".
They hammered and chiseled, chipping away fragments
of the monument until the reinforcement bars showed.
They bagged and labeled them with makeshift certifi-
cates for hawking to tourists in front of the Brandenburg
Gate. In the Wild East of Berlin, they asserted their "mining rights", dismantling a "people's own" (but inhuman)

vor der Tür: Die Dimitroffstraße hieß
wieder Danziger Straße. Industrie-
denkmäler, in denen man noch bis
1992 seinen Lebensunterhalt verdient
hatte, standen erst leer, dann zogen
Clubs zur Zwischennutzung ein und
schließlich Wohnungseigentümer. Aus
der eigenen Mietwohnung im Neubau
wurde eine „Fickzelle mit Fernhei-
zung", wie Heiner Müller von Architekturkonservativen
gern zitiert wurde. Aus jedem Typenbau, von WBS 70
bis P2, wurde ein „Plattenbau". Und aus der Propaganda gegen Plattenbauten wurde eine Prophezeiung, die
sich selbst erfüllte, sobald alle wegzogen, die es sich
leisten konnten.

Immobilienspekulanten und Architekturkritiker, Baupoliti-
ker und Stadtplaner können Gebäude ab- und aufwer-
ten wie ganze Gegenden. Es sind die Leute, deren
Leben in den Bauten wie in Bernstein aufgehoben ist,
die ihre Spuren auf den Straßen hinterlassen haben und
alles persönlich nehmen. Sie sehen den Bau nicht als
ästhetisches Gebilde oder profitable Geldanlage. Jeder
Bau aus ihrem alten Leben ist ein Denkmal. Wer es
stürzt, reißt auch ihre Biografien ab, als hätte es die
Leute und ihr Leben nie gegeben.

Darum geht es, wenn in Potsdam ein Hotel von 1969,
das die Stadt mit seinen 60 Metern überragt, zum
Leuchtturm eines ostdeutschen Besinnens werden

With the demolition of the concrete border came the dismantling of a nation.

structure in order to turn it into private, productive capital–in the process ironically corroborating the lie used
to legitimate it in the first place. The Wall had to go, only
to cement itself allegorically in the minds and collective
sensibility of the German people.

With the demolition of the concrete border came the
dismantling of a nation. Reappraisal commissions were
founded to deconstruct its political legacy, unification
treaties and a "Trust Agency" to manage the overhaul of
its economic situation. The people meanwhile were left
to look after their own lives. What happened economically and politically beyond one's own immediate horizon
was largely abstract. It was most tangible in one's own
four walls and immediate surroundings: the Dimit-
roffstrasse became the Danziger Strasse. Industrial
monuments, workplaces for many until 1992, were first
vacated, then later appropriated by clubs in the interim
before passing into new ownership for conversion into
dwellings. Once cherished low-rent apartments in new
blocks were decried as little more than "fucking cells
with district heating", to quote the
dramatist Heiner Müller, as many a
champion of conservative architecture did. Every modularized prefab,
whether of type WBS 70 or P2, was
dubbed a slab block, a "Plattenbau".
And inevitably, the anti-Plattenbau
propaganda became a self-fulfilling
prophecy once those who could
afford it moved away.

Property speculators and architecture critics, building policy makers
and town planners have the power
to drive the value of entire buildings
or districts up or down. It is people
however, whose lives are bound up
with the buildings as if sealed in
a piece of amber. They leave their
mark on the street and they take it
personally when things change.

Lindencorso (Werner Strassenmeier,
1963–1966, abgerissen 1993)
Lindencorso (Werner Strassenmeier,
1963–1966, demolished 1993)

kann – weil prominente Westdeutsche wie Günther Jauch den Quader „sozialistische Notdurftarchitektur" nennen und der Neu-Potsdamer Unternehmer Hasso Plattner es durch ein Museum für seine private Kunstsammlung ersetzen will. Ihnen geht es um das wiederaufgebaute Stadtschloss, um das alte Potsdam. Sie geben das Geld zur neopreußischen Rekonstruktion und gegen ostmoderne Zumutungen. Während das Hotel für Altpotsdamer immer schöner wird, verschwindet gerade ein weit schöneres Gebäude, das dem schwebenden Bankhaus von Mies van der Rohe in Des Moines im amerikanischen Mittelwesten nachempfunden ist, vom Alten Markt: das ehemalige Institut für Lehrerbildung. Es stammt aus den 1970er Jahren, dem Asbest-Zeitalter.

Dem Asbest fiel in den 2000er Jahren bereits der Palast der Republik zum Opfer. Aus dem feuerfesten Dämmstoff wurde ein Politikum, ein scheinheiliger Vorwand, um den Osten weiträumig architektonisch zu enteignen und weiter zu demütigen. Der Palast der Republik erzählte vom Leben in der DDR; seine Ruine, seine Leerstelle und die heute dort stehende Replik des Stadtschlosses erzählen vom Leben danach. Am Leben in der DDR zerrte der Staat mit seinen Organisationen und Organen – im Palast der Republik tagte die Volkskammer, die Freie Deutsche Jugend (FDJ) veranstaltete Rockkonzerte für den Frieden, im Foyer hingen monumentale Ölschinken wie Walter Womackas „Wenn Kommunisten träumen". Im Palast der Republik gab es aber auch Bars und Bierstuben, beim FDJ-Konzert sang Udo Lindenberg, was am Marx-Engels-Platz davor eine Palastrevolution auslöste, im Foyer hing „Guten Tag" von Wolfgang Mattheuer, ein Bild, auf dem eine Familie die stinkende Stadt hinter sich ließ – so war das andere Leben. Mit dem Protzbau des getilgten Staates wurden beide Leben – das staatlich organisierte und das private, oftmals oppositionelle – eingeebnet.

Mit der betonierten Grenze war ein Land entsorgt worden.

For them, buildings are not just esthetic compositions or profitable investments. Every building from their past life is a monument. Those who tear them down, erase entire biographies, as if these people and their lives had never existed.

This explains how an oversized 60-meter-high hotel building in Potsdam from 1969 can transpire to become a beacon for East Germans rethinking their situation—especially when prominent West Germans such as the TV personality Günther Jauch describe it as "socialist lavatory architecture", or when the West German businessman and new Potsdam resident Hasso Plattner declares his intent to replace it with a museum for his private art collection. For them, it's all about the rebuilt City Palace, the old pre-war Potsdam—they contribute money for neo-Prussian reconstructions and for ridding the cities from the blight of East bloc modernism. But while Potsdam's longstanding residents nurture a newfound fondness for the hotel, a much more distinctive building is disappearing from the Alte Markt: the former teaching training institute, a building modeled after Mies van der Rohe's elevated bank building in Des Moines in the American Midwest. It was built in the 1970s, the age of asbestos.

Asbestos had already precipitated the demise of the Palast der Republik in Berlin in the 2000s. The fireresistant but carcinogenic insulation material offered a welcome pretext for politicians to dispossess the East of much of its architectural legacy, further adding to the humiliation. The Palast der Republik was a legacy of life in the GDR. Its ruin, the emptiness that followed it, and the replica of Berlin's City Palace that is currently being completed in its place speaks of the passage of life since. Like it or not, the state and its organs and organizations played a defining role in life in the GDR—the Volkskammer, the East German parliament, convened in the Palast der Republik while the Freie Deutsche Jugend (FDJ), the state's youth movement, organized "rock concerts for peace" there. On the one hand, monumental oil paintings hung in the foyer, such as Walter Womacka's "Wenn Kommunisten träumen" (When Communists Dream), and on the other, the "Palast der Republik" housed an array of bars and pub rooms. When the West German rocker Udo Lindenberg appeared for an FDJ concert, it resulted in a minor revolution on the Marx-Engels-Platz. Also in the foyer, Wolfgang Mattheuer's painting "Guten Tag" (Good Day) tells the tale of a family heading into the country, leaving the fumes of the city behind them—an entirely other world. The flattening

Dass nach 1990, wenn es um die DDR ging, nur das Leben, wie der überwundene Staat es sich erträumt hatte, verhandelt wurde, kränkte einen zweifach: Es war ein gespenstischer Triumph der alten Mächte und die gleichgültige Überlegenheitsgeste der neuen. Der Protest gegen den Abriss des Palasts ging im Osten überwiegend still vonstatten. Lauter äußerten sich westliche Ostalgiker. Die *Einstürzenden Neubauten* traten im schon entkernten Bau auf, Aktivisten setzten das Wort „Zweifel" auf das Dach. Die Milchbar wanderte zum WMF, einem der Clubs, der die Legenden vom Berliner Nachtleben begründete. Heute steht auf dem Palastgrundstück das neue alte Stadtschloss. Es erinnert nicht nur an die preußische Geschichte, die schon 1987 eine Renaissance erlebte, als die DDR den 750. Geburtstag ihrer Hauptstadt feierte. Das Schloss beherbergt auch das Humboldt Forum, in dem die deutsche Kolonialgeschichte kritisch hinterfragt werden soll. Mancher Ostler hält das für eine gelungene Pointe.

Dergleichen gibt es einiges im deutschen Osten: Wo im Stadion der Weltjugend früher der Fußballserienmeister BFC Dynamo seine Siege einfuhr, weil die Mannschaft für die Stasi auflief, baut der BND seine Zentrale. Der Ort Prora an der Ostsee, wo die Nazis ihren kilometerlangen Kraft-durch-Freude-Block errichteten und abertausende NVA-Soldaten ihren Wehrdienst überlebten, wird nach 80 Jahren doch noch zur begehrten Ferienimmobilie. Ulrich Busch, ein Sohn des Arbeitersängers Ernst Busch, verkauft dort Luxuswohnungen an Kapitalanleger. In der Regel allerdings gestaltet sich die Nachnutzung pragmatischer, profaner und prosaischer: Die Großgaststätte „Ahornblatt" auf der Berliner Fischerinsel wurde 1973 für die Jugendweltfestspiele in Berlin erbaut. Das Dach bestand aus fünf kühnen Betonschalen von Ulrich Müther, einem Ingenieur aus Binz auf Rügen, der vor allem den Nordosten mit seinen verwegenen Schalenbauten prägte. 1997 wurde das Gelände seines „Ahornblattes" von der Stadt Berlin verkauft. Zunächst sahen die Pläne des Investors vor, das Restaurant zu renovieren und zwei Hochhäuser dazuzustellen. Der Senat wünschte sich eine traufhöhengerechte Blockrandbebauung, hob den Denkmalschutz fürs „Ahornblatt" auf und ließ es durch ein spartanisches Hotel aus Sandstein mit einer Geschäftspassage für die Anwohner ersetzen. Praktisch für die Rentner aus den umliegenden Plattenbauten, eine kulturelle Zumutung für sie, die Veteranen der Ostmoderne.

Ulrich Müther wird heute als Architekt in Ausstellungen und in Bildbänden gefeiert für seine „beschwingte

of the Palace of the lost Republic did away with both worlds—the conformist state-organized as well as the private, frequently non-conformist.

That in all the debates surrounding the GDR after 1990 people spoke only of the life the regime had envisaged, was doubly galling: it felt on the one hand like a triumph of the powers of old from beyond the grave and on the other like a demonstration of superiority by the new. In the East, public protest against the demolition of the Palast was comparatively subdued. In the West, however, those nostalgic for former times were more vocal. The experimental industrial rock band "Einstürzende Neubauten" played in the empty shell of the building and activists mounted the word "Zweifel" (Doubt) on its roof. The Milchbar found its way from the Palast to the WMF, one of a group of clubs that marked the beginning of Berlin's legendary nightlife. Today the new old Berlin City Palace stands on the site of the GDR's former palace. It reminds us not only of the city's Prussian history, which incidentally had already seen a small renaissance in 1987 as the GDR celebrated the 750th anniversary of the city's founding, but will also be home to the Humboldt Forum, which shall, it is said, critically question Germany's colonial history. A fitting irony, quite a few East Germans are tempted to think.

It is by no means the only such curious twist of fate in the former East: on the site of the Stadium of the World Youth, where BFC Dynamo once regularly dominated the soccer league tables (its main patron was the head of the Stasi state security service), the German Federal Intelligence Service is building its new headquarters. In Prora on the Baltic Coast, many thousands of East Germans endured their years of military service in the colossal kilometer-long block originally built by the Nazis for use as a "Kraft durch Freude" (Strength through Joy) seaside resort. Eighty years later, it is being converted into seaside holiday flats after all. Ulrich Busch, son of Ernst Busch, the much-revered communist singer-songwriter, is selling luxury beachfront apartments to investors. More often than not, however, approaches to re-using the legacies of the past have been more pragmatic, profane and prosaic: the vast "Ahornblatt" (Maple Leaf) restaurant on the Fischerinsel in Berlin was built for the World Festival of Youth and Students in 1973. Its roof, made of five boldly folded concrete shells, was specially constructed by Ulrich Müther, a master engineer from Binz on the Baltic island of Rügen, who designed numerous elegant poured concrete shell structures throughout northeast Germany. In 1997, the site of

Leichtigkeit", wie Kuratoren dann in ihren Katalogen schreiben. In einem der Wasserwachttürme am Strand von Binz, die Müther dort wie Raumschiffe von heiteren Aliens hinterlassen hat, werden jetzt neobürgerliche Hochzeiten vollzogen. Gönnerhafte Gesten gibt es sehr verschiedene. Vom spätberufenen Ostarchitekturversteher, der die Rückbauten als Sünde an der Tradition von Werkbund, Bauhaus und Le Corbusier beklagt, über den Ostalgiker, der Immobilien aus der DDR besetzt oder sein Atelier im Plattenbau bezieht, bis hin zum Großbürger, der sein Geld in den Osten trägt, um damit die Gebäude aus der Zeit vor den zwei deutschen Barbareien zu sanieren und zu demonstrieren, was Geschmack bedeutet. Ostdeutschland ist weitgehend saniert und baupolitisch eine blühende Landschaft, wie sie Helmut Kohl versprochen hatte. Aber wie Wolf Biermann sagt: „Für manchen sind die blühenden Landschaften eine Kränkung." Sie bebildern das Gefühl, im Westen habe sich das Interesse für den Osten solange in engen Grenzen

the "Ahornblatt" was sold by the city of Berlin. Initially, the investors planned to renovate the restaurant and build two high-rise housing blocks behind it. The Berlin Senate, however, wanted block perimeter buildings of a certain eaves height. Without further ado, the conservation status of the "Ahornblatt" was revoked and the building replaced with a plain hotel clad in sandstone with a shopping mall for local residents: a practical solution for the retired residents of the nearby slab blocks, but also a cultural affront for veterans of socialist modernism.

Ulrich Müther is now celebrated as an architect in exhibitions and coffee-table books for the "exhilarating lightness" of his works, as curators have written in their catalogs. One of his lifeguard stations on the beach at Binz, which appear as if they have just landed from a friendly alien planet, can now be rented as a location for neo-bourgeois weddings. Likewise, patronizing gestures of all kinds still abound: self-professed connoisseurs of East bloc architecture lament the removal of the buildings as a sin against the tradition of the Werkbund, Bauhaus and Le Corbusier;

gehalten, bis die Grenzen offen waren und das kleinere deutsche Land als Liegenschaft vor ihnen lag. So sieht es heute in der Mitte von Berlin, Dresden und Leipzig aus: Am Alexanderplatz versteckt sich die Architektur des Ostens zwischen Einkaufszentren, die so billig wirken wie ihr Inhalt oder so grotesk wie die Paläste weißrussischer Oligarchen. Wo früher das elegante „Lindencorso" war, wo sich die Ost-Bohème neben den DDR-Bonzen vergnügte, ist heute der Showroom eines Autohändlers. Auch in Dresden, in der nach dem Feuersturm von 1945 wiederaufgebauten und dann weitläufigen Prager Straße, ist der öffentliche Raum heute durch Malls privatisiert. In Leipzig blieb der „Weisheitszahn" von Hermann Henselmann, das ehemalige Wahrzeichen der Universität, vom Abriss verschont, wurde jedoch an eine amerikanische Investmentbank veräußert und in „City-Hochhaus" umbenannt, mit einem „Panorama Tower" für den freien Blick.

Als bisher letzte Ostbeauftragte der deutschen Bundesregierung gab die Suhler Bauingenieurin Iris Gleicke 2017 eine „Studie zur Wahrnehmung und Bewertung der

"Ostalgia"-fans occupy GDR properties and set up their ateliers in slab blocks; and well-heeled citizens channel their money into the East in order to refurbish buildings that date back to a time before Germany's two eras of barbarity in order to show the world what good taste is. Much of what was East Germany has been renovated and refurbished, and is now, at least as far as building is concerned, a "flourishing landscape", as former Chancellor Helmut Kohl once promised. But, as the singer and former dissident Wolf Biermann said: "For some, flourishing landscapes are an insult." They underline the impression that the West had only superficial interest in the East until the moment the border opened, and the smaller German nation lay before them ripe for the picking. In the center of Berlin, Dresden and Leipzig, there is no lack of evidence: on Alexanderplatz, the architecture of the East jostles for attention between shopping centers that look either as cheap as their contents or as grotesque as the palaces of Belorussian oligarchs

Haus des Lehrers und Kongresshalle Alexanderplatz (heute: Berliner Congress Center BCC, Hermann Henselmann, 1961–1964), Alexa (José M. Quintela da Fonseca, 2004–2007) Haus des Lehrers (House of the Teacher) and Congress Hall at Alexanderplatz (now Berliner Congress Center BCC, Hermann Henselmann, 1961–1964), Alexa (José M. Quintela da Fonseca, 2004–2007)

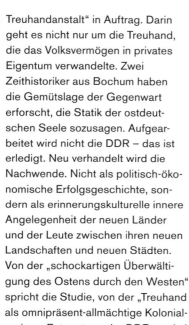

Treuhandanstalt" in Auftrag. Darin geht es nicht nur um die Treuhand, die das Volksvermögen in privates Eigentum verwandelte. Zwei Zeithistoriker aus Bochum haben die Gemütslage der Gegenwart erforscht, die Statik der ostdeutschen Seele sozusagen. Aufgearbeitet wird nicht die DDR – das ist erledigt. Neu verhandelt wird die Nachwende. Nicht als politisch-ökonomische Erfolgsgeschichte, sondern als erinnerungskulturelle innere Angelegenheit der neuen Länder und der Leute zwischen ihren neuen Landschaften und neuen Städten. Von der „schockartigen Überwältigung des Ostens durch den Westen" spricht die Studie, von der „Treuhand als omnipräsent-allmächtige Kolonialbehörde", von einer „Entwertung der DDR sowie im weiteren Sinne auch ihrer Kultur und Identität".

So wurde in den 28 Jahren nach den 28 Jahren, in denen die Mauer stand, im Osten eine Ostidentität entworfen, konstruiert und betoniert, wie es sie in der DDR nie gab.

Similarly, the "Lindencorso", where East Berlin's bohemians once rubbed shoulders with the GDR bigwigs, is now a luxury car showroom. In Dresden, too, the Prager Strasse, rebuilt as an urban boulevard after the firestorm of 1945, has been mostly converted into privatized malls. In Leipzig, Hermann Henselmann's "wisdom tooth", as the towering landmark of the university was dubbed, was successfully saved from demolition only to be sold to an American investment bank. Now it is simply the "City-Hochhaus" complete with a "Panorama Tower" viewing platform on top.

In her capacity as the last Federal Commissioner for East German Affairs, Iris Gleicke, an engineer from Suhl, commissioned a "Study of the Perception and Assessment of the Trust Agency" in 2017. The study didn't just examine the Trust Agency and its work of privatizing the publicly owned East German enterprises. Two contemporary historians from Bochum also conducted research into the mood of the moment, measuring as it were the emotional barometer of the East German soul. The study was not about reviewing the GDR—that work is supposedly completed—but about learning how people have coped with the period after reunification. Not the political and economic success story of reunification was the focus but the inner cultural legacy and identity of the new Federal States and the people who live in their new landscapes and new cities. The study speaks of "the shock-like overpowering of the East by the West", of the "Trust Agency as an omnipresent, almighty colonial authority" and of a "devaluation of the GDR and by extension of its culture and identity".

In the 28 years after the 28 years in which the Wall existed, the East has seen its identity shaped, constructed and cemented in concrete into a form it never had in the GDR.

UNBUILDING
WALLS
BUILDING
PEACE

SCILLA ELWORTHY

MAUERN
ABBAUEN
FRIEDEN
AUFBAUEN

SCILLA ELWORTHY

Grenzmauer, Bethlehem,
Israel/Palästina,
2012 Border wall,
Bethlehem, Israel/Pales-
tine, 2012

Philosophen wie Aristoteles und Derrida zeigen, dass wir Grenzen, Trennungen und Mauern errichten, um jemanden als „anders" zu beschreiben – z.B. als „Ausländer" oder als „Bedrohung". Indem wir Mauern bauen, schaffen wir aktiv ein Klima, das die Versachlichung und Entmenschlichung von dem fördert, das sich auf der anderen Seite der Mauer befindet. In der Geschichte hat dies zu Gräueltaten und Verbrechen gegen die Menschlichkeit geführt.

Diese Vorstellung eines „Feindes" ist vielleicht so alt wie die Menschheit selbst. Früher errichteten die Menschen Mauern, um sich gegen Feinde zu verteidigen oder sich vor ihnen zu schützen. Heute sehen wir uns wesentlich wichtigeren Gründen gegenüber, warum wir die Gewohnheit, andere zur Bedrohung zu machen, überwinden müssen. Zu diesen Gründen gehören Cyberkriege, Drohnen und autonome Waffen, die als „Slaughterbots" bekannt wurden.

Diese Waffen verwenden künstliche Intelligenz, um ihre Opfer zu identifizieren. Ein neuer Kurzfilm warnt vor einer Zukunft, in der bewaffnete Drohnen bestimmte Menschen mithilfe von Gesichtserkennungstechniken ausfindig machen und töten, indem sie 3 Gramm Sprengstoff direkt ins Gehirn schießen. In einem *Slaughterbots*[1]-Video greifen ganze Schwärme von KI-gesteuerten Drohnen gezielt Tausende von unvorbereiteten Opfern an – und dieses Szenario ist absolut plausibel.

Offensichtlich könnte dieses Szenario nicht nur in Kriegen Anwendung finden, sondern auch in Diktaturen, die Staatsfeinde auslöschen wollen, oder in Universitäten, die damit rebellierenden Studenten drohen.

DIE VOR UNS LIEGENDE AUFGABE

Wir haben einen Punkt im 21. Jahrhundert erreicht, an dem wir als Menschen vor einer Aufgabe stehen, die größer ist als alle anderen zuvor – die Aufgabe, den Konzepten der Bedrohung, der Feindseligkeit und des Mauernbaues auf den Grund zu gehen.

Die Herausforderung besteht darin, zu verstehen, welche Arten des Umgangs mit denen, die wir nicht mögen, besser und effektiver sind als das Konzept der Bedrohung. Wie verwandeln wir einen Feind in jemanden, mit dem wir kommunizieren können? Wie gelingt es, Mauern tatsächlich abzubauen? Ich denke, um einen so weitreichenden Wandel in unseren Denk- und Reaktionsweisen zu erreichen, muss die Menschheit einen riesigen Entwicklungsschritt machen.[2]

Philosophers like Aristotle and Derrida show that we establish borders, separations and walls in order to determine someone to be 'other'; a 'foreigner' or a 'threat'. By constructing walls, we are actively creating a climate that fosters objectification and dehumanization of that which is on the other side of the wall. Historically this has led to atrocities and crimes against humanity.

This notion of "the enemy" may be as old as humanity, and in former days people built walls to defend or protect themselves against the enemy. But today humanity faces far more powerful reasons for why we have to move beyond the habit of making others into threats. Those reasons include cyberwarfare, drones and autonomous weapons known as "slaughterbots".

These weapons use articifical intelligence to identify their victims. A new short film warns of a future where weaponized drones kill specific people using facial recognition technology to identify them, and sending 3 grams of explosive directly to the brain. In one *Slaughterbots*[1] video, swarms of AI-controlled drones carry out strikes on thousands of unprepared victims with targeted precision. The scenario is entirely plausible.

Obviously this scenario could be used not only in warfare, but by a dictatorship to destroy anyone opposing its policies, or even by a university as a threat to control rebellious students.

THE TASK FACING US

We have reached a point in the twentyfirst century when as a human race we have a task greater than any previously faced—the task of getting to the bottom of the concepts of threat, of enemy and of building walls.

The challenge is to understand what can be a better, more effective concept than threat, as a way of dealing with those we dislike. How do we turn an enemy into someone we can communicate with? How, in fact, do we "un-build" walls? In order to undertake such a seismic change in our ways of thinking and reacting, I believe we are being called upon to make a massive evolutionary shift.[2]

"No problem can be solved from the consciousness that created it."
Albert Einstein

„Kein Problem kann durch dasselbe Bewusstsein gelöst werden, das es kreiert hat."
Albert Einstein

Was verstehen wir unter Bewusstsein? Heute setzen wir den Begriff nicht nur ein, um die Unterschiede zwischen Menschen und anderen Lebewesen zu benennen. Wir nutzen ihn auch, um zu beschreiben, dass wir selbstreflektiert oder uns selbst bewusst sind, dass wir unser Verhalten aus der Vogelperspektive betrachten können und dass wir in der Lage sind, unsere Emotionen zu beobachten, sobald diese entstehen, um dadurch mehr Handlungs- und Reaktionsspielräume zu gewinnen.

Soweit ich es erkennen kann, reicht eine schrittweise Bewusstseinsveränderung jetzt nicht mehr aus. Was wir vielmehr brauchen, ist eine fundamental andere Art, uns selbst und die Welt, in der wir leben, wahrzunehmen. Dies wird alles verändern, und ich glaube, die Zeit für einen solchen Riesensprung nach vorn ist heute reif.

Der Bewusstseinswandel ist sowohl spiritueller als auch praktischer Natur und basiert auf der Sehnsucht der Menschen nach einem Sinn im Leben und nach einer tiefen Verbindung zu jener Form „höherer Intelligenz", die uns den evolutionären Fortschritt gebracht hat.

Meine Erfahrung zeigt mir, dass bei diesem Bewusstseinssprung viele Aspekte eine Rolle spielen: das Gefühl für die richtige Perspektive (wie es die Piloten des Mondflugs Apollo 14 erlebten, als sie die Erde in der Weite des Weltraums schweben sahen), eine Vorstellung von der globalen Vernetzung, die uns zwingt, nach Wegen der friedlichen Koexistenz zu suchen, sowie die Notwendigkeit, das Gleichgewicht zwischen dem Männlichen und Weiblichen wiederherzustellen.

DAS GEFÜHL FÜR DIE RICHTIGE PERSPEKTIVE

Was der Astronaut Edgar Mitchell aus dem Raumschiff sah, war unser einzigartiger Planet als Ganzes. Der Blick auf unser im Weltall schwebendes Zuhause erlaubt es uns Menschen, die Erde in ihrer Gesamtheit wahrzunehmen – mit den Wettersystemen, die dort umherwirbeln, mit den riesigen Ozeanen, die durch die Schwerkraft an der Erdoberfläche bleiben, und mit all ihrer zerbrechlichen Schönheit.

What do we understand by consciousness? These days we use the word not only to discuss the differences between humans and other creatures, but also to describe the experience of becoming self-reflective or self-aware, of gaining a "helicopter view" of how we are behaving, of being able to observe our emotions as they occur, and therefore to have more choice in how we act or re-act.

As far as I can see, what is required now is not just a shift in consciousness, not something incremental. Instead, we need a great leap into a fundamentally different way of perceiving ourselves and the world we inhabit. This will alter everything, and I believe the time for such a leap has come.

This shift in consciousness is spiritual as well as practical, emanating from a deep desire in human beings for meaning in life and for a profound connection with the kind of "greater intelligence" that has drawn us toward evolutionary progress.

My experience tells me that there are many aspects to this leap in consciousness, involving a sense of perspective (such as the pilots on Apollo 14 experienced when they saw the earth floating in the vastness of space), a realization of our interconnectedness globally that requires us to find out how to live together in peace, and the need to reestablish balance between the masculine and the feminine.

THE SENSE OF PERSPECTIVE

What Edgar Mitchell saw from space was our exquisite planet in its entirety. That sight of our home floating in space allows us humans to perceive the wholeness of our home—the weather systems swirling around it, the vast oceans held to its surface by gravity and its agonizing beauty.

Here we are, sitting on this planet, and we are also able to see it. We are conscious that we are an active part of something vast—living, interconnected cells in one huge body. We can no longer claim to be millions of tiny entities whirling about randomly, victims of circumstances beyond our control. No longer does a person need to be a scientist to begin to grasp the enormity of the planetary systems that our home is part of and the interconnectedness of all things.

Wir sitzen auf diesem Planeten und können es auch sehen. Wir sind uns bewusst, dass wir ein aktiver Teil von etwas überwältigend Großem sind – lebende, vernetzte Zellen eines riesigen Körpers. Wir können nicht mehr behaupten, Millionen winziger Wesen zu sein, die zufällig umherschwirren, Opfer von Umständen, die jenseits unserer Kontrolle liegen. Ein Mensch muss kein Wissenschaftler mehr sein, um das ungeheure Ausmaß der Planetensysteme, zu denen unsere Erde gehört, und die Vernetzung aller Dinge zu begreifen.

Zum ersten Mal sehen wir die Menschheit aus der Vogelperspektive. Wir können erkennen, wo wir leben und mit wem wir leben, und wir beginnen zu begreifen, wie sich unsere Handlungen auf unser Umfeld auswirken. Wir sind die erste Spezies auf diesem Planeten, die sich bewusst ist, dass sie durch ihre Entscheidungen nicht nur sich selbst, sondern auch ihren Lebensraum zerstören kann. Dies allein ist ein deutliches Alarmsignal für das Bewusstsein, für das wundersame Universum, dessen Teil wir sind, und für die Verantwortung, die dies mit sich bringt. Dieser Wandel wurde durch das Internet erheblich beschleunigt. Die meisten Menschen können heutzutage in Sekundenschnelle herausfinden, was wo in der Welt passiert – und was mit unserem Planeten als Ganzes passiert.[3]

For the first time, we have a bird's eye view of the human race. We can see where we live and whom we live among, and we can begin to see what effect our actions have on our home. We are the first species on this earth to be aware that we can destroy not only ourselves but also our habitat by the decisions we make. This alone is a huge wake-up call to consciousness, to the miraculous universe we're part of and to the responsibility that brings. This change has been vastly accelerated by the Internet, which now means that the majority of the earth's human population can find out, in seconds, what's happening anywhere—and what's happening to our planet as a whole.[3]

OUR INTER-CONNECTEDNESS GLOBALLY AND THE PHENOMENON OF LOCALLY-LED PEACE BUILDING

One of the main pieces of evidence of how this new consciousness is unfolding lies in a phenomenon taking place at the grassroots, in countries suffering armed violence. Local people, who know best how to prevent and resolve conflicts in their areas, are taking extraordinary initiatives and risk their own lives to stop people from killing each other.

Their skills include bridge building, mediation, consultation with religious leaders, training mediators, freeing child soldiers, strengthening the rule of law, setting up alert networks, reconciliation between clans, exchanging weapons for bicycles and sewing machines and leadership training for women.

Such civilian initiatives to prevent killing are now growing fast in conflict areas. In 2000, the Oxford

UNSERE WELTWEITE VERNETZUNG UND DAS PHÄNOMEN LOKALER FRIEDENSARBEIT

Zu den wichtigsten Belegen, die zeigen, wie sich dieses neue Bewusstsein entfaltet, zählt ein Phänomen, das an der Basis stattfindet, in Ländern, die unter bewaffneter Gewalt leiden. Menschen vor Ort, die am besten wissen, wie sie Konflikte in ihren Gebieten verhindern und lösen können, greifen zu außergewöhnlichen Initiativen und riskieren ihr eigenes Leben, um Menschen daran zu hindern, sich gegenseitig zu töten.

Sie besitzen Fähigkeiten im Brückenbauen, in der Mediation, im Einbeziehen religiöser Führer, in der Ausbildung

von Mediatoren, in der Befreiung von Kindersoldaten, im Stärken der Rechtsstaatlichkeit, im Aufbau von Frühwarnnetzwerken, in der Aussöhnung zwischen Clans, im Tausch von Waffen gegen Fahrräder und Nähmaschinen sowie in der Ausbildung von Frauen als Führungskräfte.

Solche zivilgesellschaftlichen Initiativen gegen das Töten sind in Krisengebieten immer häufiger zu beobachten. Im Jahr 2000 registrierte die Oxford Research Group weltweit 350 erfolgreiche Friedensinitiativen. Daraufhin wurde die Organisation Peace Direct gegründet, die diese Friedensarbeiter an der Basis unterstützt. Oft brauchen sie nur geringe finanzielle Mittel und nur wenig Berichterstattung in den Medien, damit sie geschützt sind. Letztes Jahr haben wir eine ähnliche Umfrage durchgeführt und dabei festgestellt, dass in heutigen Krisengebieten weltweit über 1500 sehr kosteneffizient arbeitende Initiativen zur Kriegsprävention aktiv sind, mehr als viermal so viele wie vor 16 Jahren.

Ein Beispiel: Gulalai Ismail lebt in Nordwest-Pakistan – eine Region, die für Frauen als einer der gefährlichsten Orte der Welt gilt. Im Alter von 15 Jahren gründete sie die Organisation Aware Girls, um es Mädchen zu ermöglichen, eine Schule zu besuchen. Malala Yousafzai wurde in den Kopf geschossen, weil sie genau das tat. Gulalai hat nun in Pakistan und Afghanistan 20 Teams aus jungen Männern und Frauen ausgebildet, die andere junge Menschen davon abhalten, sich extremistischen Gruppen anzuschließen, und um eine Kultur der Gewaltlosigkeit zu fördern. Mit den Mitteln des Zuhörens und des Dialogs konnten insgesamt bereits 2168 gefährdete junge Menschen darin unterstützt werden, sich von der Radikalisierung und vom Extremismus in Afghanistan und Pakistan abzuwenden.

Es gibt Tausende stiller Helden da draußen, die so sind wie Gulalai – in Simbabwe, im Kongo, in Kolumbien, im Sudan, in Sri Lanka und sogar im heutigen Syrien … Menschen, die ihr Leben riskieren, damit andere Menschen nicht getötet werden, und die eine sicherere Zukunft für ihre Kinder schaffen wollen. Die Medien haben dieses Phänomen noch nicht aufgegriffen, vor allem, weil sie lieber über Horrorgeschichten und Katastrophen berichten. In England sagen wir hierzu: „If it bleeds, it leads".

Research Group was able to identify 350 viable civilian peace-building initiatives worldwide. As a result the organization Peace Direct was set up, to support these grassroots peace-builders because they needed small amounts of funding and media coverage to ensure their safety. Last year we conducted a similar survey and found that there are now over 1500 cost-effective war prevention initiatives at work in areas of conflict worldwide, no less than a four-fold increase in 16 years.

Here's an example. Gulalai Ismail lives in Northwest Pakistan, one of the most dangerous places in the world to be a woman. At the age of 15 she started an organization called Aware Girls to enable females to go to school. Malala Yousefzai was shot in the head for doing just this. Gulalai has now trained 20 teams of young men and women in Pakistan and Afghanistan to prevent other young people from joining extremist groups and to promote a culture of non-violence. Using the tools of listening and dialoging, altogether 2,168 at-risk young people have already been supported to turn away from radicalization and extremism in Afghanistan and Pakistan.

There are literally thousands of un-sung heroes like Gulalai out there—in Zimbabwe, in the Congo, in Colombia, in Sudan, in Sri Lanka and even in Syria today … people risking their lives so that other people don't get killed, and to build a safer future for their kids. The media hasn't yet grasped this phenomenon, mainly because it prefers to report horror and catastrophe; in England we say "if it bleeds, it leads."

RE-BALANCING THE FEMININE AND THE MASCULINE

All over the world, in all systems, we see the devastation caused by the old ways of thinking that cut across societies, geographies and generations. Feminine Intelligence—available to men as it is to women—is needed to face the current crises and bring a radical shift in the way we live and lead. To shape the future that is needed in our world it is obvious that we must bring the feminine back into balance with the masculine. Feminine wisdom has been marginalized for centuries and is desperately needed to address the challenges we now face.

For 3,000 years—at least—power and decision making worldwide has been in the hands of men. While this has brought us obvious advances in science and great

DAS GLEICHGEWICHT ZWISCHEN DEM MÄNNLICHEN UND WEIBLICHEN WIEDERHERSTELLEN

Überall auf der Welt, in allen Systemen, sehen wir die verheerenden Folgen der alten Denkweisen, die in jeder Gesellschaft, Region und Generation anzutreffen sind. Weibliche Intelligenz – über die Männer wie auch Frauen verfügen können – ist unabdingbar, um den aktuellen Krisen zu begegnen, aber auch um unsere Art zu leben und zu führen, radikal zu verändern. Es ist offensichtlich, dass wir das Weibliche wieder ins Gleichgewicht mit dem Männlichen bringen müssen, wenn wir die Zukunft so gestalten wollen, wie wir sie in unserer Welt brauchen. Weibliche Weisheit wird seit Jahrhunderten marginalisiert, ist aber zur Bewältigung der Herausforderungen von heute unentbehrlich.

Seit mindestens 3.000 Jahren liegen Macht und Entscheidungs-findungen in aller Welt in den Händen von Männern. Dies hat uns offensichtliche Fortschritte in der Wissenschaft und große Entdeckungen in vielen Bereichen beschert, zugleich hat es aber auch zu einem Ungleichgewicht geführt und zu einer Art verzerrtem Handeln, das wesentliche Aspekte der menschlichen Intelligenz ausschließt oder an den Rand drängt.

Männliche Normen und menschliche Normen werden auch heute noch oft als identisch erachtet. Nationen handeln gemäß den verzerrten männlichen Vorstellungen von Macht, und sie erwarten Reaktionen dieser Art auch von anderen. Es gibt eine ganze Reihe von Vorurteilen, die dieser Denkweise zugrunde liegen, unter an-derem die Überzeugung, dass Menschen von Natur aus aggressiv sind, dass sie unbedingt miteinander konkurrieren müssen, dass sie sozial abgegrenzt und unabhängig leben möchten – und es daher eine Notwendigkeit für Mauern gibt.

Diese Lebensweise wertet jedoch eine ganze Reihe von Elementen ab, die das Menschsein entscheidend bestimmen:
• die Fähigkeit, zuzuhören
• die Fähigkeit, andere zu fördern und einzubeziehen
• die Wahlmöglichkeit, eher „Macht mit" als „Macht über" auszuüben
• die Einbeziehung von Intuition und kreativer Vorstellungskraft, die die Grundlage jeder großen Kunst und Erfindung bildet
• die Fähigkeit, sich in andere Menschen hineinzuversetzen
• der Dialog mit unserer inneren Welt
• das Mitgefühl und die Ausdauer, sich um diejenigen zu kümmern, die schwach oder in Not sind
• die Ehrfurcht vor der Unantastbarkeit der Schöpfung und unserer Körper

discoveries in many fields, it has also led to an imbalance, a distorted way of doing things that ex-cludes or marginalizes essential aspects of human intelligence.

The male norm and the human norm, even today, tend to be thought of as identical. Nations operate according to distorted male notions of power, and that is the way they assume others will respond. There is a whole set of preconceptions underlying this way of thinking, including the conviction that humans are inherently aggressive, inveterately competitive and socially separate and independ-ent, and hence the need for walls.

What has become devalued in this way of living are essential elements of being human, namely:
• the skill of listening
• the ability to nurture and to include
• the choice to exercise "power with" rather than "power over"
• the attention to intuition and the creative imagination that makes for great art an invention
• the ability to stand in the shoes of another person
• the practice of dialoging with our inner world
• the compassion and stamina to look after those who are weak or in need
• reverence for the sacredness of creation and of our bodies

This devaluation of the qualities of the deep feminine and the deep masculine—in women as in men—has led to untold suffering all over the world. It is a fundamental cause of the dissociation from ourselves, our bodies and the natural world— and the avalanche of disasters caused by that dissociation.

What is essential for human survival now is the rebalancing of the masculine and feminine qualities possessed by both men and women. We recognize and admire the extraordinary power of individuals who have achieved such a balance, who can call equally on their courage and their compassion, on their logic and their love, on their intention and their intuition. Think of how Nelson Mandela had the empathy to understand the needs of the white suprema-cists in South Africa, combined with a steely

Die Entwertung der Eigenschaften des zutiefst Weiblichen und zutiefst Männlichen – bei Frauen wie bei Männern – hat auf der ganzen Welt unermessliches Leid angerichtet. Hier liegt ein wesentlicher Grund für die Dissoziationen in Bezug auf uns selbst, unsere Körper, die natürliche Welt und die Flut von Katastrophen, die daraus hervorgehen.

Das Wiederherstellen des Gleichgewichts zwischen männlichen und weiblichen Eigenschaften von Männern und Frauen ist für das menschliche Überleben in der heutigen Situation von zentraler Bedeutung. Wir verstehen und bewundern die außerordentliche Kraft einzelner Menschen, die ein solches Gleichgewicht erreicht haben, die gleichermaßen auf ihren Mut und ihr Mitgefühl, ihre Logik und ihre Liebe, ihre Intention und ihre Intuition zurückgreifen können. Denken Sie daran, mit welcher Empathie Nelson Mandela den Bedürfnissen der weißen Rassisten in Südafrika begegnete, und dieses Einfühlungsvermögen mit einem unbeugsamen Mut verband, wie ihn die Welt nur selten gesehen hat. Denken Sie daran, wie das mitfühlende Herz von Mutter Teresa Hand in Hand ging mit einem messerscharfen Verstand.

VERTRAUEN STATT WÄNDE AUFBAUEN

Was beim Aufbau von Vertrauen letztlich am besten funktioniert, ist das Zuhören. Dieser Grundsatz funktioniert zu Hause ebenso gut wie bei der Arbeit und in lokalen Gemeinschaften: Wenn Sie Menschen, die Sie nicht mögen oder denen Sie misstrauen, wirklich zuhören, wenn Sie ihnen Ihre volle Aufmerksamkeit schenken, sodass Sie in der Lage sind, das zu wiederholen, was Sie sie sagen hörten, dann werden Sie feststellen, dass sie nicht nur erstaunt sind, sondern auch eine mildere Haltung einnehmen. Anschließend können Sie sie bitten, dasselbe mit Ihnen zu tun und Ihren Gefühlen und Bedürfnissen ohne Unterbrechung die volle Aufmerksamkeit zu geben. So werden Sie sich allmählich vom Verstand, der sagt: „Ich habe Recht, und Du liegst falsch!", in Richtung Ihres Herzens bewegen, das sagt: „Oh mein Gott, so fühlst Du Dich also?!"

Auf diese Weise wurde letztlich der 30 Jahre andauernde bewaffnete Konflikt in Nordirland gelöst. Senator George Mitchell kam zu den Verhandlungen und sagte: „Ich werde zuhören, und zwar solange es dauert". Dies funktionierte besser als unzählige Jahre mit Waffen, Panzern, Soldaten und furchtbarem Sterben.
Als ich Erzbischof Tutu und Sir Richard Branson beim Aufbau einer Initiative half, die heute als The Elders bekannt ist, hatte ich das große Glück, die Ausstrahlung des 89-jährigen Nelson Mandela zu erleben.

courage such as the world has rarely seen. Think of how the compassionate heart of Mother Teresa worked in tandem with a mind as sharp as a razor.

BUILDING TRUST INSTEAD OF WALLS

In building trust, what ultimately worked best was the ability to listen. This is a principle that works at home, at work, in the local community: if you can really listen to the person you dislike or distrust—if you can give them your full attention to the extent that you can then repeat back to them what you heard them say, they will be amazed, and their own attitude will soften, having been heard. Then you can ask them to do the same with you—to hear your feelings and needs without interruption and with full attention. In this way you will gradually move from the mind, which says: "I'm right and you're wrong!" to the heart, which says: "Oh my goodness, is *that* how he feels?!"

This is the way that the 30-year armed conflict in Northern Ireland was eventually resolved. Senator George Mitchell came over to help with the negotiations and he said: "I will listen, for as long as it takes." This worked better than years and years of guns, tanks, soldiers and terrible deaths.

When I was helping Archbishop Tutu and Sir Richard Branson build the initiative now known as The Elders, I had the great good fortune to witness the impact of Nelson Mandela, aged 89.

Mandela had quite a raspy voice and did not do oratorical flourishes, but when he started to speak to a preliminary meeting of The Elders, I got goose bumps. When he finished speaking 35 minutes later, I still had them. I asked myself, "what is this?" Sometime later I realized that what I was experiencing was energetic; I was getting nothing less than the energy of his integrity, based in his unwavering consciousness.

It is that integrity, which in Mandela's case came from years of self-inspection and training in consciousness while he was in jail, that is a vital ingredient in

Mandela hatte eine ziemlich heisere Stimme und verzichtete auf große rhetorische Gesten, trotzdem bekam ich eine Gänsehaut, als er bei einer Vorbesprechung zu The Elders zu sprechen begann. Als er nach 35 Minuten fertig war, hatte ich die Gänsehaut immer noch, sodass ich mich fragte: „Was ist das?" Irgendwann später wurde mir dann klar, dass ich etwas Energetisches erlebte. Ich war mit der Energie seiner Integrität in Verbindung getreten, die in seinem unerschütterlichen Bewusstsein begründet lag.

Für den Aufbau von Frieden ist eine solche Integrität eine entscheidende Eigenschaft – in Mandelas Fall entstand sie in jahrelanger Selbstkontrolle und Bewusstseinsschulung während seiner Zeit im Gefängnis. Meines Erachtens – und ich habe zehn Jahre in seinem Land gelebt – waren es diese Fähigkeiten von Mandela und seiner Mitstreiter, die einen Bürgerkrieg in Südafrika verhinderten, der Millionen von Menschen hätte töten können.

Wenn wir eine friedliche Zukunft für unsere Kinder und Enkelkinder aufbauen wollen, dann müssen wir jetzt damit beginnen, uns selbst und ihnen diese Fähigkeiten beizubringen: die Fähigkeit zuzuhören und sich stets der Spielchen bewusst zu sein, die unser Ego spielen will, damit wir uns besser fühlen als die anderen, aber auch die Fähigkeit zur gewaltfreien Kommunikation.⁴ Diese Fähigkeiten sind nicht schwer zu erlernen. Kinder setzen sie ganz selbstverständlich ein, um Streits auf dem Spielplatz zu beenden. Anschließend bringen sie sie dann oft ihren Eltern bei. Meiner Ansicht nach wäre es sinnvoll, diese Fähigkeiten in jeder Schule und in jedem Land der Welt zu lehren.

building peace. In my view—and I lived ten years in his country—it was these skills of Mandela and his colleagues that prevented a civil war in South Africa that could have killed millions.

If we want to build a peaceful future for our children and grandchildren, we have to start now to teach ourselves and them these skills—skills of listening, of being constantly aware of the games our ego wants to play in order to feel better than others, skills of Non-Violent Communication.⁴ These skills are not difficult to learn. Children take to them like ducks to water and use them to stop bullying in the playground. And then they often go on to teach them to their parents. In my view these skills could usefully be taught in every school in every country.

1 https://youtu.be/9CO6M2HsoIA

2 In *Pioneering the Possible* sind zwei Kapitel den grundlegenden Werteverschiebungen gewidmet, die diese neue Art des Denkens schaffen könnten. Zugleich wird untersucht, wie es den Menschen gelingt, solche Verschiebungen umzusetzen. Vgl. Kapitel 2 und 5 in: Elworthy, Scilla : *Pioneering the Possible. Awakened Leadership for a World that Works*, Berkeley 2014.

3 Vgl. Elworthy, Scilla : *Pioneering the Possible. Awakened Leadership for a World that Works*, Berkeley 2014.

4 Non-Violent Communication https://www.cnvc.org/

1 https://youtu.be/9CO6M2HsoIA

2 In *Pioneering the Possible* two chapters are devoted to the underlying shifts in values that could create this new way of thinking, and exploring how humanity can make such shifts. Cf. chapters 2 and 5 in Elworthy, Scilla: *Pioneering the Possible. Awakened Leadership for a World that Works*, Berkeley 2014.

3 Cf. Elworthy, Scilla: *Pioneering the Possible. Awakened Leadership for a World that Works*, Berkeley 2014.

4 Non-Violent Communication https://www.cnvc.org/

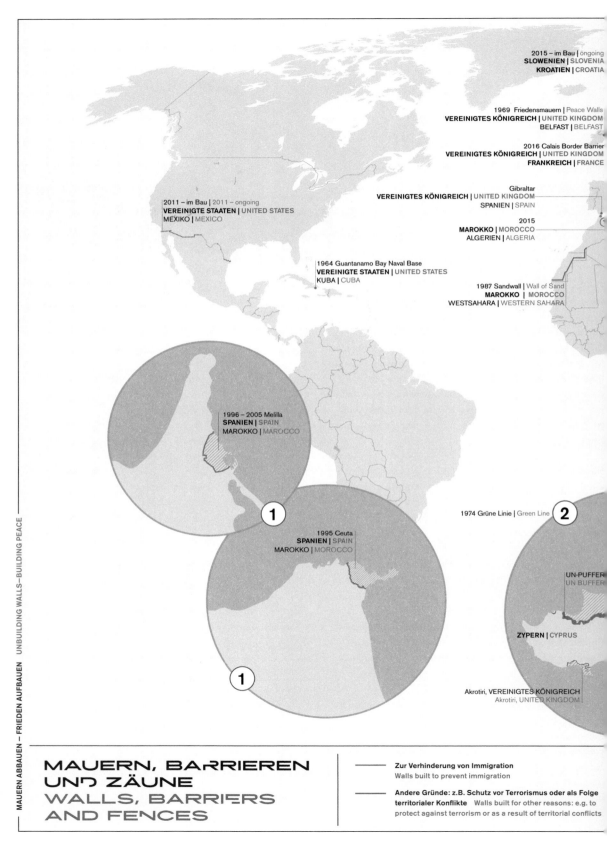

2015 – im Bau | ongoing
SLOWENIEN | SLOVENIA
KROATIEN | CROATIA

1969 Friedensmauern | Peace Walls
VEREINIGTES KÖNIGREICH | UNITED KINGDOM
BELFAST | BELFAST

2016 Calais Border Barrier
VEREINIGTES KÖNIGREICH | UNITED KINGDOM
FRANKREICH | FRANCE

Gibraltar
VEREINIGTES KÖNIGREICH | UNITED KINGDOM
SPANIEN | SPAIN

2015
MAROKKO | MOROCCO
ALGERIEN | ALGERIA

2011 – im Bau | 2011 – ongoing
VEREINIGTE STAATEN | UNITED STATES
MEXIKO | MEXICO

1964 Guantanamo Bay Naval Base
VEREINIGTE STAATEN | UNITED STATES
KUBA | CUBA

1987 Sandwall | Wall of Sand
MAROKKO | MOROCCO
WESTSAHARA | WESTERN SAHARA

1996 – 2005 Melilla
SPANIEN | SPAIN
MAROKKO | MAROCCO

1

1995 Ceuta
SPANIEN | SPAIN
MAROKKO | MOROCCO

1

1974 Grüne Linie | Green Line

2

UN-PUFFER
UN BUFFER

ZYPERN | CYPRUS

Akrotiri, **VEREINIGTES KÖNIGREICH**
Akrotiri, UNITED KINGDOM

MAUERN, BARRIEREN
UND ZÄUNE
WALLS, BARRIERS
AND FENCES

Zur Verhinderung von Immigration
Walls built to prevent immigration

**Andere Gründe: z.B. Schutz vor Terrorismus oder als Folge
territorialer Konflikte**   Walls built for other reasons: e.g. to
protect against terrorism or as a result of territorial conflicts

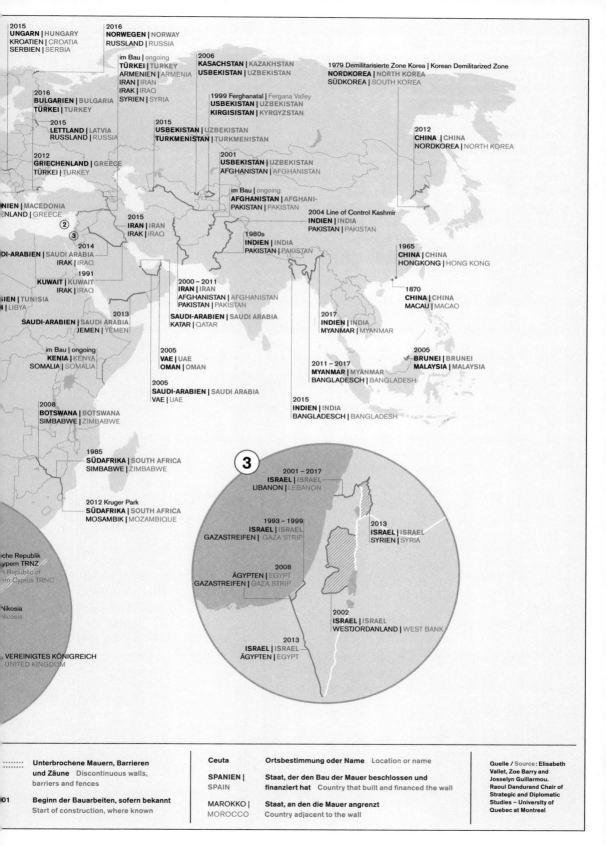

2015
UNGARN | HUNGARY
KROATIEN | CROATIA
SERBIEN | SERBIA

2016
NORWEGEN | NORWAY
RUSSLAND | RUSSIA

im Bau | ongoing
TÜRKEI | TURKEY
ARMENIEN | ARMENIA
IRAN | IRAN
IRAK | IRAQ
SYRIEN | SYRIA

2006
KASACHSTAN | KAZAKHSTAN
USBEKISTAN | UZBEKISTAN

1979 Demilitarisierte Zone Korea | Korean Demilitarized Zone
NORDKOREA | NORTH KOREA
SÜDKOREA | SOUTH KOREA

2016
BULGARIEN | BULGARIA
TÜRKEI | TURKEY

1999 Ferghanatal | Fergana Valley
USBEKISTAN | UZBEKISTAN
KIRGISISTAN | KYRGYZSTAN

2015
LETTLAND | LATVIA
RUSSLAND | RUSSIA

2015
USBEKISTAN | UZBEKISTAN
TURKMENISTAN | TURKMENISTAN

2012
CHINA | CHINA
NORDKOREA | NORTH KOREA

2012
GRIECHENLAND | GREECE
TÜRKEI | TURKEY

2001
USBEKISTAN | UZBEKISTAN
AFGHANISTAN | AFGHANISTAN

...NIEN | MACEDONIA
...ENLAND | GREECE

②

③

im Bau | ongoing
AFGHANISTAN | AFGHANI-
PAKISTAN | PAKISTAN

2004 Line of Control Kashmir
INDIEN | INDIA
PAKISTAN | PAKISTAN

2015
IRAN | IRAN
IRAK | IRAQ

1980s
INDIEN | INDIA
PAKISTAN | PAKISTAN

1965
CHINA | CHINA
HONGKONG | HONG KONG

2014
...DI-ARABIEN | SAUDI ARABIA
IRAK | IRAQ

1991
KUWAIT | KUWAIT
...IEN | TUNISIA   **IRAK** | IRAQ

1870
CHINA | CHINA
MACAU | MACAO

2000 – 2011
IRAN | IRAN
AFGHANISTAN | AFGHANISTAN
PAKISTAN | PAKISTAN

2017
INDIEN | INDIA
MYANMAR | MYANMAR

2013
...I LIBYA   **SAUDI-ARABIEN** | SAUDI ARABIA
JEMEN | YEMEN

SAUDI-ARABIEN | SAUDI ARABIA
KATAR | QATAR

im Bau | ongoing
KENIA | KENYA
SOMALIA | SOMALIA

2005
VAE | UAE
OMAN | OMAN

2005
BRUNEI | BRUNEI
MALAYSIA | MALAYSIA

2011 – 2017
MYANMAR | MYANMAR
BANGLADESCH | BANGLADESH

2005
SAUDI-ARABIEN | SAUDI ARABIA
VAE | UAE

2008
BOTSWANA | BOTSWANA
SIMBABWE | ZIMBABWE

2015
INDIEN | INDIA
BANGLADESCH | BANGLADESH

1985
SÜDAFRIKA | SOUTH AFRICA
SIMBABWE | ZIMBABWE

③

2001 – 2017
ISRAEL | ISRAEL
LIBANON | LEBANON

2012 Kruger Park
SÜDAFRIKA | SOUTH AFRICA
MOSAMBIK | MOZAMBIQUE

1993 – 1999
ISRAEL | ISRAEL
GAZASTREIFEN | GAZA STRIP

2013
ISRAEL | ISRAEL
SYRIEN | SYRIA

...che Republik
...ypern TRNZ
...n Republic of
...rn Cyprus TRNC

2008
ÄGYPTEN | EGYPT
GAZASTREIFEN | GAZA STRIP

...Nikosia
...Nicosia

2002
ISRAEL | ISRAEL
WESTJORDANLAND | WEST BANK

...VEREINIGTES KÖNIGREICH
...UNITED KINGDOM

2013
ISRAEL | ISRAEL
ÄGYPTEN | EGYPT

.... **Unterbrochene Mauern, Barrieren**
.... **und Zäune** Discontinuous walls,
        barriers and fences

...01 **Beginn der Bauarbeiten, sofern bekannt**
      Start of construction, where known

Ceuta **Ortsbestimmung oder Name** Location or name

SPANIEN | **Staat, der den Bau der Mauer beschlossen und**
SPAIN **finanziert hat** Country that built and financed the wall

MAROKKO | **Staat, an den die Mauer angrenzt**
MOROCCO Country adjacent to the wall

Quelle / Source: Elisabeth
Vallet, Zoe Barry and
Josselyn Guillarmou.
Raoul Dandurand Chair of
Strategic and Diplomatic
Studies – University of
Quebec at Montreal

REBUILDING REGIONS — DIE DEUTSCHE WIEDERVEREINIGUNG ALS INFRASTRUKTURELLE AUFBAULEISTUNG

WOLFGANG TIEFENSEE

Teilstück der ehemaligen Mauer im Foyer des Bundesministeriums für Umwelt, Naturschutz, Bau und Reaktorsicherheit
Segment of the former Wall in the foyer of the Ministry of the Environment, Nature Conservation, Building and Nuclear Safety

REBUILDING REGIONS— GERMAN REUNIFICATION AS AN INFRASTRUCTURAL CHALLENGE
WOLFGANG TIEFENSEE

Manchmal führen einprägsame Bilder in die Irre. Wenn wir vom „Fall der Mauer" – oder wahlweise auch vom „Rückbau der Mauer" – sprechen, dann impliziert das eine mehr oder weniger geordnete Abbruchsleistung, die die deutsche Einheit von 1990 ermöglicht habe. Aber die Metapher ist zeitlich zu punktuell und räumlich zu linear, denn im Wesentlichen ist die deutsche Einheit eine Aufbauleistung, die Jahrzehnte beanspruchte und weite Regionen erfasste.

Die „Mauer" genannte innerdeutsche Grenze trennte zwei Sphären, in denen die europäische Moderne unterschiedliche Verläufe genommen hatte. Dem prosperierenden Westen stand in den 1980er Jahren im Osten ein politisch, ökonomisch und infrastrukturell abgewirtschaftetes System gegenüber. Schon im Vorfeld des Herbstes 1989 speiste sich die Unzufriedenheit der DDR-Bürger nicht nur aus mangelnder Meinungsfreiheit und schlechter Versorgungslage. Genauso unzufrieden waren sie mit kontaminierten Böden, giftigen Flüssen und verpesteter Luft, mit löchrigen Straßen, fehlenden Wohnungen oder Fabriken und Städten in desolatem Zustand. Viele historisch wertvolle Altstadtgebiete waren über Jahrzehnte dem Verfall preisgegeben worden und schienen nun kaum mehr zu retten zu sein. In Erfurt beispielsweise, der heutigen Hauptstadt des Freistaats Thüringen, entzündeten sich die Proteste auch am Umgang mit dem mittelalterlichen Andreasviertel, dessen flächendeckender Abriss 1989 beschlossen worden war. Ohne den Aufstand, die Wiedervereinigung und die anschließenden Rekonstruktionen würden weite Teile des prachtvollen Erfurter Zentrums heute nicht mehr existieren.

Der Beitritt der DDR zur Bundesrepublik machte die Angleichung der Lebensverhältnisse in Ost und West zu einer zentralen gesamtdeutschen Aufgabe. Die infrastrukturelle Instandsetzung und Sanierung der ostdeutschen Länder gehörte dabei zu den komplexesten Elementen der gemeinschaftlichen Bemühungen. So ging es etwa darum, die klaffenden Wunden zu schließen, die der Braunkohlebergbau im Lausitzer und dem Mitteldeutschen Revier geschlagen hatte. Hier mussten riesige Flächen renaturiert oder einer Folgenutzung zugeführt werden. Gleiches galt für aufgegebene Militärstandorte der Nationalen Volksarmee der DDR oder die 240.000 Hektar Fläche, die die ehemaligen sowjetischen Streitkräfte in den neuen Ländern genutzt hatten.

Memorable images are sometimes also misleading. When we speak of the "fall of the Wall" or of "tearing down the Wall", the impression is that the reunification of Germany in 1990 was the result of a more or less organized process of demolition. This metaphor reduces reunification to a particular point in time and a specific linear object. In reality, however, German reunification has been a long process of rebuilding that has taken decades and has encompassed entire regions.

The "Wall", or more precisely the inner-German border, divided two spheres in which the process of European modernization followed different patterns. By the 1980s, the contrast between the prosperous West and the run-down political, economic and infrastructural system in the East was increasingly apparent. Even before the fall of 1989, dissatisfaction among people in the GDR was not solely attributable to the lack of freedom of expression or a shortage of supplies. They were equally unhappy with the contaminated soil, poisoned rivers and polluted air, with potholed roads, housing deficiencies or the increasingly desolate state of factories and cities. Many historically important old towns had fallen into a state of ever greater disrepair over a period of decades and were almost beyond saving. In Erfurt, for example, now the capital of the Free State of Thuringia, residents protested in 1989 against the plan to demolish the entire medieval Andreas quarter. Without the people's uprising, the reunification and the reconstruction that followed, a large part of Erfurt's magnificent old town would no longer exist.

The accession of the GDR to the Federal Republic made the need to better align the standards of living in the East and West a central objective for the entire country. The repair and upgrading of infrastructure in the former East German states was one of the most complex aspects of this joint endeavor. It included, for example, healing the gaping wounds in the landscape of Lusitania and Central Germany caused by opencast coal mining. Vast areas of land needed ecological restoration or a suitable subsequent use. The same applied to the many abandoned military sites used by the National People's Army (NVA) of the GDR and the 240,000 hectares of land formerly used by the Soviet Armed Forces.

The new regulations for property ownership affected many citizens of former East Germany directly and gave rise to fierce debate. A large part of the GDR's industrial facilities was completely outdated and of negligible economic value, and had to be treated as inherited liabilities.

Für die Bürger Ostdeutschlands existen-
zieller waren aber die Neuregelungen der
Besitzverhältnisse, um die heftige Debatten
entbrannten. Ein Großteil der Industriean-
lagen war völlig veraltet und repräsentierte
keinen Wert mehr, sondern war nur noch als
Altlast zu verbuchen. Anders als es moderne
Legenden gern erzählen und trotz zahlreicher Betrugsfälle, war die Deindustrialisie-
rung Ostdeutschlands nach 1990 im Kern
nicht das Ergebnis einer Verschwörung
der westdeutschen Wirtschaft oder der
Treuhandanstalt. Tatsächlich war sie Folge
eines jahrzehntelangen Investitionsstaus
und Verfalls in den ostdeutschen Betrieben.
Erschwerend kam hinzu, dass diese nun auf
einen Schlag dem offenen Weltmarkt ausgesetzt
waren und binnen kürzester Zeit die schmerzhaften
Umstrukturierungen nachvollziehen mussten, die in der
westdeutschen Wirtschaft über Jahrzehnte hinweg
stattgefunden hatten.

Lange Brücke, Erfurt, 1990 Lange Brücke, Erfurt, 1990

In contrast to popular opinion and despite numerous
cases of fraud, the deindustrialization of East Germany
after 1990 was not the product of a conspiracy by West
German industry or the Trust Agency. The main reason
was a backlog of investment over several decades that
had led to the decay of East Germany's industry.
Their sudden exposure to global markets meant that to
survive they needed to implement painful restructuring
measures within an incredibly short space of time,
measures that their West German counterparts had
undertaken over decades.

The redistribution of land following the land reforms
introduced in the Soviet Occupation Zone and the
industrial reforms of 1949 remained in place after reunification. Former owners of land were, however, entitled
to compensation if their land had been confiscated and
nationalized after the founding of the GDR. In such cases
"reprivatization had priority over privatization". That meant that claims by former owners were usually satisfied by reinstating the
confiscated property where possible. At the
same time, however, the Investment Priority
Act served as a powerful tool for stimulating economic development by according
investors special rights and protecting their
investments against restitution claims.

As Mayor of the city of Leipzig in the state
of Saxony, I experienced and helped shape
this process of reconstruction from the
perspective of the municipal authorities.
Many of the typical problems in East
Germany had their own particular manifes-
tations in Leipzig. One specific example

Lange Brücke, Erfurt, 2014 Lange Brücke, Erfurt, 2014

Der Beitritt der DDR zur Bundesrepublik machte die Angleichung der Lebensverhältnisse in Ost und West zu einer zentralen gesamtdeutschen Aufgabe.

The accession of the GDR to the Federal Republic made the need to better align the standards of living in the East and West a central objective for the entire country.

Die Umverteilungen durch die 1945–1948 in der Sowjetischen Besatzungszone durchgeführte Bodenreform und die 1949 abgeschlossene Industriereform hatten nach der Wiedervereinigung Bestand. Allerdings ergab sich für ehemalige Besitzer ein Entschädigungsanspruch, wenn die Enteignung und Verstaatlichung ihres Eigentums nach Gründung der DDR stattgefunden hatte. Für diese Fälle galt „Reprivatisierung vor Privatisierung". Das bedeutete, dass Ansprüche von Alteigentümern in der Regel durch Rückübertragung des enteigneten Besitzes abgegolten wurden. Allerdings erwies sich das Investitionsvorranggesetz als wirtschaftlich dynamisierendes Element, da es Investoren Sonderrechte einräumte und bereits getätigte Investitionen schützte.

Als Oberbürgermeister der sächsischen Großstadt Leipzig habe ich wesentliche Teile dieses anpassenden Aufbaus aus kommunaler Perspektive miterlebt und mitgestalten können. Dabei traten die allgemeineren ostdeutschen Problemfelder in einer spezifisch Leipziger Ausprägung auf. Wichtig ist mir die Geschichte vom Cospudener See, die eine exemplarische Erfolgsgeschichte bürgerlichen Protests und des Wiederaufbaus st. Der südlich von Leipzig gelegene Tagebau Cospuden war 1981 eröffnet worden. Die friedliche Revolution ermöglichte die öffentliche Artikulation des Widerstands dagegen. Unter der Losung „Stoppt Cospuden 1990" nahmen am 18. März 1990 rund 10.000 Menschen an einem Sternmarsch gegen den Tagebau teil. Tatsächlich wurde zwei Jahre später der Abbau gestoppt und mit der Flutung des Restlochs begonnen. Damit konnte ein

that is particularly important to me is the story of the Cospudener See, an artificial lake that is a direct result of the success of people's protests and the subsequent reconstruction efforts. Cospuden was an open-cast mine south of Leipzig that was opened in 1981. The peaceful revolution had given the public the confidence to voice their objections and on March 18, 1990, some 10,000 people took part in a coordinated protest march against the mine that brought together people from several points. Their voices were heard and two years later the mine was closed and the flooding of the open pit began. A stretch of riverside woodland along the Weiße Elster river was saved from destruction and the people of Leipzig acquired a new lake that is now a thriving recreational destination. The Cospudener See was officially opened on June 1, 2000, as a sub-project of the EXPO 2000.

In the center of Leipzig, several problems needed addressing simultaneously that at first sight seemed contradictory. On the one hand abandoned industrial sites had to be cleared and on the other the city needed to attract new industry and commerce. We therefore had to declare and develop the infrastructure for new industrial sites. The fact that we were able to attract the likes of BMW and Porsche to establish manufacturing facilities in Leipzig, despite strong international competition, is a special coup that has since helped Leipzig advance to become a new center of car manufacturing.

The population of Leipzig had been declining since the 1930s, but in the 1990s, the trend grew sharply. Between 1989 and 1998 alone, the population shrunk by over 17 percent. This trend affected almost all towns and regions in the former East German states. To counteract population decline, or at least to mitigate its consequences, the government as well as individual Federal States implemented a series of urban funding programs to assist the municipalities. One of the first was the "Städtebaulicher Denkmalschutz" urban conservation program that ran from 1991 to 2005 and provided a total

Tagebau Cospuden, 1999
Cospuden open-cast
mine, 1999

Cospudener See, 2016
Cospuden lake, 2016

Auenwald der Weißen Elster gerettet werden, gleichzeitig entstand für die Bürgerinnen und Bürger Leipzigs ein beliebter Erholungsort. Der Cospudener See wurde am 1. Juni 2000 als Teilprojekt der EXPO 2000 eröffnet.

Im engeren Stadtgebiet Leipzigs galt es, gleichzeitig Aufgaben zu bewältigen, die auf den ersten Blick widersprüchlich wirkten. So mussten einerseits Industriebrachen bereinigt und andererseits die Neuansiedlung von Wirtschaft gefördert werden. Das heißt, wir hatten neue Gewerbegebiete auszuweisen und zu erschließen. Es ist schon ein besonderer Coup, dass es uns gelang, gegen starke internationale Konkurrenz Werke von BMW und

of 1.5 billion euros of funding to 162 towns and cities in Eastern Germany for the restoration of their historic urban fabric. The "Soziale Stadt" (social city) funding program, initiated in 1999 by the Federal Government in conjunction with the Federal States and local municipalities, aimed to improve the physical living environment and housing infrastructure in towns and cities. By 2013, some 3 billion euros had been invested in almost 380 municipalities. The "Stadtumbau Ost" program by the government, Federal States and municipalities, which ran from 2002 to 2009, made around 2.5 billion euros available to take down and clear abandoned housing that was surplus to future requirements. This applied particu-

Porsche in Leipzig anzusiedeln, das sich damit als neuer Automobilstandort etablieren konnte.

Die Einwohnerzahl Leipzigs war seit 1930 ohnehin rückläufig gewesen. In den 1990er Jahren verschärfte sich dieser Trend dramatisch. Allein zwischen 1989 und 1998 verlor Leipzig über 17 Prozent seiner Bevölkerung. Dieses Problem betraf fast alle Städte und Regionen Ostdeutschlands. Um dem ostdeutschen Bevölkerungsschwund entgegenzuwirken oder zumindest seine Folgen abzumildern, legten Bund und Länder eine ganze Reihe von städtebaubezogenen Förderprogrammen auf, von denen die Kommunen profitieren konnten. Das begann 1991 mit dem Programm „Städtebaulicher Denkmalschutz", mit dem bis 2005 in 162 ostdeutschen Städten 1,5 Milliarden Euro Fördermittel für die Sanierung der historischen Stadtkerne eingesetzt wurden. Seit 1999 förderte das Programm „Soziale Stadt" des Bundes mit Beteiligung der Länder und Kommunen die Verbesserung der physischen Wohn- und Lebensbedingungen in den Städten. Bis 2013 wurden rund 3 Milliarden Euro in fast 380 Gemeinden investiert. Im Programm „Stadtumbau Ost" stellten Bund, Länder und Gemeinden zwischen 2002 und 2009 rund 2,5 Milliarden Euro für den Rückbau dauerhaft nicht benötigter Wohnräume zur Verfügung. Dieser Rückbau betraf vor allem die ostdeutschen Plattenbau-Siedlungen der DDR-Zeit. Gleichzeitig wurde die Aufwertung erhaltenswerter Stadtquartiere unterstützt. Insgesamt gelang es so, die Leerstandsquoten in den ostdeutschen Städten deutlich zu senken.

Auch Leipzig, dessen Einwohnerzahl seit 2002 ohne Unterbrechung wieder ansteigt, konnte in großem Umfang von diesen Programmen profitieren. Darüber hinaus verbindet sich mit seinem Namen ein zentrales Dokument zum europäischen Städtebau. Die „Leipzig Charta zur nachhaltigen europäischen Stadt" wurde Ende Mai 2007 anlässlich des Informellen EU-Ministertreffens zur Stadtentwicklung und zum territorialen Zusammenhalt verabschiedet. Sie zielt auf eine integrierte Stadtentwicklung ab, die kulturelle und bauliche Qualitäten, soziale Integration und ökonomische Entwicklung der Stadt umfasst. Damit formuliert sie Zielvorstellungen und Wege hin zu einer für alle Bürgerinnen und Bürger lebenswerten Stadt, die seit der Jahrtausendwende auf vorangegangenen Ministertreffen besprochen worden waren.

larly to slab-block housing from GDR times. At the same time, areas worth preserving were upgraded. As a result, vacancy figures have been significantly reduced in many towns and cities in former East Germany.

Leipzig, where the population has been growing again consistently since 2002, has benefited considerably from these programs. In addition, it has given its name to a new central document for urban development in Europe. The "Leipzig Charta on Sustainable European Cities" was adopted at the end of May 2007 at an informal meeting of the EU Ministers of Urban Development to promote territorial cohesion. It promotes integrated urban development that encompasses cultural and architectural qualities, social integration and economic development. It formulates guidelines and targets for promoting livable cities for all their residents, which had been the subject of preceding meetings of the ministers since the turn of the millennium.

On October 2005, I switched to the Federal Ministry of Transport, Building and Urban Affairs and was appointed Commissioner for the new Federal States. In this role, the transport infrastructure projects for the German reunification fell under my remit, and these represent perhaps most visibly how

Abriss von Plattenbauten in Leipzig, 2003 Demolition of prefabricated slab housing blocks in Leipzig, 2003

Der infrastrukturelle Rückstand der ostdeutschen Städte ist weitgehend aufgeholt.

Bereits im Oktober 2005 wechselte ich ins Bundesministerium für Verkehr, Bau und Stadtentwicklung und wurde Beauftragter der Bundesregierung für die neuen Bundesländer. Mit den „Verkehrsprojekten Deutsche Einheit" kamen dabei die Infrastrukturprojekte in meine Zuständigkeit, die das Zusammenwachsen Deutschlands vielleicht am augenfälligsten repräsentieren. Über die geöffnete innerdeutsche Grenze hinweg schlagen die Verkehrsprojekte Brücken zwischen alten und neuen Bundesländern und nach Berlin. Insgesamt flossen in neun Schienen-, sieben Autobahn- und ein Wasserstraßenprojekt rund 40 Milliarden Euro. Heute sind die Projekte zu 98 Prozent umgesetzt oder in der Fertigstellung. Mit der ICE-Strecke zwischen Nürnberg und Berlin konnte im Dezember 2017 das letzte und größte Schienenprojekt eingeweiht werden. Diese Einweihung war noch einmal ein herausragender Moment in meiner Karriere, denn sie bot einen Anlass, über die Anstrengungen und auch den Erfolg des infrastrukturellen Aufbaus nach 1990 nachzudenken.

Germany has grown together. The various transport and traffic infrastructure projects build bridges over the open inner-German borders between the old and new Federal States and Berlin. A total of nearly 40 billion euros has been invested in nine railroad projects, seven expressways and one waterway project. To date, 98 percent of these projects have been completed or are in their final stages. The opening of the InterCity Express rail connection between Nuremberg and Berlin in December 2017 is the final and largest railroad infrastructure project. Its inauguration was one of the highlights of my career and presented an opportunity to reflect on the success of the infrastructure redevelopment projects since 1990.

The rebuilding and reconnection of extensive regions of East Germany is the product of a tremendous joint effort by citizens of the entire country. In particular, the human and financial contribution of the former West German states cannot be understated. Likewise, the rebuilding of East Germany received extensive support and funding from the European Union. And it has been worth the effort. In Lusitania and Central Germany, entirely new lake districts have been created, the largest artificial water landscapes in Europe. The historical centers of

Bau der Talbrücke Froschgrundsee (2006–2011) als Teil der Eisenbahn-Schnellfahrstrecke Nürnberg–Erfurt
Construction of the Froschgrundsee lake bridge (2006–2011) as part of the high-speed rail link between Nuremberg and Erfurt

Der Aufbau und der Anschluss großer Gebiete im Osten Deutschlands ist eine ungeheure Gemeinschaftsleistung aller Bürgerinnen und Bürger unseres Landes. Gerade der personelle und finanzielle Beitrag, den die westdeutschen Länder geleistet haben, muss unbedingt gewürdigt werden. Darüber hinaus ist der Aufbau Ost erheblich durch Fördergelder der Europäischen Union unterstützt worden. All das hat sich gelohnt. In der Lausitz und in Mitteldeutschland entstanden neue Seengebiete, die größten künstlichen Wasserlandschaften Europas. Die historischen ostdeutschen Innenstädte konnten vielfach erhalten werden, die berüchtigten DDR-Plattenbauten konnten neuen Nutzungsgewohnheiten angepasst werden oder wurden abgerissen. Die Wirtschaft der ostdeutschen Länder ist weithin weltmarkttauglich. Auch wenn in vielen ländlichen Räumen und Kleinstädten Ostdeutschlands die demografische Bilanz weiter problematisch bleibt, so gibt es doch ebenso vitale Regionen und Städte im Osten, die zu Leistungsträgern und Schrittmachern der Moderne geworden sind. Überquert man die ehemalige innerdeutsche Grenze, lässt sich am Zustand der Siedlungen längst nicht mehr problemlos feststellen, in welchem Teil Deutschlands man ist. Der infrastrukturelle Rückstand der ostdeutschen Länder ist weitgehend aufgeholt.

Fast drei Jahrzehnte nach dem Fall der Berliner Mauer und der Wiedervereinigung können wir also eine insgesamt positive Bilanz ziehen. Das ist eine starke Leistung, gerade auch weil es 1990 keinerlei Erfahrungen damit gab, wie zwei so unterschiedliche Länder wie die DDR und die Bundesrepublik zusammenwachsen könnten. Sicher ist bei der Wiedervereinigung nicht alles optimal gelaufen. Aber die Erfahrungen, die wir bis heute gesammelt haben, geben uns immerhin die Gewissheit, dass die nächste Einheit besser gelingen wird. Denn nun wissen wir, wie es gemacht werden muss.

The infrastructural backlog in the former East German States has been largely cleared.

many towns and cities in the eastern states have been saved and restored and the infamous GDR slab blocks have been adapted and upgraded to meet new housing needs or else demolished where no longer needed. The economy of the former East German states is now largely competitive on the global market, and while many rural areas and small towns in East Germany are still grappling with demographic imbalances, many other areas have become vital regions and cities that are driving growth and modernization. Today, when one crosses the former inner-German border, the state of towns and villages is no longer an automatic indicator of East or West. Likewise, the infrastructural backlog in the former East German states has been largely cleared.

Almost three decades after the fall of the Berlin Wall and the reunification of Germany, we can, on the whole, draw a positive balance. What has been achieved is considerable, especially when one considers that in 1990 we had no prior experience of how two countries with such different histories and backgrounds could grow together. Not all aspects of the process of reunification have been optimal, but the experience we have gained gives us the confidence to do things better next time. Now we know how it needs to be done.

BERLIN – STADT DER FREIHEIT UND TANZENDEN TRÄUME

JOCHEN SANDIG

**Kunsthaus Tacheles,
1990** Kunsthaus
Tacheles, 1990

BERLIN—CITY OF FREEDOM AND DANCING DREAMS

JOCHEN SANDIG

FREIHEIT – es gibt wohl kaum einen Begriff, den Berlin seit den 1990er Jahren stärker verkörpern würde. Das war nicht immer so. Seit dem Ende des Zweiten Weltkriegs galt die Stadt vielmehr als das Anti-Symbol der Freiheit und markierte das offene, wunde Herz der Teilung einer Welt mit „bipolarer Störung". In Berlin prallten die beiden großen globalen Machtblöcke und gegensätzlichen politischen Wirtschaftssysteme auf engstem Raum aufeinander. Am Checkpoint Charlie, am Brandenburger Tor und all den Grenzübergängen standen sich Ost und West in aller Schizophrenie misstrauisch bis feindselig, aber auch sehnsüchtig gegenüber, und mittendurch verlief die trennende Mauer, die sich durch und um die Stadt mit einer Länge von 168 Kilometern erstreckte. Achtundzwanzig lange Jahre war Berlin eine geteilte Stadt und konnte von der Freiheit nur träumen. Nur die Berliner Luft kannte keine Grenzen und so veröffentlichte Christa Wolf 1963 ihre Erzählung *Der geteilte Himmel* und Wim Wenders drehte 1987 seinen Film „Der Himmel über Berlin". Am 9. November 1989 wurde dann der Traum vieler Menschen Realität. Die einzigartige, friedliche Revolution brachte über Nacht diese Mauer zu Fall, durch den wachsenden Druck der nach Freiheit dürstenden Bürger und Bürgerinnen der ehemaligen DDR. Ein seltener Glücksfall und Wendepunkt der Geschichte, der große internationale Schockwellen der Empathie auslöste. Berlin war die glücklichste Stadt der Welt, aber verwandelte gleichzeitig auch den ganzen Globus für kurze Zeit zu einem utopischen Ort mit der freudigen Botschaft: Das Prinzip Hoffnung gilt nicht nur für Traumtänzer. Veränderung ist möglich, wenn sich ein Volk gemeinsam und friedlich die Freiheit erkämpft.

Berlin galt schon immer als eine Stadt der extremen Gegensätze, und so ist es nicht verwunderlich, dass sich besonders die grauen und verlassenen Industriebrachen in Mauernähe, die Sperrzonen, Todesstreifen und ein großer Teil des verwunschenen „Niemandslands" in kürzester Zeit in eine sehr lebendige, bunte und utopische Landschaft der Subkulturen verwandelte. Diese Entwicklung begann unmittelbar mit der Stunde null der neuen Berliner Zeitrechnung, als sich Berlin noch einmal völlig neu erfand: als eine mythische Stadt der Freiheit. Den Sound dazu lieferte ein neuer Musikstil, der wenige Monate zuvor aus der amerikanischen Industriemetropole Detroit nach Europa gewandert war: Techno. Die Gründung der zahlreichen legendären Clubs und freien Kulturräume war vielleicht die entscheidende Initialzündung und der wesentliche Katalysator des sogenannten „neuen" Berlins, das im Jahr 2018 genauso lange existiert wie die Teilung der Stadt währte – jeweils 28 Jahre.

FREEDOM is probably the word that most evocatively captures the spirit of Berlin since the 1990s. That was, however, not always the case. After the end of the Second World War, the city was the very antithesis of freedom, the open wound running through its heart marking the "bipolar disorder" of the world. In Berlin two world orders, two global powers and two economic systems pushed against each other within the small space of the city. At Checkpoint Charlie, the Brandenburg Gate and the other border crossings, East and West faced each other in mistrust and hostility but also with a sense of longing, the Wall between them dividing and encircling the city over a length of 168 kilometers as a concrete expression of the schizophrenic situation. For 28 long years, Berlin was a divided city and could only dream of freedom. Only the air over Berlin knew no borders, as expressed in 1963 by Christa Wolf in her novel "Divided Heaven" and in 1987 by Wim Wenders in his film "Wings of Desire–The Heavens over Berlin". Then, on November 9, 1989, the dream so many people had shared became reality. The unique peaceful revolution brought about by the growing will of the people of the former GDR and their thirst for freedom, precipitated the fall of the Wall in that fateful night. This rare moment of good fortune was a turning point in history, triggering shockwaves of empathy around the world. Berlin was the happiest city on the planet, and for a short while transformed the entire globe into a utopian place with its message: the principle of hope is not just for dreamers. Change is possible if people join hands and campaign peacefully for freedom.

Berlin has always been a city of extreme opposites, and it was no surprise that the gray, empty industrial wastelands along the Wall, the restricted zones and border strip as well as large parts of the deserted no man's land were transformed within a short space of time into a lively, vibrant and utopian subcultural landscape. Almost immediately after the dawning of the new age in Berlin, the city began reinventing itself anew as a city of near-mythical freedom. The sound that went with it was a new musical genre that had found its way to Europe from the American industrial city of Detroit: techno. Numerous legendary clubs and alternative cultural spaces sprang up that in retrospect were the initial spark and primary catalyst for the so-called "New Berlin" that has now–in the year 2018–existed for exactly as long as the city was divided: 28 years.

When we speak of the "Wall", the image we have is not that of a straight line running through the middle of Berlin

but a zig-zagging ribbon of varying width that over its entire length enclosed an inaccessible vacuum-like zone in the heart of the city. This no man's land with its fringe areas and numerous abandoned buildings, which previously would have been the death of those attempting to cross it, was suddenly transformed into the very opposite: a lively space of possibilities for all those with the courage and drive to venture something new.

I was one of these urban "space pioneers". In February 1990, myself and an assorted bunch of creatives, *Lebenskünstler* and dreamers from the East and West occupied the former Friedrichstrassenpassage Department Store on the Oranienburger Strasse which had been scheduled for demolition. Our motto was: "Our ideals are ruined, so save the ruins!" That marked the beginning of the Kunsthaus Tacheles, and within the space of just a few months it felt as if we had opened a kind of spaceport from a science-fiction film. The historic district of Mitte really did become the middle of Berlin, and every day people from all over the world would stream into the new district to be part of this historic process of transformation. People came from everywhere to Berlin–from New York and Paris, London and Warsaw, Sydney and Tokyo, Amsterdam and Barcelona, Budapest and Prague, Copenhagen and Helsinki, Marseille and Madrid, Athens and Rome–to savor a little of the fresh air of freedom and be part of this great social sculpture, which continues to the present day. And in the 28 years of this new era, Berlin has indeed renounced separation in favor of sharing: it is inseparably connected

Wenn wir von der „Mauer" sprechen, dürfen wir uns keine gerade Linie auf der Berliner Landkarte vorstellen, sondern vielmehr ein sich immer wieder krümmendes Band unterschiedlicher Breite, das in der Gesamtheit eine riesige freie Fläche einer abgeriegelten Zone und inmitten der Stadt ein großes Vakuum darstellte. Dieses Niemandsland mit seinen Randbereichen und zahlreichen stillgelegten Gebäuden, dessen Betreten für Viele, die versuchten zu flüchten, den Tod bedeutete, verwandelte sich auf einmal in sein Gegenteil, in einen lebendigen Möglichkeitsraum für alle, die den Mut und den Tatendrang hatten, etwas Neues zu wagen.

Ich war einer dieser urbanen „Raumpioniere". Als ich im Februar 1990 gemeinsam mit einem wild zusammengewürfelten Haufen von Kreativen, Lebenskünstlern und Traumtänzern aus Ost und West das ehemalige, zur Sprengung freigegebene Friedrichstraßenpassage-

Kaufhaus an der Oranienburger Straße unter dem Motto „Die Ideale sind ruiniert, rettet die Ruine!" besetzte und damit das Kunsthaus Tacheles mitbegründete, hatte ich bereits wenige Monate später das Gefühl, eine Art Weltraum-Bahnhof in einem Science-Fiction-Film eröffnet zu haben. Der historische Bezirk Mitte wurde hier wieder wirklich zur Mitte Berlins, und jeden Tag strömten Menschen aus der ganzen Welt in das neue Quartier, um selbst Teil dieses historischen Ereignisses des Wandels zu werden. Alle zog es nach Berlin, sie kamen aus

with its people who in turn have connected inseparably with their city. Former US President John F. Kennedy, in his famous Berlin speech at Schöneberg City Hall in June 1963, gave us a guiding motto that still holds true to this day: "Two thousand years ago the proudest boast was 'Civis romanus sum'. Today, in the world of freedom, the proudest boast is 'Ich bin ein Berliner'… All free men, wherever they may live, are citizens of Berlin, and, therefore, as a free man, I take pride in the words 'Ich bin ein Berliner!'"

Auf einmal wollten alle nach Berlin, um hier zu leben und zu arbeiten.

Ever since his emotional words, to be a Berliner is a subjective feeling, a way of life rather than a matter of being registered in the city. No wonder the world loves to come to Berlin, which, in terms of visitor numbers, is now the third most-visited capital in Europe—after London and Paris but before the eternal city of Rome.

New York und Paris, London und Warschau, Sydney und Tokio, Amsterdam und Barcelona, Budapest und Prag, Kopenhagen und Helsinki, Marseille und Madrid, Athen und Rom, um diese frische Luft der Freiheit zu schnuppern und selbst Teil einer großen sozialen Skulptur zu werden, die bis heute andauert. Und in diesen 28 Jahren der neuen Zeitrechnung hat sich Berlin tatsächlich von einer geteilten Stadt in eine teilende Stadt verwandelt, sie ist untrennbar mit ihren Menschen verbunden, die sich wiederum untrennbar mit ihrer Stadt verbündet haben. Der ehemalige US-Präsident John F. Kennedy hat dazu in seiner berühmten Berliner Rede vor dem Rathaus Schöneberg mit dem Ausruf „Ich bin ein Berliner!" schon im Juni 1963 das bis heute gültige Leitmotiv verkündet. Im genauen Wortlaut sagte er: „Two thousand years ago the proudest boast was 'Civis romanus sum'. Today, in the world of freedom, the proudest boast is Ich bin ein Berliner'… All free men, wherever they may live, are citizens of Berlin, and, therefore, as a free man, I take pride in the words 'Ich bin ein Berliner!' – „Vor 2000 Jahren war der stolzeste Satz ,Ich bin ein Bürger Roms'. Heute, in der Welt der Freiheit, ist der stolzeste Satz ,Ich bin ein Berliner'… Alle freien Menschen, wo immer sie leben mögen, sind Bürger Berlins, und deshalb bin ich als freier Mensch stolz darauf, sagen zu können ,Ich bin ein Berliner'!"

Berlin Wonderland: It was nothing short of a miracle. Suddenly, everyone wanted to come to Berlin to live and work in the city. Berlin experienced a new wave of expansion. In the early 1990s, long before the days of "start-ups" and "co-working spaces", all kinds of creative "projects" sprung up in "project spaces" all over the east of the city. Among artists and creatives (in whose wake investors and speculators later followed fueling the process of gentrification) word spread like wildfire: in Berlin there is space for the having that costs next to nothing. Berlin's public administration was hard-pressed to put a system in place to coordinate the occupation and use of empty properties in an attempt to avoid Berlin becoming an entirely lawless area. There were also mishaps in the process: the eviction of squats in the Mainzer Strasse,

Suddenly, everyone wanted to come to Berlin to live and work in the city.

BerlinerIn zu sein ist spätestens seit dieser Rede eine Frage des subjektiven Lebensgefühls und nicht primär eine der objektiven Meldeadresse. Daher ist es kein Wunder, dass die Welt gerne zu Gast ist in Berlin,

for example, became so politically contentious that it led to the downfall of the new red-green government under Walter Momper. But Berlin continued to be a fascinating Wonderland and the temporary occupation and interim use of spaces—a concept coined and pioneered by Jutta Weitz and her staff at WBM, the Berlin Mitte Housing Association—transformed large parts of the east of the city into what was probably the world's largest space of subcultural possibilities. After reunification, many

welches mittlerweile in den Besucherzahlen als dritt-
stärkste Metropole Europas rangiert – nach London und
Paris und vor der ewigen Stadt Rom.

Die neue freie Kultur wurde zur Feierkultur, die keine Sperrstunde kannte – ein Geschenk der Alliierten an die Stadt.

Berlin Wonderland: Es kam einem Wunder gleich. Auf
einmal wollten alle nach Berlin, um hier zu leben und zu
arbeiten. Berlin erlebte eine neue Gründerzeit. Mangels
aktueller Begriffe wie „Startups" und „Co-Working
Spaces" machten Anfang der 1990er Jahre alle unter-
schiedlichste kreative „Projekte" in den über den ganzen
Osten der Stadt verstreuten „Projekträumen". Unter
Künstlern und Kreativen, unter deren Gefolge sich auch

buildings and industrial sites in the east of the city were
disused, deserted and not yet under new ownership,
providing plenty of space for new ideas. A "key figure"
in the most literal sense was Jutta Weitz, who managed
the keys to many empty workshops
and industrial premises and astutely
arranged temporary uses for cultural
projects. A particular concentration
of artists and creatives arose in the
Auguststrasse between Kunsthaus
Tacheles and the squat "I.M. Eimer"
in the Rosenthaler Strasse, and many
creative gold diggers of the first hour
wrote history here.

Potsdamer Platz, 1990   Potsdamer Platz, 1990

zunehmend Investoren mischten, die die Gentrifizierung vorantrieben, verbreitete es sich wie ein Lauffeuer: Freie Räume, die kaum etwas kosten, gibt es hier in Hülle und Fülle. Schnell musste von Verwaltungsseite ein System entwickelt werden, das die Besetzung und Nutzung freistehender Flächen in geordnete Bahnen lenkte, wollte Berlin nicht vollkommen zu einem rechtsfreien Raum mutieren. Bei diesem Prozess gab es auch Pannen, so wurde die Räumung der Mainzer Straße zum politischen Debakel und führte zur Auflösung der noch jungen rot-grünen Regierung unter Walter Momper. Berlin verzauberte dennoch als ein *Wonderland* und im produktiven Sinne beschrieb der von Jutta Weitz und ihren Mitarbeitern in der Wohnungsbaugesellschaft Mitte geprägte Begriff der Zwischennutzung den Zustand einer temporären Bespielung und zeitlich befristeten Nutzung von Räumen und verwandelte vor

allem den östlichen Teil der Stadt in den damals weltweit größten subkulturellen Möglichkeitsraum. Nach der Wende standen viele Häuser und Industriehallen im Ostteil der Stadt leer, hatten keine geklärten Besitzverhältnisse und boten somit viel Raum für neue Ideen. Die „Schlüsselfigur" war im wahrsten Sinne des Wortes Jutta Weitz, die die Schlüssel zu leerstehenden Gewerberäumen gezielt an kulturelle Projekte vermittelte. Eine besondere Verdichtung entwickelte sich in der Auguststraße zwischen Kunsthaus Tacheles und dem besetzten Haus „IM Eimer" in der Rosenthaler Straße. Hier haben viele kreative Goldgräber der ersten Stunde Geschichte geschrieben.

Judy Lybke gründete die Galerie Eigen+Art, Friedrich Look die Wohnmaschine, ein Künstlerkollektiv verband in der KuLe Kultur und Leben, und Klaus Biesenbach öffnete neben den KW Kunst-Werken gleich ganze „37 Räume" und gründete damit die Berlin Biennale. Clärchens Ballhaus hält bis heute die Tradition der 1920er Jahre lebendig. Als die mythischen Clubs der 1990er galten die Ständige Vertretung im Kunsthaus

Judy Lybke founded the "Galerie Eigen+Art", Friedrich Look the "Wohnmaschine", an artist collective the "KuLe" as a center for culture and life and Klaus Biesenbach opened "37 Räume", a group of 37 rooms next to "KW Kunst-Werken", which marked the start of the Berlin Biennale. And "Clärchens Ballhaus" continues to uphold the tradition of 1920s ballrooms to the present day. Among the legendary clubs of the 1900s was the "Ständige Vertretung" in Kunsthaus Tacheles, the "Tresor" founded by Dimitri Hegemann in the Leipziger Strasse, the "E-Werk" and most famously

The new free cultural scene brought with it a party culture that knew no closing time—a gift from the Allies to the city.

the nomadic "WMF Club", which resided for a while in the open inner-city wasteland of the war-ravaged and Wall-torn Potsdamer Platz. A little further southeast near the former border strip was the "Planet", one of the first clubs on the banks of the River Spree, which occupied a former soap factory. Today, it houses luxury apartments. The legendary "Cookies", which went through numerous transformations, as well as the "103" and Till Harter's "Tausend Bar" set new culinary trends. This new club culture saw itself as part of the—now gradually rising —population of Berlin and the international, interdisciplinary art scene. Many visual artists, video artists and musicians along with choreographers such as Sasha Waltz and directors such as Tom Tykwer drew their inspiration from this milieu. The Love Parade brought this "social movement" to the entire city in the form of a new "ribbon of love" as a symbolic counterpart to that of the former death strip. Footage of more than a million dancing people on the Strasse des 17. Juni between the Brandenburg Gate and the triumphal column of the Siegessäule went around the world.

The now free cultural scene brought with it a party culture that knew no closing time—a gift from the Allies to the city—with after-hour locations for those who wanted to party on after the night's party. Meanwhile, the temporary, nomadic aspect of the interim use era has since become "institutionalized" with established locations such as the "Berghain", the successor to "Ost-Gut", or the new "Tresor" in the former power station at Berlin

Tacheles, der Tresor von Gründer Dimitri Hegemann in der Leipziger Straße, das E-Werk und vor allem auch das nomadisierende WMF – besonders spektakulär war die offene Fläche am Potsdamer Platz, wo Kriegszerstörungen und Mauerverlauf eine innerstädtische Wüste hinterlassen hatten. Weiter südöstlich am ehemaligen Mauerstreifen war der Planet einer der ersten Clubs, der am Spreeufer das Gebäude einer ehemaligen Seifenfabrik entdeckte. Heute befinden sich hier Luxuswohnungen. Das legendäre Cookies, das durch zahlreiche Transformationsprozesse gegangen ist, wie auch das 103 und die Tausend Bar von Till Harter, setzten wichtige gastronomische Trends. Diese lebendige Clubkultur verstand sich jedoch immer auch als ein Teil der – neuerdings wachsenden – Berliner Bevölkerung und der internationalen, interdisziplinären Kunstszene. Viele bildende Künstler, Video Artists, Musiker, Choreographinnen wie Sasha Waltz und Regisseure wie Tom Tykwer schöpften ihre Ideen aus diesem Milieu. Die Love Parade brachte diese „soziale Bewegung" in die ganze Stadt. Ein neues „Band der Liebe" setzte ein symbolhaftes Zeichen gegen den ehemaligen Todesstreifen. Die Bilder von mehr als einer Million tanzender Menschen auf der Straße des 17. Juni zwischen Brandenburger Tor und Siegessäule gingen um die ganze Welt.

Die neue freie Kultur wurde auch zur „Feierkultur", die keine Sperrstunde kannte – ein Geschenk der Alliierten an die Stadt – und die Afterhour erfand, die Dauerparty, die niemals endet. Das Temporäre der Zwischennutzungsära hat sich mittlerweile buchstäblich „institutionalisiert", mit Orten wie dem Berghain, das aus dem ehemaligen Ost-Gut hervorgegangenen ist, oder dem neuen Tresor im Kraftwerk Mitte, beide im Umfeld der heutigen East Side Gallery. Doch worin unterscheidet sich Berlin von anderen Städten, wenn es um das Nachtleben geht? Reimund Spitzer, einer der Inhaber des Golden Gate, erklärte in einem Interview, das wichtigste Merkmal der Berliner Szene sei, dass es beim Ausgehen nicht um das „Sehen und Gesehen-

Mitte, which are both near the East Side Gallery. What makes Berlin's nightlife different to that of other cities? According to Reimund Spitzer, one of the owners of the "Golden Gate", what's different about the Berlin scene is that going out is not about "seeing and being seen" but, "You go out to get a clear frame of mind. To arrive at an idea. To think about something. For many people in other countries, that's totally unimaginable."

An interesting development is also the rediscovery of the riverside areas along the Spree. In the 2000s, many clubs and cultural locations began to settle at locations directly along the former death strip on the banks of the River Spree and the adjoining districts of Friedrichshain and Kreuzberg, attracting ravers from all over Europe. This influx from far and wide, which had previously only happened with the Love Parade, now defines the scene and the concepts of the different clubs, among them "Arena" and "Club der Visionäre" at Osthafen, "Watergate" at Schlesisches Tor and "Yaam" and "Kater Blau" at Ostbahnhof. The course of the Spree that formerly divided Berlin is now the connecting element between both riverside spaces. A particularly interesting area is the site of the Holzmarkt, the former timber market and wharf, near Ostbahnhof. Twelve years ago, "Bar 25" and

Wagenburg an der St. Michael Kirche
Wagon fort at the St. Michael Church

Werden" gehe: „Man geht feiern, um zu sich selbst zu kommen. Um auf eine Idee zu kommen. Um nachzudenken. Das ist vielen Leuten in anderen Ländern total fremd".

Eine interessante Entwicklung war auch die Wiederentdeckung des Spreeufers. Viele Clubs und Kulturorte begannen sich im Lauf der 2000er Jahre in unmittelbarer Nähe des ehemaligen Todesstreifens an den Ufern der Spree und in den angrenzenden Bezirken Friedrichshain und Kreuzberg anzusiedeln und zogen an den Wochenenden Rave-Touristen aus ganz Europa an. Dieser internationale Zulauf, wie er zuvor nur zur Love Parade stattfand, prägt mittlerweile die Szene und die Konzepte der verschiedenen Clubs. Dazu zählen u.a. die Arena und der Club der Visionäre am Osthafen, das Watergate am Schlesischen Tor, das Yaam und der Kater Blau am Ostbahnhof. Der ehemals trennende Spreelauf ist zur verbindenden Mitte der beiden Uferräume geworden. Ein besonders spannendes Gebiet ist das Areal des Holzmarkts in der Nähe des Ostbahnhofs. Hier entstanden vor zwölf Jahren die Bar 25 und das benachbarte Radialsystem V in einem historischen Pumpwerk. Beide Projekte strahlen gemeinsam auf die ganze Nachbarschaft aus und lösten eine wichtige Debatte um den langfristigen Erhalt von kulturellen Räumen aus. Der Holzmarkt konnte über eine Schweizer Stiftung dank eines Erbpachtvertrags dauerhaft gesichert werden und entwickelt mittels einer „Genossenschaft für urbane Kreativität" ein offenes Dorf am Spreeufer mit Atelierhäusern, Club, Kindertagesstätte, Restaurant, Hotel, Studios und einem kreativen Gründerzentrum. Das Radialsystem V erhält ab 2018 erstmalig eine öffentliche Förderung für den Spielbetrieb und soll als „Ort der Künste und Ideen" langfristig erhalten werden.

Die Mauer stand 28 Jahre lang und ist seit 28 Jahren Geschichte. Im Hier und Jetzt werden die Weichen für die nächsten 28 Jahre gestellt. Berlin erlebt gegenwärtig nach einer Epoche der Transformation und der Krise einen wirtschaftlichen Aufschwung und kann endlich in die Ressourcen investieren, die diese Entwicklung vorangetrieben haben. Die freien Künste und neugegründeten Kulturbetriebe haben neben den traditionellen Institutionen einen großen Anteil daran. Kreativ- und Digitalwirtschaft, Wissenschaft und Technologie haben Berlin zu einem bedeutenden Zukunftsstandort in Europa gemacht. Jetzt gilt es durch eine kluge Stadtentwicklungsstrategie einer ungebremsten Gentrifizierung Grenzen zu setzen und bezahlbare Wohn- und Gewerberäume zu erhalten, um Berlin auch noch im Jahr 2046 als Stadt der Freiheit und tanzenden Träume feiern zu können.

the neighboring "Radialsystem V" set up in a historical pumping station. Both projects benefit the entire neighborhood and have sparked an important debate on the long-term existence of cultural spaces in the city. The Holzmarkt has since been saved for the future with the help of a Swiss foundation and a leasehold agreement, and a "cooperative for urban creativity" now manages the development of an open village adjoining the River Spree with ateliers, a club, a children's nursery, restaurant, hotel, studios and a creative start-up center. In 2018, Radialsystem V will for the first time receive public funding as a performance location, and the intention is to develop it as a "place for arts and ideas" for the future.

The Wall stood for 28 years and has now been history for 28 years. The path for the next 28 years will be decided in the here and now. After a period of transformation and crisis, Berlin is currently experiencing a wave of economic growth and can finally invest in the resources that have helped drive its development. The liberal arts and new cultural initiatives have played a major role in this, alongside traditional established institutions. Creative and digital economies, and science and technology have helped Berlin advance to become an important location in modern-day Europe. What is needed now is a smart urban development strategy that will limit unbridled gentrification in order to maintain affordable living and working conditions so that come 2046, Berlin can still congratulate itself on being a city of freedom and dancing dreams.

INTERVIEW MIT
DANIEL LIBESKIND

INTERVIEW V
DANIEL LIBES

GRAFT: Im Februar 2018 war Deutschland seit 28 Jahren wiedervereinigt – genauso lange wie die innerdeutsche Grenze existierte. Sie wurde errichtet, um Menschen einzusperren und ihnen die Freiheit zu nehmen, zugleich beseitigte sie im Bereich zwischen Mauer und sogenannter Hinterlandmauer sämtliche Zeugnisse des historischen und architektonischen Gedächtnisses. Die Schneise, die die Berliner Mauer durch die gesamte Innenstadt geschlagen hatte, wurde inzwischen auf unterschiedliche Weise wiederaufgefüllt und neu interpretiert, z.B. durch kritische Rekonstruktion – eine weitere Art der Erinnerung, oder besser Nicht-Erinnerung.

Schon vor dem Fall der Mauer integrierten Sie Teile ihrer Geometrie in den Wettbewerbsvorschlag für das Jüdische Museum, das Sie in Berlin unweit der ehemaligen Grenze realisieren konnten. Welchen Grund gab es hierfür und wie hat die Analyse des Bauwerks Mauer Ihren Entwurf und Ihr Denken beeinflusst?

Daniel Libeskind: Die Mauer im Februar 1989 zu zeichnen, vermittelte mir das Gefühl, sie abzureißen. Ich erinnere mich daran, dass ich das Gebäude ganz bewusst sowohl nach Osten als auch nach Westen orientiert habe, anstatt nur einen einzigen, klar erkennbaren Eingang zu schaffen, der natürlich in West-Berlin lag. Bei meinem Vorschlag wäre das Gebäude auch von Osten her zugänglich gewesen, obwohl damals dort noch die Mauer stand. Ich erinnere mich ebenfalls daran, dass ich in der Entwurfsphase gefragt wurde, warum ich es so geplant hätte, und ich sagte: Weil die Mauer nicht immer da sein wird. In gewisser Weise ist der Zickzack der Geschichte auch Teil einer Stadt, deren Topographie durch die Mauer geprägt war. Obwohl das Jüdische Museum nichts mit der Ost-West-Teilung zu tun hat, war die Topographie der Mauer sicherlich etwas, das den Entwurfsprozess mit bestimmt hat.

GRAFT: Unabhängig davon, ob sie vor oder nach dem Mauerfall entstanden – viele Ihrer Projekte und Wettbewerbsbeiträge befinden sich interessanterweise sehr nah an der Mauer. Wie wichtig war die Mauer in diesen Entwürfen, und sprachen die Architekten zu dieser Zeit darüber, dass die Mauer fallen würde und welche Folgen das für die Stadtplanung hätte?

Daniel Libeskind: Im Gegenteil: All diese Projekte, wie etwa die IBA und ähnliche Vorhaben für Ost- und West-Berlin, zeigten eher die Beständigkeit der Situation. Vielleicht eine Woche vor dem Fall der Mauer habe ich mit einem sehr berühmten Historiker gesprochen,

GRAFT: In February 2018, Germany has been reunified for 28 years—exactly as long as the inner German border wall existed. It was a structure built to lock people in and to take away their freedom, but in between the wall and its so-called "hinterland wall", it simultaneously erased all evidence of historical and architectural memory. By now, the space that the Berlin Wall had carved out through the entire inner city has been re-filled and interpreted in many different ways, for example through critical reconstruction—yet another kind of memory, or rather non-memory.

Even before the fall of the Wall, we remember you putting parts of its geometry in your competition proposal for the Jewish Museum, which you built in Berlin not far away from the former border. Why did you do that and how did the analysis of this structure affect the design and your thinking?

Daniel Libeskind: Drawing the Wall in February 1989 felt like demolishing it. I remember deliberately orienting the building both east and west rather than just creating the obvious entry, which was, of course, lying in West Berlin. In my proposal, the building would be accessible from the east as well, even though the Wall was still there. I remember being asked in the process why I would ever do such a thing, and I said: because the Wall will not always be there. In a way, the zigzag of history is also part of the city itself, created by the topography of the Wall. Although the Jewish Museum has nothing to do with the East-West division, the topography of the Wall certainly was an echoing element during the design process.

GRAFT: Interestingly many of your projects and competition entries were located very close to the Wall, before and after its fall. How important was the Wall in these others designs, and were architects at the time talking about the fact that the Wall would be coming down and which repercussions its fall would have on city planning?

Daniel Libeskind: On the contrary, all these projects, like IBA and similar plans in East and West Berlin, were rather showing the permanence of the situation. And in fact, I spoke to a very famous historian maybe a week before the Wall came down, who told me that the inner-German border would not disappear in our lifetime. Right until the end of the GDR, there was a competition to show the face of politics in some way—on both sides of the Wall. The border was a very magnetic line for East and West equally—since even in the "free" part of the

der mir sagte, dass die innerdeutsche Grenze nicht zu unseren Lebzeiten verschwinden würde. Bis zum Ende der DDR gab es auf beiden Seiten der Mauer eine Art Wettbewerb darum, sich politisch präsent zu zeigen. Die Grenzlinie übte dabei auf Ost und West gleichermaßen eine magnetische Anziehungskraft aus – denn selbst im „freien" Teil der Stadt waren wir von der Mauer umgeben und daher eingeschlossen. Damals sah es nicht so aus, als würde sich an diesem Zustand bald etwas ändern.

GRAFT: Die Plötzlichkeit, mit der der Mauerfall die vollkommen unvorbereitete Stadt traf, hatte etwas Magisches – plötzlich mussten sich Politik, Architektur und das öffentliche Leben neu erfinden. Wenn man nun Ihren Vorschlag „City Edge" für den Potsdamer Platz aus dem Jahr 1991 betrachtet, hat man das Gefühl, dass es hier nicht nur um den Entwurf dieses einen öffentlichen Raumes geht, sondern um die Interpretation der Richtung, in die sich die ganze Stadt architektonisch bewegen könnte. Sie behandeln die verschiedenen Ursprünge des städtischen Gefüges – also das barocke Erbe oder die gründerzeitlichen Stadtstrukturen – als zwei Schichten unter vielen anderen, die ebenso wichtig sind. Während andere Architekten nach Strategien suchten, um eine vereinheitlichende, dominierende Identität zurückzugewinnen, schienen Sie eine unsichtbare utopische Vorstellung von Vielfalt zu zelebrieren. War das beabsichtigt?

Daniel Libeskind: Ich betrachtete es als konkreten Vorschlag und nannte es urbane Wildnis. Dieser Ansatz sollte verhindern, dass die Stadt ihre Geschichte auslöschte oder dass sie verfälscht würde durch fiktive Vorstellungen darüber, wie sie angeblich früher war. Insbesondere der Potsdamer Platz war ein Ort voller Geschichte, aus dem sich ein Zentrum formen ließ – ein Raum für die Gesellschaft und ein Wohngebiet, das trotzdem die Anforderungen einer hohen Dichte erfüllte; ein Ort, an dem man wirklich etwas Neues schaffen konnte. Insofern habe ich meinen Entwurf keineswegs als Theorie verstanden. Vielmehr machte er die Spuren einer noch ungeborenen Stadt sichtbar und befreite sie von der Vergangenheit – nicht indem er ihre Vergangenheit auslöschte, sondern indem er dafür sorgte, dass sie sich auf die Wildnis ihrer Geschichte einließ. Die damaligen Stadtplaner machten sich jedoch dafür stark, die Stadt nach den Vorgaben der 1930er Jahre wiederaufzubauen. Doch man kann nicht bis ins Jahr 1933 zurückgehen und die Geschichte ausradieren, so als hätte sie keinen Einfluss auf das Leben der Menschen oder auf das Aussehen der Stadt. Diese Art des Wiederaufbaus von Gebäuden ist völlig anachronistisch.

city, we were still surrounded, hence trapped, bounded by the Wall. The situation didn't seem temporary at the time.

GRAFT: There was a certain magic to the fact that the fall of the Wall hit the city completely unexpectedly—suddenly politics, architecture and public life had to reinvent themselves. Looking at your proposal "City Edge" for Potsdamer Platz in 1991, it looks like more than a design for this specific public area, almost like an interpretation of where the entire city could go architecturally. You treat the different sources of the urban fabric, in particular the baroque heritage and the urban fabric of the *Gründerzeit*, as two layers among many other equally important ones. While other architects were looking for a strategy to unify and regain a dominant identity, you seemed to be celebrating an invisible utopian idea of diversity. Was that intended?

Daniel Libeskind: I intended it as an actual proposal. I called it the urban wilderness—a way that would guarantee that the city would not erase its history or get falsified by virtual ideas of what it supposedly used to be. Potsdamer Platz in particular was an area that was traversed by forces of history and that could actually be made into the center—a social space and a residential core still fulfilling the high-density requirements, a canvas to invent really. So, I didn't mean my proposal as a theory at all. It was uncovering traces of a city that was yet unborn—liberating it from the past by immersing itself in the wilderness of its history, not by erasing the past. City planners at the time, however, had the idea that the city should be rebuilt according to 1930s requirements. But you can't go back to 1933 and erase history as if it had no impact on people's lives or on the shape of the city. This kind of reconstruction of buildings is a totally anachronistic plan.

GRAFT: There was a short period of time after the reunification, when everybody felt that everything was possible, that the future could really be reinvented. A very diverse spectrum of ideas and designs from Zaha Hadid, Peter Eisenman, OMA and even John Hejduk had been planned and realized even before the fall of the Wall, so everybody expected that the positive energy of freedom and reunification was going to be unleashed in architecture as well. However, something completely different happened: all that potential and broad spectrum of ideas, in the end, was funneled down into that one vision of the so-called "critical reconstruction"

GRAFT: Nach der Wiedervereinigung gab es eine kurze Phase, in der jeder das Gefühl hatte, dass alles möglich war, dass man die Zukunft wirklich neu erfinden konnte. Und weil Architekten wie Zaha Hadid, Peter Eisenman, OMA und sogar John Hejduk schon vor dem Fall der Mauer für ein sehr vielfältiges, geplantes und realisiertes Spektrum an Ideen und Entwürfen gesorgt hatten, erwarteten jetzt alle, dass die positive Energie der Freiheit und Wiedervereinigung auch in der Architektur freigesetzt werden würde. Es geschah jedoch etwas völlig anderes: Das gesamte Potenzial und breite Spektrum an Ideen wurde letztlich auf eine Vision verengt, die der sogenannten „kritischen Rekonstruktion".

Warum, glauben Sie, war die auf einem traditionellen Ordnungsrahmen basierende kritische Rekonstruktion in den darauffolgenden Jahren so erfolgreich und warum dominiert sie bis heute die gesamte Debatte? Und wie konnte es passieren, dass das kulturelle Erbe des Bauhauses und der Moderne und ihrer Erfolge nach 1989 in Berlin so in Verruf kam?

Daniel Libeskind: Es ist schwer zu verstehen, warum die kritische Rekonstruktion eine so weite Verbreitung fand, dass sie die mögliche Weiterentwicklung Berlins für viele Jahre unterdrückte und ihre Schatten noch heute zu sehen sind. Ein prominentes Beispiel hierfür ist der Wiederaufbau des Berliner Schlosses – eine Entscheidung, die die Stadt eines Tages heimsuchen wird. Die kritische Rekonstruktion war eine reaktionäre Ideologie, die die Stadt direkt ins Jahr 1933 zurückbringen wollte und dabei so tat, als gäbe es keine anderen Bezugspunkte. Nach meiner Wahrnehmung ist dies misslungen, weil die Menschen, die Geschichte und die Kultur einfach nicht so sind. Komplexe Zusammenhänge lassen sich nicht einfach durch die Rekonstruktion von Straßen verändern.

Letztlich war die kritische Rekonstruktion eine einfache Formel mit einer in die Vergangenheit gerichteten Vision. Man kann aber nicht die Komplexität der Stadt akzeptieren und dann alte Planungen hernehmen, um danach zu bauen.

Zur Durchsetzung einer solchen Idee bedarf es einer mächtigen Regierung. In Berlin war das Amt des Stadtbaudirektors damals mächtiger als das des Bürgermeisters und so gelang es durch die Besetzung dieser Position, die Ideologie der kritischen Rekonstruktion zur offiziellen Richtlinie der Stadt zu erklären. Es ging also weniger um einen echten intellektuellen

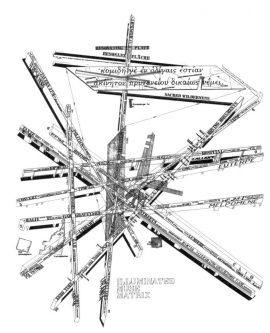

Daniel Libeskind: Out of Line, Potsdamer/ Leipziger Platz, „Illuminated Muse Matrix"- Zeichnung, 1991 Daniel Libeskind: Out of Line, Potsdamer/Leipziger Platz, "Illuminated Muse Matrix", drawing, 1991

Why, do you think, in the following years critical reconstruction, an approach that preferred the traditional framework of rules, was so successful and still dominates the entire debate even today? How do you think the cultural heritage of Bauhaus and modernity and its successes could become so discredited as we have witnessed it in Berlin since 1989?

Daniel Libeskind: It is hard to understand why critical reconstruction became so prevalent. It oppressed the possible development of Berlin for many years, and you can still see its shadows today. One prominent example is the reconstruction of the Schloss in Berlin, a decision that will come to haunt the city in the future. Critical reconstruction was a reactionary ideology that wanted to bring the city right back to 1933 and pretend that there was no other reference point. In my perception, it didn't succeed because people, history and culture are not like that. These complex correlations cannot simply be manipulated by the reconstruction of streets.

In the end, critical reconstruction was a simple formula, with a retro-vision. One cannot take the complexity of a city and use old plans and start building accordingly.

Dialog als vielmehr um eine Frage der Macht, und Macht wurde hier sehr autoritär und ohne nennenswerte öffentliche Beteiligung ausgeübt.

Ich war wirklich überrascht, dass sich angesichts der nur ein paar Jahre zuvor entstandenen architektonischen Vielfalt nur sehr wenige Architekten und Intellektuelle dagegen aussprachen. Berlin ist ein eminent kosmopolitischer, internationaler Ort, an dem Menschen aus der ganzen Welt avantgardistische Architekturkonzepte schaffen und umsetzen. Dennoch drehte sich gleich alles um die Gründerzeit und absurde Nachahmungen derselben.

Durch den Versuch, die Stadt wieder zu dem zu machen, was sie in den 1930er Jahren war, diskreditierten die Vertreter der kritischen Rekonstruktion alles, was sich dazwischen ereignet hatte – gerade so, als ob es die kühnen Architekturen von Mies van der Rohe oder Hans Scharoun niemals gegeben hätte oder niemals hätte geben sollen. Und zugleich auch so, als hätte es keine Katastrophe gegeben, keinen Holocaust, keinen Abgrund, und keine Leere in Berlin.

GRAFT: Kurz nach dem Fall der Mauer gab es kaum jemanden, der nicht ihre physische Präsenz zum Verschwinden bringen wollte. Heute, 28 Jahre später, stehen die letzten Fragmente unter Denkmalschutz, und die Menschen bauen Museen darum herum. Wie wichtig ist der Aspekt der Zeit in diesem Prozess?

Daniel Libeskind: Zeit ist sehr wichtig, weil sie unsere Wahrnehmung von Ereignissen verändert. Menschen mit dem autoritären Wunsch nach sofortigen Veränderungen sind auf lange Sicht immer eines Besseren belehrt worden. Das gilt z.B. für Warschau, wo ich gerade direkt neben dem Kultur- und Wissenschaftspalast, der einst „Kultur- und Wissenschaftspalast Josef Stalin" hieß, ein Wohnhochhaus gebaut habe. Zuerst wollten die Leute den Palast auf jeden Fall abreißen, doch am Ende stimmten sie zu, ihn als Teil der Geschichte stehen zu lassen und mithilfe von Restrukturierungsmaßnahmen für mehr städtisches Leben an diesem Ort zu sorgen. Grundidee war es, die Menschen ins Stadtzentrum zu bringen, mein Projekt Złota 44 steht auf einem der besten Grundstücke Warschaus.

Die Menschen müssen lernen, mit diesen Katastrophen der Geschichte

In order to impose such an idea, you need a powerful government. In Berlin, the *Stadtbaudirektor* (Director of City Planning) at the time was even more powerful than the mayor. So, by virtue of occupying that position, they managed to declare this ideology as the official practice of the city. It was basically a question of power and not an actual intellectual dialog—and power here was exercised in a very authoritative way without much public input.

I was actually surprised how few architects and intellectuals spoke up against it, given the diversity of architecture produced just a few years before. Berlin is really a cosmopolitan, international place with people from all around the world experimenting and creating avantgarde architecture. It went right back to the *Gründerzeit* though and all these mockeries.

By trying to bring the city back to what it was like in the 1930s, they discredited everything that happened in between—as if the Mies buildings or Hans Scharoun's architecture, those brave worlds, had not or should have never happened. And simultaneously, as if there had been no catastrophe, as if there had been no Holocaust, no abyss, no void in Berlin.

GRAFT: Right after the Wall came down, everybody wanted its physical reality to disappear. And now, 28 years later, the last remaining fragments are listed buildings with people building museums around it. How important is the aspect of time in this process?

Daniel Libeskind: The aspect of time is very important because it changes our perception of events. People who have a rather authoritarian idea of instant transformation, over and over are proven wrong in the long run. This applies to Warsaw for example, where I just built a high-rise residential next to the Palace of Culture and Science, originally known as the Joseph Stalin Palace of Culture and Science. People definitely wanted to tear it down, but in the end, they agreed to leave it as part of the history, but to restructure the space with more urban life. The general idea was to bring people to the center of the city, because Złota 44 is standing on one of the best pieces of land.

People have to be able to deal with these disasters of history and understand that the memory of history cannot be obliterated. Whatever the memory is, you can't just pretend it never happened. And that holds true for East and West in Germany for sure

umzugehen und verstehen, dass man die Erinnerung an die Geschichte nicht tilgen kann. Um welche Erinnerung es dabei auch immer geht, man kann nicht einfach so tun, als wäre nichts passiert. Und das gilt ganz sicher auch für Ost und West in Deutschland.

GRAFT: Über Hans Kollhoffs und Ihr Städtebaukonzept für den Alexanderplatz wurde viel gesprochen. Sie sagten einmal, dass Kollhoff den Wettbewerb gewonnen hat und den Bebauungsplan erstellen wird, doch dass der Alexanderplatz nach 15 bis 20 Jahren eher so aussehen wird wie in Ihrem Entwurf – und die Geschichte hat Ihnen Recht gegeben. Was hat Sie so sicher gemacht, dass die Idee eines Gestaltungsdogmas in Berlin nicht erfolgreich sein würde?

GRAFT: Much has been said about Kollhoff's design in comparison to your urban strategy for the Alexanderplatz. You once said that Kollhoff had won and would be defining the development plan but that after 15 to 20 years the Alexanderplatz would be looking more similar to your scheme—and history proves you right. What made you so certain that the idea of stylistic dogma would not succeed in Berlin?

Daniel Libeskind: My idea for the Alexanderplatz was to gradually improve the buildings and urban spaces by bringing recreation, culture and a better sense of public life to it, a kind of homeopathic approach—instead of destroying the existing architectural and cultural history.

Daniel Libeskind: City Edge, „Joyce"-Modell, 1987
Daniel Libeskind: City Edge, "Joyce" model, 1987

11

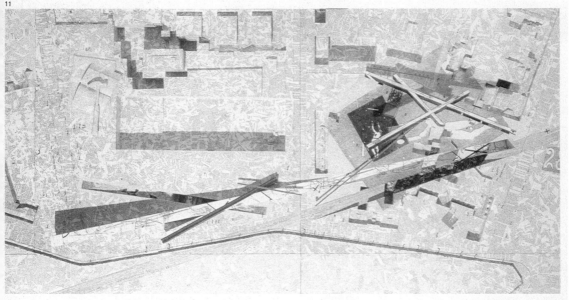

12

Daniel Libeskind: Alexanderplatz, Modell, 1993   Daniel Libeskind: Alexanderplatz, model, 1993

Daniel Libeskind: Meine Idee für den Alexanderplatz war, die Gebäude und Stadträume durch mehr Freizeit- und Kultureinrichtungen anzureichern und so für mehr öffentliches Leben zu sorgen – also eine Art homöopa- thischen Ansatz zu wählen, anstatt die existierende archi- tektonische und kulturelle Geschichte zu zerstören. Hier musste man keine Gebäude abreißen und die Macht der Politik demonstrieren. Es ging – erneut – darum, ein neues Zentrum von Berlin zu bauen. Niemand hatte ernsthaft die Absicht, Tabula rasa zu machen, obwohl dies vom Architekten vorgeschlagen wurde. Mein Vorschlag war vernünftiger. Er war inspiriert von Alfred Döblins Idee eines Ortes, der für die arbeitenden Menschen da ist – und nicht für die Planer, Architekten oder Politiker – und ich finde, genau so hat der Platz sich auch entwickelt. Niemand hat Gebäude abgerissen, ob- wohl der Bebauungsplan auf Kollhoffs Entwurf basiert.

GRAFT: Was denken Sie, wie sehr war die ostdeutsche Architektur – und vielleicht gilt das sogar für sozialis- tische Gestaltungskonzepte generell – dazu verdammt, mit einem gescheiterten Regime in Verbindung gebracht zu werden, das für eine unmenschliche Unterdrückung verantwortlich war?

You didn't have to tear down buildings and show the invasive powers of politics. All over again, it was about building a new center of Berlin. No one had any intention really to start all over from tabula rasa, even though that was proposed by the architect. My proposal was more reasonable. It was inspired by Alfred Döblin's idea of a place for the working people, and not for planners, architects or politicians, and I think that's exactly what has happened. Nobody tore down buildings, although the development plan is based on Kollhoff's proposal.

Daniel Libeskind: In der Tat wurde diese Verknüpfung gemacht. Doch wenn man sich die Gebäude in Ost-Berlin einmal genauer ansieht, z.B. am Alexanderplatz, dann erkennt man, dass sie gar nicht so viel anders sind als Gebäude in Rotterdam oder in anderen Städten Europas. Die meisten basieren auf modernistischen Ideen, die sich nicht von denen unterscheiden, die damals in New York aktuell waren. Architektur und Ideologie in einen Topf zu werfen, kann gefährlich sein, wenn man einfach nur ein Bild betrachtet und etwas als modern, alt, demokratisch oder autoritär einordnet, architektonisch aber gar nichts gegen diese Gebäude einzuwenden ist. Sie sind stets mehr als nur Ideologie – sie verkörpern auch die Wirtschaft und Gesellschaft und sind Spuren der Geschichte.

GRAFT: Wir sehen zurzeit immer mehr Architekten und Menschen, die versuchen, die Stadt neu zu bauen und zu verbinden. Einige der dabei entstandenen Projekte sind große Erfolge. Zugleich nehmen wir wahr, dass Berlin und Deutschland noch immer geteilt sind – sozial, wirtschaftlich, kulturell. In vielen Statistiken ist die Mauer nach wie vor zu erkennen. Beim Abbauen der Mauer geht es um wesentlich mehr als nur um das Zerschlagen einzelner Teile. Glauben Sie, dass die Architektur in diesem Prozess eine entscheidende Rolle spielen kann?

Daniel Libeskind: Ich stimme Ihnen völlig zu. Man kann behaupten, die Stadt wieder zu verbinden – durch den Abriss alter und den Bau neuer Mauern. Doch die Mauern, die in den Köpfen der Menschen bleiben, lassen sich nicht einfach ausradieren. Einer der Gründe, warum dies nie funktioniert, ist die Tatsache, dass so manche augenscheinliche Verbindung in Wahrheit eine Trennung ist, während bestimmte Arten der Trennung eher eine Verbindung sind. Ich bin der Meinung, dass all diese Versuche, die Stadt auf einfache Weise neu zu verbinden, einfach nur raumgewordene Übungen, aber keine Architektur waren. Sie lieferten physisch greifbare Belege: dass man wieder auf einer Straße über die ehemalige Grenze fahren kann, dass man die Fassade eines Gebäudes bauen oder irgendwo eine Ampel aufstellen kann. Doch das hat absolut nichts mit der Verbindung von Erinnerungen und Geschichte auf gesellschaftlicher Ebene zu tun. Wenn man sich die Erinnerungen der Menschen oder ganzer Generationen nicht bewusst macht, dann kann man gar nicht anders, als eine verfälschte Sichtweise zu schaffen, die von außen vielleicht gut aussieht, im Inneren aber zerfallen wird.

GRAFT: How much, do you think, East German architecture, let's say socialist design in general, was condemned to be associated with a regime that failed and was responsible for inhumane oppression?

Daniel Libeskind: It was deemed so. But if you really look at those buildings in East Berlin, for example at the Alexanderplatz, they are not so different from buildings in Rotterdam and other cities all over Europe. Most of them are based on a modernist idea, no different from what happened in New York at that time. Lumping architecture with ideology can be a dangerous thing if you just look at a picture and say whether something is modern, old, democratic or authoritarian, when architecturally, there is nothing wrong with these buildings. They are always more than just ideology, they are also economy, society and traces of history.

GRAFT: We are currently seeing more and more examples of architects and people trying to rebuild and reconnect the city. Some of these projects are big successes. But we are also aware of the fact that Berlin and Germany are still divided—socially, economically, culturally. In many statistics, the Wall is still there. Unbuilding the Wall takes much more than tearing down its pieces. Do you believe that architecture can play a vital role in this process?

Daniel Libeskind: I completely agree—you can pretend to have reconnected the city by demolishing old walls and building new ones. But you cannot erase the walls that remain in people's minds. One of the reasons why this never works is because sometimes the obvious connection is actually a disconnection. Whereas a certain way of disconnection is a connection. So, I believe, that all those exercises of simply reconnecting the city were really just exercises in physics, not in architecture. They were proofs in physical terms: proof that you can continue a street across the former border again, build the front of a building or put a traffic light somewhere. But that has absolutely nothing to do with socially connecting memories and history. If you are oblivious to the memory of people though, of generations even, then you are bound to create a falsified view that might look fine on the outside, but it will crumble on the inside.

The connection that was made between East and West after the reunification was a surface connection, and many current political developments are linked to this lack of association, like the return to the right-wing vote

Die nach der Wiedervereinigung zwischen Ost und West hergestellte Verbindung war eine oberflächliche Verbindung, und viele aktuelle politische Entwicklungen sind mit diesem fehlenden Zusammenhalt verknüpft – z.B. die steigende Zahl rechter Wählerstimmen und die Absage an die Parteien der Mitte bei den letzten Wahlen in Deutschland. In gewisser Hinsicht war dies unvermeidlich, denn die Wahrheit ist die Tochter der Zeit. Die rücksichtslose Idee, eher Kontinuität aufzuerlegen und die Wahrheit zu verfälschen statt Diskontinuitäten aufzuzeigen, hat die Gefühlslagen jener Menschen hervorgerufen, die sich heute abgezockt fühlen. Sie kommen sich vor, als seien sie Teil einer Art Übung geworden, anstatt als Bürger mit einer Geschichte ernst genommen zu werden.

GRAFT: International diskutieren wir mehr über Mauern als je zuvor. Denken Sie, dass wir etwas aus dem Berliner Beispiel lernen können?

Daniel Libeskind: Ja, ich denke schon. Dennoch würde ich sagen: Die Operation war erfolgreich, aber dem Patienten geht es nicht gut. Dabei möchte ich klarstellen, dass Berlin wunderschön und fantastisch ist. Die Stadt hat Energie und bewegt sich vorwärts. Aber es gibt auch eine lauernde Leere, die nicht der provokativen und faszinierenden Stadt entspricht, die ihre Stärke und Kraft aus ihrer Geschichte bezieht. Vielleicht wird es bald eine Zeit geben, in der eine neue Übereinstimmung darüber entsteht, dass Gebäude nicht einer Ideologie entsprechen müssen. Architektur muss keine politische Übung sein, sie kann sich den Menschen zuwenden und auf die menschlichen Wünsche und Bedürfnisse eingehen.

GRAFT: Was wird Ihrer Meinung nach in Zukunft die Architektur Berlins bestimmen: der politische Kampf oder die Initiativen der Menschen?

Daniel Libeskind: Nun, ich persönlich hoffe ja, dass die gemeinschaftlichen Initiativen mehr Widerhall bei den Behörden finden, denn hier liegt die kreative Energie Berlins. Sie liegt nicht in der Bürokratie und Technokratie, sondern in den Händen interessanter Leute.

and the rejection of the mainstream in the last elections in Germany. In a way, this was inevitable because truth is the daughter of time. The aggressive notion that you can impose continuity and falsify truth, rather than expose discontinuity, has led to this kind of state of mind by people who feel that they have been ripped off. They feel that they have been made into some kind of an exercise, rather than been taken seriously as citizens with a history.

GRAFT: Internationally we're discussing more walls than ever before. Do you think anything can be learned from the Berlin example?

Daniel Libeskind: I think yes, although I would say the operation was successful, but the patient is not well. I want to clarify though that Berlin is beautiful and fantastic. It has energy and it is moving forward. But there is a lurking emptiness also, that doesn't seem like the provocative and fascinating city that draws its strength and power of its history. Maybe soon there will be an era where there's a new sense that buildings don't have to conform to ideology. Architecture doesn't have to be a political exercise, it can be turned towards people based on human desires and needs.

GRAFT: What, do you think, will define the architecture of the future of Berlin: political struggle or people's initiatives?

Wie ich bereits erwähnt habe, entwickelt sich die Tatsache, dass die Menschen aus dem Osten nicht wirklich in den Wiederaufbau der Stadt einbezogen wurden, immer mehr zum Problem. Warum waren sie an keiner dieser Entscheidungen beteiligt? Stattdessen verkaufte eine Organisation wie die Treuhand Immobilien an private Investoren. Es ist nicht gut, wenn man Menschen in einer Demokratie entrechtet, wenn man ihnen ein oberflächliches Mitspracherecht gibt, sie dann aber nicht richtig in den Diskurs involviert und auch nicht ihre Standpunkte hört. In die Zukunft gedacht, ist Architektur durchaus in der Lage, die Menschen viel mehr in die Auseinandersetzungen der Geschichte und deren Interpretation mit einzubeziehen. Diese Auseinandersetzungen sind etwas sehr Wesentliches; sie verhindern, dass Gebäude zu einer falschen, erlösenden Vorstellung von Geschichte werden; sie erzeugen zugleich eine Geschichte, die unsere Zeit vollständig widerspiegelt. Wenn über Mauern gesprochen wird, fallen mir die *Ilias* von Homer und das Trojanische Pferd ein. Es gibt viele Möglichkeiten, Mauern zu durchbrechen – eine gute Idee ist eine davon.

Daniel Libeskind: Well, I personally hope that the communal initiatives will resonate more with public authorities, because this is where the creative energy of Berlin really lies. It's not in the bureaucracy and technocracy, it's in the hands of interesting people.

As I mentioned earlier, the fact that people from the East were not really empowered to participate in the reconstruction of the city is becoming a problem. Why were they not part of any of these decisions? Instead, an organization like the *Treuhand* (Trust Agency) sold the properties to private investors. It's bad when you disenfranchise people in a democracy, when you give them an explicit surface right, but you don't really involve them in the discourse and hear their points of view. In the future, architecture can involve people much more in the conflict of history, of interpretation. Because this conflict is something vital, that prevents buildings from becoming a fake, redemptive idea of history, and creates a history that is fully reflective of our time. When talking about walls, the *Iliad* of Homer and the Trojan horse come to mind. There are many ways you can breach a wall, with a good idea for example.

Daniel Libeskind: City Edge, „Cloud Prop"-Modell, 1987   Daniel Libeskind: City Edge, "Cloud Prop", model, 1987

INTERVIEW MIT BRUNO FLIERL

INTERVIEW WITH BRUNO FLIERL

GRAFT: Was war Ihre Rolle bei der Neubebauung des Pariser Platzes?

Bruno Flierl: Ich war 1993 von Senatsbaudirektor Hans Stimmann aufgefordert worden, zusammen mit dem West-Berliner Architekten Walter Rolfes, den ich gar nicht kannte, mit dem ich mich aber ganz wunderbar verstand, eine städtebaulich-architektonische Gestaltungskonzeption für die Neubebauung des Pariser Platzes auszuarbeiten, der im Bombenkrieg zerstört und im geteilten Berlin – gelegen in Ost-Berlin – bis auf das Brandenburger Tor noch nicht wieder neu aufgebaut worden war, und zwar wegen seiner Grenznähe zu West-Berlin. Die von uns erwartete Konzeption sollte kein Vorentwurf sein, sondern ein Regelwerk mit Vorgaben, worauf doch bitte schön zu achten sei beim nun anstehenden Neuentwurf und Neubau des Ensembles Pariser Platz. Das Ziel war die Unterstützung der eigenständigen schöpferischen Arbeit der Architekten.

Walter Rolfes machte für die Gestaltung der Fassaden die Vorgabe, dass alle Gebäude auf den traditionellen Grundstücken wie früher nach dem Wand-Loch-Prinzip als Teile zusammenhängender Platzwände errichtet werden sollten, wobei keine Öffnung größer sein sollte als die kleinste Öffnung des Brandenburger Tores. Ich habe mich mit den neu zu errichtenden Gebäuden in ihrem Zusammenklang hinsichtlich der Höhengliederung befasst, die – wie ich durch Analyse der alten historischen Bebauung ermittelte – trotz differenter architektonischer Fassaden so sein sollte wie früher: allesamt untereinander und insgesamt abgestimmt auf die Höhen des Brandenburger Tores. Mehr Vorgaben für die Gebäude am Platz machte ich nicht. Aber zur Wiederherstellung

GRAFT: What was your role in the rebuilding of the Pariser Platz?

Bruno Flierl: In 1993, I was asked by Hans Stimmann, Director of the Senate Department of Urban Development, to work together with the architect Walter Rolfes from West Berlin, who I had not met until then but quickly got on well with, to draw up an architectural design concept for the rebuilding of the Pariser Platz which had been heavily bombed during the war. In divided Berlin it lay in East Berlin and, with the exception of the Brandenburg Gate, had not been rebuilt due to its direct proximity to West Berlin. The concept we were commissioned to deliver was not a preliminary design but rather a design framework, a set of rules that should be observed when developing new designs and new buildings for the ensemble of the Pariser Platz. The aim was to provide guidelines from which architects could develop their own designs.

Walter Rolfes devised a principle for the façades in which all buildings on the traditional plots should be walls perforated with window openings as they were in the past so that together they would create continuous walls enclosing the Platz. No window should be larger than the smallest opening in the Brandenburg Gate. My part was to consider the height and vertical elaboration of the new buildings and how they appear in combination, which I derived by analyzing the old historical buildings. The intention was, despite different architectural compositions, to re-create the earlier configuration: the heights should be consistent among the buildings, and all should remain beneath the height of the Brandenburg Gate. I made no further stipulations

der alten Raumwirkung des historischen Platzes gab ich noch vor, die neuen Gebäude entlang der Behrenstraße südlich und der Dorotheenstraße nördlich des Pariser Platzes nur so hoch zu bauen, dass sie vom Platz aus nicht zu sehen wären. Darüber hinaus konnte jeder seinen eigenen Vorschlag zur architektonischen Gestaltung der einzelnen Parzellen am Platz realisieren.

Alle diese Vorgaben sind realisiert worden, nachdem Hans Stimmann sie akzeptiert und zum Senatsbeschluss erhoben hatte. Nur einer machte nicht mit: Günter Behnisch, Architekt des Neubaus für die Akademie der Künste, Pariser Platz 4. Er lehnte jegliche Vorgaben für seine baukünstlerische Arbeit grundsätzlich ab und realisierte für das Akademie-Gebäude eine gläserne Außenwand à la Mies van der Rohe, die aus der „festen" Wand des Pariser Platzes herausfällt und zum „Spiegel" ihrer städtebaulichen Umgebung wird.

GRAFT: Nachdem es im geteilten Berlin jahrelang üblich geworden war, dass Ost- und West-Berliner Stadtpläne den jeweils anderen Teil immer nur „weiß" darstellten, entstand 1989 eine erste kombinierte Darstellung von ganz Berlin als Montage aus dem Flächennutzungsplan West und dem Generalbebauungsplan Ost. Wie kam es dazu?

Bruno Flierl: Manfred Zache, Leiter der Generalbebauungsplanung Berlin-Ost, hatte für eine Berlin-Ausstellung im Herbst 1989 in Moskau West-Berlin wie üblich weiß dargestellt, als er von Günter Schabowski, als Vorsitzender der SED-Bezirksleitung Berlin verantwortlich für die besagte Ausstellung, den Auftrag erhielt, West-Berlin nicht einfach weiß, sondern mit eigenem West-Stadtplan darzustellen. Die Begründung war: Wenn der Staatspräsident der UdSSR Gorbatschow vom Haus Europa redet, dann sollten wir in der geteilten Stadt Berlin mitten in Europa nicht weiterhin auf beiden politischen Seiten Teile des anderen weiß lassen. Wir jedenfalls nicht. So kam es also zur Montage des aktuellen Generalbebauungsplans von Berlin-Ost und des Flächennutzungsplans von Berlin-West aus den späten 1980er Jahren.

GRAFT: Also kurz vor dem Mauerfall im Oktober 1989?

Bruno Flierl: Genau: vier bis sechs Wochen zuvor. Das muss man sich mal vorstellen! Schabowski hat in der Moskauer Ausstellung das weiße Feld West-Berlin herausgenommen und gesagt, zum Haus Europa gehören wir beide, die DDR und die Bundesrepublik und

for the buildings on the Platz itself, only for the buildings along the Behrenstrasse south and the Dorotheenstrasse north of the Pariser Platz, which should not be visible from within the Platz to ensure the original spatial impression was maintained. Building on these guidelines, the architects could propose their own designs for the respective plots around the Platz.

All of these guidelines came into effect after Hans Stimmann accepted them and ratified them as a Senate resolution. Only one architect didn't play along: Günter Behnisch, the architect of the new building for the Academy of Arts at Pariser Platz 4. He refused to accept any stipulations for his design and created a glass frontage in the style of Mies van der Rohe for the Academy building, which as the only building not presenting a "solid" wall to the Pariser Platz acts as a "mirror" to its urban surroundings.

GRAFT: During the years of division, it became common practice in the plans of East and West Berlin to show the respective other side of the city simply as a "white" area. In 1989 the first combined plan of the whole of Berlin was created as a montage of the Land-use Plan for West Berlin and the General Development Plan for East Berlin. How did that come about?

Bruno Flierl: Manfred Zache, Director of the General Development Planning Department for East Berlin, drew a plan for an exhibition on Berlin in Moscow in the fall of 1989 that left West Berlin white as usual. However, Günter Schabowski, who as head of the SED Directorate for Berlin was responsible for the exhibition, asked him not to leave West Berlin simply white but show its city plan. The reasoning was: when the President of the Soviet Union, Mikhail Gorbachev, speaks of the "House of Europe", the divided city of Berlin in the heart of Europe should be shown in its entirety and not with the respective other political side blanked out. At least we shouldn't. Consequently, a map was drawn that showed a montage of the current General Development Plan for East Berlin and a Land-use Plan for West Berlin from the late 1980s.

GRAFT: So that happened shortly before the fall of the Wall in October 1989?

Bruno Flierl: Exactly: four to six weeks beforehand. Think about it for a moment! Schabowski had the blank

das in Ost und West geteilte Berlin, davon müssen wir ausgehen. Er hat nicht gesagt, wie es weitergeht. Er hat nur gesagt, das ist Fakt. Zum Haus Europa gehört die Teilung Deutschlands und Berlins. Und er hat daraufhin von Zache die Montage der Stadtpläne Ost und West in Berlin anfertigen lassen.

GRAFT: Was geschah nach dem Fall der Mauer mit den Stadtplanern der DDR?

Bruno Flierl: Die Stadtplaner in der DDR waren bei den staatlichen Planungsämtern und Organisationen der leitenden politischen Institutionen der Bezirke und Städte, in Berlin-Ost beim Magistrat untergebracht. So gut wie kein Stadtplaner der DDR hat nach der Vereinigung 1990 Arbeit bekommen in Stadtplanungsbüros der Bundesrepublik und West-Berlins, wegen zu großer Nähe zum DDR-Staat. Das war die Rache der Sieger. Unglaublich heute, aber es war so. Das heißt, eine erfahrene, gut ausgebildete, politisch denkende und mit der DDR-Soziologie der Stadt und des Städtebaus, aber auch mit der realen Lebensweise der DDR-Bürger sehr vertraute Berufsschicht verschwand.

GRAFT: Wie funktioniert die heutige Aneignung des ehemaligen Mauerstreifens?

Bruno Flierl: Die Aneignung entwickelt sich, indem einzelne oder mehrere private Interessenten angebotene Funktionen eines Ortes wahrnehmen. Und die Funktionen entwickeln sich nur, wenn es Interessenten gibt. Es benötigt dafür phantasievolle Macher, die alles auf dem neuesten Stand halten, und interessierte Besucher, die den Ort für sich in Besitz nehmen. Nicht materiell, sondern ideell, als Ort ihres Lebens in der Stadt. Was sie da finden, weiß ich allerdings nicht. Ich weiß nur, dass die Stadt und ihre öffentlichen Organe keine Ideen und keine ökonomischen Mittel haben, aus dem Mauerstreifen, besonders aus dem sogenannten Mauerpark zwischen den Stadtbezirken Prenzlauer Berg (ehemals Ost) und Wedding (ehemals West), etwas Sinnvolles auch für eine qualitativ nachhaltige, innere Vereinigung der Berliner aus Ost und West zu machen. Für mich bleibt die sozial-kulturelle Aneignung des Mauerstreifens insgesamt eine noch zu leistende Aufgabe.

GRAFT: Was sind die Aufgaben und Schwierigkeiten im Berliner Umgang mit der Geschichte?

Bruno Flierl: Die Tradition auf neue Weise aufleben zu lassen, sie umzucodieren, auch umzubauen, aber

area of West Berlin replaced for the exhibition in Moscow, effectively saying: both the GDR and the Federal Republic, including East and West Berlin, are part of the house of Europe, this is a fact we must work with. He didn't say where things were going to go from there. He only said: it is fact. The division of Germany and Berlin is part of the house of Europe. And that's why he asked Zache to create a montage of the city plans of East and West Berlin.

GRAFT: What happened to the town planners in the GDR after the fall of the Wall?

Bruno Flierl: Town planners in the GDR worked in the state planning offices and other organizations attached to the main political institutions of the districts and cities. In East Berlin that was the Magistrat, East Berlin's City Council. After reunification in 1990, virtually none of the town planners in the GDR found work in urban design or town planning offices in the Federal Republic or West Berlin. They had been simply too close to the GDR regime. That was the revenge of the victors. That sounds unbelievable today, but that was how it was. As such, an entire generation of experienced, well-educated, politically aware professionals with excellent knowledge of the sociology of the city and town planning in the GDR, and of the real living conditions of GDR citizens, simply disappeared.

GRAFT: How is the former border strip of the Wall being appropriated today?

Bruno Flierl: The process of appropriation begins when individual or multiple private parties start to make use of the functions a place offers. And those functions only develop when people are interested in them. It requires imaginative makers and doers who keep everything up to date along with interested visitors that begin to take possession of a place. Not in material terms but psychologically, as a place that becomes part of their lives in the city. What they find there, what it means to them, I can't say. What I do know is that the city and its public organs have neither the ideas nor financial means to make something sensible out of the former border strip, especially the so-called Mauerpark between the districts of Prenzlauer Berg (formerly East Berlin) and Wedding (formerly West Berlin), that can facilitate and promote true, lasting inner unification between Berliners from the East and West. The socio-cultural appropriation of the former border zone is an aspect that I think we still need to do more to achieve.

als Spur der Geschichte auch stehen zu lassen und zu erinnern, das ist immer ein gewagter Schritt. Die einen sinken in das Lob der Vergangenheit ab und die anderen zerstören sie, vor allem die jüngste Vergangenheit, aus Rache und dummem Siegergehabe. Heute gibt es eine klare Rollenverteilung: Die Westdeutschen spielen die Siegerrolle. Und wir Ostdeutschen sollen die Verliererrolle spielen. Und dabei waren wir allesamt eigentlich Opfer und zugleich Mittäter des Kalten Krieges, den sich die Großmächte – als ehemalige Alliierte im Kampf gegen Nazi-Deutschland – nach dem heißen Krieg untereinander geleistet haben.

Wir brauchen, das ist meine Grundthese, eine Konzeption, wie wir Deutschen uns innerlich vereinen wollen und wie wir das am besten auch schaffen. Die administrative Montage zweier Staaten als Beitritt des einen zum anderen konnte 1990 doch nur ein Anfang sein. Aber wir sind inzwischen noch immer keine innerlich vereinten Deutschen und Berliner! Ich jedenfalls spüre davon noch nicht allzu viel. Im Gegenteil: Manchmal komme ich mir vor, als wenn ich als Bundesbürger nur in einer um die ehemalige DDR größer gewordenen alten Bundesrepublik Deutschland und als Berliner in einem um Ost-Berlin größer gewordenen alten West-Berlin leben würde. Das gesellschaftliche Subjekt in Deutschland und in Berlin heute ist noch immer nicht gleichwertig Ost-West-/West-Ost-bestimmt.

Natürlich bin ich froh, dass wir auf dem Weg zur deutschen Einheit sind. Dabei sollte uns freilich bewusst sein, dass das Ziel auf diesem Weg nicht die *Wieder*vereinigung, sondern die *Neu*vereinigung von uns Deutschen ist. Um aber zum *Neuen in Einheit* gelangen zu können, sollten wir erkennen, was uns getrennt hat, was wir getrennt voneinander gedacht und getan haben und was wir uns beide in Ost und West/West und Ost heute wert sind für eine gemeinsame gesamtdeutsche Zukunft: in Europa und in der Welt. Und die muss in der Gegenwart anfangen.

Die administrative Montage zweier Staaten als Beitritt des einen zum anderen konnte 1990 doch nur ein Anfang sein.

The administrative piecing together of two states in which one joins the other, as happened in 1990, can only be the beginning.

GRAFT: What are the tasks and difficulties that Berlin faces when dealing with its history?

Bruno Flierl: Reviving a tradition in a new form, recoding it, transforming it into something new while still leaving it as a trace of history to remember is always a bold strategy. Some wallow in the praise of history while others destroy it, especially the recent history, out of a short-sighted sense of revenge and victory. Today there is a clear distribution of roles: the West Germans are the victors and we East Germans are supposed to play the role of the losers. In actual fact, all of us are victims of, but also accomplices in, the Cold War that the superpowers—formerly allies in the fight against Nazi Germany—continued among themselves after the "hot war" was over.

What we need, and this is my fundamental point, is a concept for how we Germans can reach a sense of inner unity, and how we can best achieve that. The administrative piecing together of two states in which one joins the other, as happened in 1990, can only be the beginning. Today, however, we still don't see ourselves as united Germans and Berliners! At least, I don't see much evidence of that. On the contrary: sometimes I feel as if I am citizen of the former Federal Republic of Germany that now encompasses the territories of the former GDR and live in a larger West Berlin that now also encompasses East Berlin. The social subject in Germany and in Berlin today is still not equal in its East-West and West-East definition.

I am, of course, glad that we are well on the way towards German unity. But we should also be aware that the aim here is not *re*unification but a *new* unification of the German people. To achieve a *new sense of unity*, we need to recognize what separated us, what we thought and did separately and what we are both worth today in the East and West and West and East for a common united German future: in Europe and in the world. And that has to start in the present.

**Gesamtberliner Plan,
1989**   Plan showing both
halves of Berlin, 1989

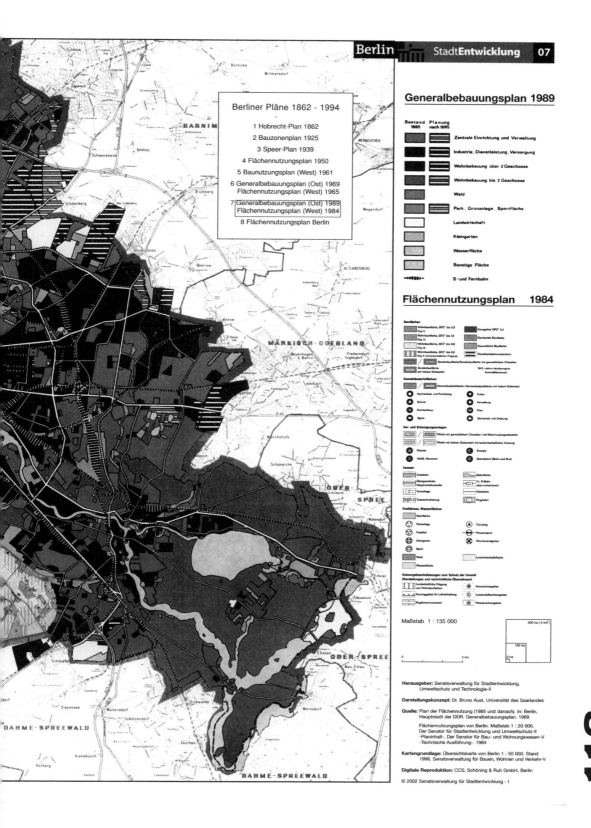

Berliner Pläne 1862 - 1994

1 Hobrecht-Plan 1862
2 Bauzonenplan 1925
3 Speer-Plan 1939
4 Flächennutzungsplan 1950
5 Baunutzungsplan (West) 1961
6 Generalbebauungsplan (Ost) 1969
  Flächennutzungsplan (West) 1965
7 Generalbebauungsplan (Ost) 1989
  Flächennutzungsplan (West) 1984
8 Flächennutzungsplan Berlin

Generalbebauungsplan 1989

Bestand 1985 / Planung nach 1995

Zentrale Einrichtung und Verwaltung
Industrie, Dienstleistung, Versorgung
Wohnbebauung über 2 Geschosse
Wohnbebauung bis 2 Geschosse
Wald
Park, Grünanlage, Sportfläche
Landwirtschaft
Kleingarten
Wasserfläche
Sonstige Fläche
S -und Fernbahn

Flächennutzungsplan 1984

Maßstab 1 : 135 000

0   3 km

500 ha (5 km²)
100 ha
2 ha

Herausgeber: Senatsverwaltung für Stadtentwicklung, Umweltschutz und Technologie-II

Darstellungskonzept: Dr. Bruno Aust, Universität des Saarlandes

Quelle: Plan der Flächennutzung (1995 und danach). In: Berlin, Hauptstadt der DDR. Generalbebauungsplan. 1989

Flächennutzungsplan von Berlin. Maßstab 1 : 20 000. Der Senator für Stadtentwicklung und Umweltschutz-II -Planinhalt-. Der Senator für Bau- und Wohnungswesen-V -Technische Ausführung-. 1984

Kartengrundlage: Übersichtskarte von Berlin 1 : 50 000. Stand 1996. Senatsverwaltung für Bauen, Wohnen und Verkehr-V

Digitale Reproduktion: CCS, Schöning & Ruh GmbH, Berlin

DER ZÄHE ABSCH
VON EINER
DOPPELSTADT

HANS STIMMANN

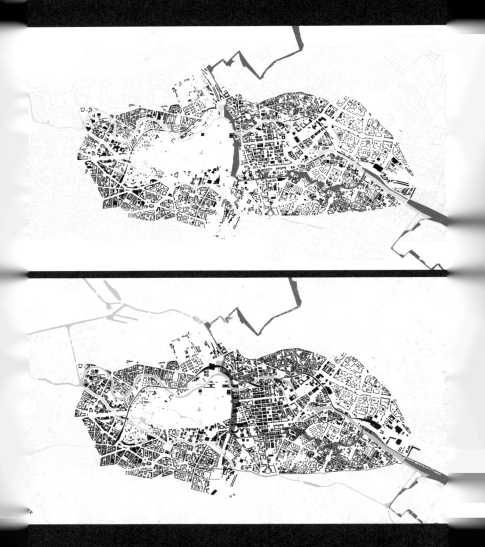

THE
DEPARTURE F

Die Berliner Mauer war der Imperativ des Sich-Einrichtens auf den Dauerzustand der politischen Teilung im Nebeneinander einer Doppelstadt für ein Stadtvolk.

Der Bau der Mauer am 13. August 1961 war so wenig der Anfang wie ihr Fall am 9. November 1989 das Ende eines Experiments einer Zellteilung Berlins zu einer Doppelstadt. Der Prozess begann Monate vor dem Ende des Krieges und vor jenen letzten, dennoch ungemein verlustreichen Kämpfen, die später als „Schlacht um Berlin" bezeichnet wurden. Die Alliierten beschlossen die Aufteilung der Stadt am 12. September 1944, zuerst in drei, später in vier Sektoren. Der gemeinsame militärische Herrschaftsanspruch über die im sowjetisch besetzten Teil Deutschlands gelegene deutsche Reichshauptstadt entwickelte sich innerhalb kurzer Zeit zu einem zentralen Stein des Anstoßes zwischen den Siegermächten. Aufgrund der hohen symbolischen Bedeutung der Stadt gab es kaum einen anderen Ort, an dem der Kalte Krieg physisch so sichtbar und atmosphärisch so prägnant erlebbar war wie hier. Mit dem Eisernen Vorhang, der schließlich zwischen dem Sektor der UdSSR und denen von Frankreich, Großbritannien und den USA errichtet wurde, kam ein bereits seit langem bestehender und von beiden Seiten als absolut und unüberbrückbar wahrgenommener ideologischer und politischer Gegensatz auch physisch konsequent zum Ausdruck. Die Sektorengrenze entwickelte sich in mehreren Stufen von militärisch kontrollierten Übergängen zu einer Mauer als moderner technischer Grenzanlage aus vorgefertigten Stützwandelementen, Wachtürmen, befahrbaren „Kolonnenwegen", Lichtmasten und „Hinterlandmauern".

Das besondere Drama der Teilung Berlins, das in diesem Umfang als Stadtgemeinde ja erst seit 1920 existierte, bestand darin, dass die mittelalterliche Stadt und die wesentlichen Teile ihrer Erweiterungen als Residenz innerhalb der alten Zollmauern mit den berühmten Toren und Plätzen zum sowjetischen Sektor gehörten. So wurde die Stadtmitte sprachlich zum Osten. Dazu gehörten nicht nur die mittelalterlichen Gründungskerne mit ihren Marktplätzen, Kirchen, Klöstern und Rathäusern, sondern auch das Schloss mit den ihm zugeordneten sechs Museen und dem Dom, ferner die auf das Schloss orientierte Straße Unter den Linden mit den preußischen Bibliotheken, der Universität, dem Zeughaus, der Akademie der Künste und der Neuen Wache. Hinzu kamen ebenfalls das Schauspielhaus und die beiden Kirchen am Gendarmenmarkt, die Staatsbank, die Münze und die Theater in der Spandauer Vorstadt.

The Berlin Wall marked the moment at which the people of a city had to reconcile themselves with living alongside one other in two parallel cities and political systems.

However, the building of the Wall on August 13, 1961, was not the beginning of the cell division of the city, just as November 9, 1989, was not its end. The process had begun many months earlier, before the end of the War and also before the final bloody campaign that later became known as the "Battle of Berlin". On September 12, 1944, the Allies agreed to divide the city into initially three, then four sectors. Their joint military claim to the German capital, which lay in the Soviet occupation zone, quickly became a major bone of contention between the Allied conquerors. Due to its huge symbolic significance, there were few other places where the Cold War was as physically and atmospherically tangible as in Berlin. The Iron Curtain that was eventually built between the Soviet sector and those of France, Britain and the USA was the built expression of what had become categorical and irreconcilable ideological and political differences. The borders between the sectors became successively more elaborate, developing from a series of military checkpoints into a wall with full technical border installations comprising precast concrete wall elements, observation towers, a sentry path and patrol road, floodlighting and an "inner security wall".

A particularly dramatic consequence of the division of Berlin, which had only existed as a municipality in this form since 1920, was that the medieval center of the city and its later westward expansion as a seat of residence within the old customs walls, with its famous gates and squares, belonged to the Soviet sector. The entire center of the city was in what was now called the East. That included not just the city's original medieval old town with its market squares, churches, monasteries and city halls but also the City Palace with its six surrounding museums and the cathedral as well as Unter den Linden, the main boulevard leading to the Palace flanked by the Prussian library, the university, the armory, the academy of the arts and the Neue Wache guardhouse. Further major buildings in the East were the Schauspielhaus theater, the two churches on the Gendarmenmarkt, the state bank, the mint and the theaters in the Spandauer Vorstadt.

If one adds to this the parliamentary buildings on the Wilhelmstrasse and the large department stores on the

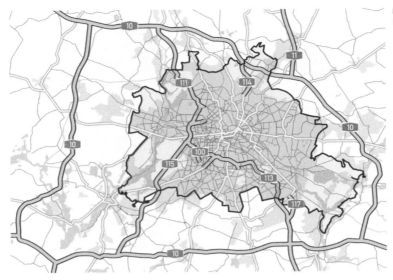

Nimmt man noch die Regierungsbauten der Wilhelmstraße und die großen Kaufhäuser am Leipziger Platz hinzu, wird klar, dass die Abtrennung dieses Stadt- und Staatszentrums durch die Mauer des Eisernen Vorhangs für das so entstandene West-Berlin den Verlust seiner Hauptbühne bedeutete. Mit ihrer Lage trennte die Mauer die Stadtmitte von den wohlhabenden Vorstädten, d. h. von einem signifikanten Teil ihres Publikums. Das hatte zur Folge, dass auf beiden Seiten der sich nun nicht nur städtebaulich-funktional, sondern auch wirtschaftlich-politisch und kulturell feindlich gegenüberstehenden Stadthälften neue Bühnen für das jeweilige Publikum errichtet werden mussten. So inszenierten der Magistrat (Ost) bzw. Senat (West) unter staatlicher Aufsicht Utopien städtischen Lebens, die das Stadttheater auf der jeweils anderen Seite als Dystrophie aussehen lassen sollten. Gespielt wurden vom Zeitpunkt der Währungsreform am 24. Juni 1948 und der darauffolgenden Blockade bis zur politischen Wiedervereinigung nach den ersten gemeinsamen Wahlen vom 2. Dezember 1990 immer neue Interpretationen des Themas „Fort mit den Trümmern und was Neues hingebaut" (FDJ-Aufbaulied, 1950). Dabei wechselten die Bühnenbilder und ihre Entwerfer, die Schauspieler, Regisseure und die Höhe der öffentlichen Förderung. Auch die Zuschauer wurden in unterschiedlichen Rollen und Kostümen Teil der politischen und kulturellen Inszenierungen auf den Bühnen der Doppelstadt.

Leipziger Platz, it becomes clear that the separation of the center of the city and of the German state behind the Wall of the Iron Curtain severed the enclave of West Berlin from its main stage. The impenetrable line of the Wall separated the center of the city from its prosperous suburbs, and with that from a significant part of its audience. The result was that both halves of the city—now not only separate, functionally disconnected urban realms but also politically, economically and culturally hostile systems—had to create new stages for their respective audiences. The Magistrat in the East and the Senate in the West began constructing their respective utopian visions for urban life, each attempting to make their counterpart on the other side seem like a dystrophy. From the time of the currency reform on June 24, 1948, and the ensuing blockade up to political reunification after the first joint elections on December 2, 1990, each side staged ever new variations on "Cart off the rubble and build something new" (from Brecht's FDJ Construction Song of the Free German Youth, 1950). With each new project, the stage sets, their designers, actors and directors changed, as did the amount of public funding. Likewise, the audiences were accorded different roles and costumes as part of the political and cultural spectacles put on by the two halves of the city.

Among the "productions" staged in the theater of the free people of the West were the "City of Tomorrow" in the shape of the district Hansa-Viertel with its international star-studded cast. It included the building of an urban freeway, a quintessentially modern element imported

So sah man auf der Freien Volksbühne des Westens die Aufführung des Hansa-Viertels mit internationaler Besetzung als „Stadt von Morgen". Dazu gehörte ferner der Bau von Stadtautobahnen als Element der aus den USA importierten automobilen und vergangenheitsfreien Utopie aufgelockerter, durchsonnter Stadtlandschaften. Als Bühne städtischen Kulturlebens wurde auf den Trümmern der NS-Speerachse in Sichtweise der Sektorengrenze, d. h. am östlichen Rand West-Berlins auf den Trümmern des Villenviertels der einflussreichsten Berliner, ein Kulturforum aus Objekten freier Formen geplant. Hier entstand seit 1959 mit der Philharmonie, der Staatsbibliothek, der Neuen Nationalgalerie, der Gemäldegalerie und anderen Kulturbauten ein Ersatz für die räumlich nahen, aber durch die Mauer unerreichbar gewordenen Kulturbauten in der alten Stadtmitte. Mit der späteren Wiederherstellung des Zusammenhangs zwischen dieser Stadtmitte und dem Gebiet, auf dem nunmehr das Kulturforum errichtet worden war, wurde schon damals nicht gerechnet, da die zum Konzept gehörende Stadtautobahn (Westtangente) die stadträumlichen Verbindungen zur Friedrichstadt wie eine Mauer unterbrach und die Wilhelmstraße seit dem Umzug der Regierung nach Bonn ohne Zukunftsperspektive im Mauerschatten gelegen hatte.

from the American utopian vision of a car-friendly, light-filled, open urban landscape. A new urban stage for cultural life in the city, the Kulturforum, was also built on the remains of Albert Speer's planned axis from Nazi times. Built within sight of the border at the eastern edge of West Berlin, it replaced the rubble of a neighborhood of once-grand villas with a loose constellation of free-form objects. From 1959 onwards, the Philharmonie, the State Library, the Neue Nationalgalerie, the Gallery of Painting Gemäldegalerie and other cultural institutions were built as replacements for the cultural buildings only a short distance away in the old city center but no longer accessible behind the Wall. At the time no-one had imagined that the city center and the site of the Kulturforum would be reconnected, as evidenced by the plan to route the urban freeway (west bypass) between the Kulturforum and the Friedrichstadt district, cutting the forum area off from the former parliamentary buildings on the Wilhelmstrasse, which after the relocation of the West German government to Bonn held no potential future promise on the other side of the Wall.

Kulturforum Kulturforum

Auf den Staatsbühnen der nun zur Hauptstadt der DDR umgebauten Areale der alten Stadt- und Staatsmitte wurden bis zum Fall der Mauer unterschiedlich radikale Neuinszenierungen der „sozialistischen Stadt" nach sowjetischen Vorbildern zur Aufführung gebracht. Das „Neue Deutschland" begann architektonisch mit Wohnpalästen für die Arbeiter an der Stalinallee in der Form eines Boulevards für die demonstrierende und konsumierende Arbeiterklasse. Zu dem bis heute faszinierenden Bild der sozialistischen Variante der „Stadt von Morgen" gehört der radikal ästhetische Bruch als technologischer Aufbruch in die industrielle Bauproduktion, so verkündet von Nikita Chruschtschow in seiner Rede auf der Moskauer Baukonferenz im Dezember 1954. Die Arbeiter wohnten von nun an in Plattenbauten. Natürlich konnte der DDR-Staat die Tatsache nutzen, dass er mit den ehemaligen preußischen Kultur- und Wissenschaftsbauten in den barocken Stadterweiterungen der Dorotheen- und Friedrichstadt und auf der Museumsinsel über Straßen, Plätze und Einrichtungen verfügte, die die legendäre Geschichte und Identität der Stadt verkörperten. So entstand (mit Ausnahme des Schlosses) die bemerkenswerte Konstellation, dass im radikal kommunistischen Osten Berlins die teilzerstörten Museen, Opernhäuser, Theater, Bibliotheken und Denkmale erhalten, saniert, umgebaut oder gar wie die Deutsche Staatsoper (als

On the stages of the former center of Berlin and of the German state, the GDR enacted the construction of its capital city as a succession of varyingly radical portrayals of the ideal "socialist city" modeled on Soviet examples. The "new Germany's" first architectural production took the form of residential palaces for the workers on the Stalinallee, a grand boulevard for the working classes to parade, demonstrate and also to shop. What followed it, however, broke radically with the prevailing esthetics: Nikita Khrushchev's speech at the National Conference of Builders in Moscow in December 1954 heralded a switch to industrialized construction methods, and presented a socialist vision of the "City of Tomorrow" that continues to fascinate to this day. From then on, workers lived in prefabricated housing blocks.

The GDR did, of course, have the advantage that it could make use of the streets, squares and cultural and scientific buildings from Prussian times in the Baroque districts of the Dorotheenstadt and Friedrichstadt as well as the Museumsinsel, buildings that embodied the legendary history and identity of the city. As a result, a remarkable situation arose in which (with the exception of the City Palace) many of the partially destroyed museums, opera houses, theaters, libraries and monuments were renovated, converted, or in the case of the Deutsche Staatsoper, reconstructed (here as the "State Opera Unter den Linden")

Das „Neue Deutschland" begann architektonisch mit Wohnpalästen für die Arbeiter an der Stalinallee in der Form eines Boulevards für die demonstrierende und konsumierende Arbeiterklasse.

within the otherwise radically communist East of Berlin. In the democratic West, by contrast, these cultural and scientific buildings were built in new locations as distinctly modern buildings. As such, many of the functions so vital to the cultural identity of a

„Staatsoper Unter den Linden") rekonstruiert wurden, während im demokratischen Westen exemplarisch moderne Kultur- und Wissenschaftsbauten an neuen Standorten gebaut wurden. Auf der westlichen Seite der Mauer bildete sich so in kurzer Zeit die Verdoppelung einer für die Identität unverzichtbaren Musik-, Museums-, Theater- und Wissenschaftslandschaft heraus. Die so als Folge des Mauerbaues entstandenen Bauten stehen anders als die Mauer sämtlich unter Denkmalschutz.

city—buildings for music, theater, science and museums—were replicated on the west side of the Wall within a comparatively short space of time. The majority of these buildings, which arose as a direct consequence of the Wall, are now listed buildings, unlike the Wall itself.

Als Problem stellte sich auch für die DDR als zweitem deutschen Staat die städtebauliche und architektonische Herausbildung der Staatsmitte dar. Da die Ministerien der Wilhelmstraße im Sicherheits- und Grenzbereich der Mauer lagen und der Reichstag sich sogar auf

A problem for the GDR as the second German state was also the urban and architectural expression of the center of the new state. As the ministries on the Wilhelmstrasse lay dangerously close to the Wall in the restricted border zone, and the Reichstag itself was on the West German side of the Wall, the GDR faced the task of finding a new location for its state and unity party facilities. Over time, the original medieval heart of Berlin was converted in several stages and architectural variants into the

West-Berliner Boden befand, stellte sich für die DDR die Aufgabe der Neuverortung der Staats- und Einheitsparteieinrichtungen. So wurden die mittelalterlichen Geburtsorte Berlins in mehreren Stufen und architektonischen Varianten zur funktionalen und räumlichen Mitte des Staates. Dazu gehörten auf Kosten des gesprengten Schlosses und Abrissen der Altstadt Aufmarschplätze wie der Marx-Engels-Platz, das Marx-Engels-Forum mit Parteihochhaus anstelle der Altstadt, aber natürlich auch das Staatsratsgebäude mit einem eingebauten, aus parteipolitischen Gründen für bedeutsam gehaltenen Schlossportal, ein Außenministerium auf dem Grundstück der Schinkelschen Bauakademie, zuletzt der Palast der Republik auf dem leergeräumten Schlossareal und der Fernsehturm auf Kosten des früheren Marienviertels. Erschlossen wurde dieser gigantische Staatsraum, der auch den Neuen Markt, den Molkenmarkt und den St. Petri-Platz auslöschte, durch autogerecht breite äußere Erschließungsstraßen.

functional and spatial center of the state. This included sacrificing the Palace to create new parading grounds such as the Marx-Engels-Platz and demolishing much of the old town to build the Marx-Engels-Forum and the high-rise party building, as well as the new State Council Building, which incorporated a portal from the original Palace that was deemed politically important, and a foreign ministry on the site of Schinkel's Building Academy, not to mention the Palast der Republik on the vacant site of the demolished original Palace and the Fernsehturm, which replaced the former Marienviertel quarter. Broad roadways provided car-friendly access to this gigantic center for the new state, which also eradicated the New Market, the Molkenmarkt and St. Petri Square.

The "new Germany's" first architectural production took the form of residential palaces for the workers on the Stalinallee, a grand boulevard for the working classes to parade, demonstrate and also to shop.

Als Fazit kann man festhalten: Wo alle europäischen Großstädte eine historisch identitätsstiftende Altstadt haben, hatte Berlin bis zur Öffnung der Mauer am 9. November 1989 mit dem Fernsehturm eine „architektonische Machtdemonstration von ungeschönter Direktheit" des DDR-Staates, „gleichsam das vertikale Korrelat zu der ebenerdigen Mauer"[1]. In diesem Staatsraum erhielt die Marienkirche als wesentlicher Bau der Stadtgeschichte einen gerade noch geduldeten Platz.

Dass die die Doppelstadt trennende Grenzanlage als technische Anlage mit ihren typischen vorgefertigten Stützwandelementen am westlichen Rand des Todesstreifens zum Leidwesen der Denkmalpflege ohne Proteste schnell und fast spurlos beseitigt werden konnte, ist dem Wunsch des Magistrats, des Senats und der Bevölkerung nach der Wiederherstellung der Einheit im Sinne der Zugänglichkeit der beiden Teile Berlins geschuldet. Die von den bürokratischen Ritualen und der mörderischen Gewalt genervten Bewohner begrüßten die Wiederzusammenfügung der Straßen genauso begeistert wie die Zusammenknüpfung des U- und S-Bahnnetzes. Besonders symbolträchtig war dabei die Wiederinbetriebnahme des für Fahrgäste aus beiden Teilen der Doppelstadt gesperrten U-Bahnhofs „Stadtmitte" in der Friedrichstadt.

When the Wall came down on November 9, 1989, Berlin's defining element was therefore not its distinctive old town, as in other European capital cities, but the GDR-built Fernsehturm as a singularly prominent "architectural demonstration of power of stark directness" that was "so to speak the vertical counterpart to the horizontal ribbon of the Wall".[1] In this heart of the new state, the only significant building still just about tolerated as a testimony to the history of the place is the Marienkirche.

The speed and thoroughness with which the border installations between the two parallel cities—with their typical precast concrete wall elements along the western side of the death strip—were removed, although much to the chagrin of conservationists, was a direct response to the wishes of the East Berlin Magistrat, the West Berlin Senate and the people of Berlin to reinstate the unity of the city by making both sides accessible. For the residents, who had been subjected for so long to the bureaucratic rituals and murderous violence of the East German regime, the reconnection of the streets as well as the linking up of the underground and overground rail networks was extremely welcome. Of particular significance was the reopening of the underground station at

Pariser Platz/Unter den Linden
Pariser Platz/Unter den Linden

Dass der praktische Abriss der Mauer trotz des enormen Ausmaßes von 43 Kilometer Länge allein im Stadtgebiet so schnell möglich wurde, lag auch an der technischen Modernität der Gesamtanlage.

That the demolition of the wall progressed so quickly, despite its enormous length of 43 kilometers in the inner-city areas alone, was due in part to the modern state of its technical installations.

Dass der praktische Abriss der Mauer trotz des enormen Ausmaßes von 43 Kilometer Länge allein im Stadtgebiet so schnell möglich wurde, lag auch an der technischen Modernität der Gesamtanlage. Das seit 1975 verwendete L-förmige „Stützwandelement" UL 12.41 hatte keine Fundamente. Die Mauer war also wie die Wachtürme und die Beleuchtung, in Kategorien der Architektur gesprochen, ein Produkt der „DDR-Moderne" und damit einfach demontierbar.

Ein Grund für das schnelle architektonische Zuwachsen des Mauerstreifens und des funktionslos gewordenen, ausschließlich auf volkseigenen Grundstücken gelegenen Grenzstreifens lag in der Rückgabevorgabe des Einigungsvertrags vom 31. August 1990 und dem kurz darauf beschlossenen „Gesetz zur Regelung offener Vermögensfragen" vom 6. September 1990. Nach dem Grundsatz *Rückgabe vor Entschädigung* wurden u. a. die in der DDR in Volkseigentum umgewandelten früheren Privatgrundstücke zurückgegeben oder eine Entschädigung gezahlt, bei deren Höhe man von einer Wiederbebauung ausging.

Ergänzt um das zum Regierungsprogramm des Senats erhobene Leitbild der kritischen Rekonstruktion der aus verschiedenen Jahrhunderten stammenden Stadtgrundrisse, wie sie seit 1996 systematisch mit dem *Planwerk Innenstadt* verfolgt wurde, ist so die Trennung durch den Mauerstreifen als direkte Folge des Kalten Krieges aus dem Stadtbild weitgehend verschwunden. Es bleiben der, vor allem bei Touristen beliebte, ehemalige Kontrollpunkt Checkpoint Charlie, die offizielle Mauergedenkstätte an der Bernauer Straße im Wedding und die East Side Gallery an der Spree.

Auch wenn die Grenzanlagen und ihre Sichtbarkeit als durchgehendes technisch-militärisches System fast verschwunden sind, hat der Umbau zur Doppelstadt tiefe Spuren hinterlassen, die ohne die Existenz des Eisernen Vorhangs zwischen den Sektoren nicht entstanden wären.

Stadtmitte in the Friedrichstadt district, which had been closed to passengers from both sides of the divided city.

That the demolition of the wall progressed so quickly, despite its enormous length of 43 kilometers in the inner-city areas alone, was due in part to the modern state of its technical installations. The pre-cast L-shaped concrete elements (UL 12.41) needed no foundations. The Wall and its watchtowers and floodlighting were, so to speak, products of GDR modernism, and therefore also simple to dismantle.

One reason why the strip of the Wall and the now functionless border strip—which lay on state-owned land—was so quickly built over was the stipulation in the unification treaty of August 31, 1990, that land should be returned and the ensuing "Law on the Settlement of Open Property Issues" of September 6, 1990. According to the principle of "restitution before compensation", property that had been confiscated and converted into assets of the people by the GDR would be returned to their rightful owners or compensation paid at an amount based on its potential value as land for redevelopment.

Following the Senate's program and guiding principle of critical reconstruction of the historical urban form—as set out in the *Planwerk Innenstadt* framework plan, which was based on historical plans from several different centuries—much of the dividing line of the Wall strip in the city has largely disappeared from the townscape. What remains of it are the popular tourist destinations at Checkpoint Charlie, the official Berlin Wall Memorial along the Bernauer Strasse in the Wedding district and the East Side Gallery on the banks of the River Spree.

Although the border installations and their presence as a continuous strip of unbroken military infrastructure have all but vanished, the conversion from two parallel cities back to one has left deep scars that would not be there without the existence of the Iron Curtain between the sectors.

Diese erstarrten urbanen Strukturen und Bauten als Folge der schrittweisen Entwicklung Berlins zur Doppelstadt – Berlin (West) und Berlin Hauptstadt der DDR – existieren bis heute im Nutzungsalltag und in der Politik weiter. Das beginnt mit den von den Bewohnern der jeweiligen Doppelstadthälfte für selbstverständlich gehaltenen Unterschieden in der Verkehrsinfrastruktur: Nur im Westen existieren die von Westplanern erdachten Fragmente des die historische Stadtstruktur überformenden Stadtautobahnsystems und nur in Bezirken der ehemaligen Hauptstadt der DDR existiert ein Straßenbahnnetz, mit Ausnahme von drei verlängerten Streckenteilen im ehemaligen Westteil der Stadt (S. 152).

Die wichtigsten Orte der Fortexistenz der Verdoppelung betreffen jedoch das Kulturforum und die zur Staatsmitte umgebaute Stadtmitte. Besucher sind an beiden Symbolorten fasziniert vom Zustand der erstarrten Teilung mit den für Berlin typischen Brüchen und ihrer Ästhetik provisorischer Permanenz. Der Zustand wurde und wird bis heute von Bewohnern, politischen Parteien und der kulturpolitischen Avantgarde in Akademien und Verbänden als der eigentliche Reichtum der Stadt erfolgreich verteidigt und mit der ernsthaften Behauptung gerechtfertigt, Berlin sei schon immer polyzentrisch aufgebaut gewesen und habe kein Zentrum und schon gar nicht so etwas wie eine Altstadt mit Kirchen, Klöstern, Plätzen und Straßen besessen.

Obwohl die neue Sicht auf das Ganze der Stadt seit dem Fall der Mauer permanent angemahnt wird, sind alle Versuche, die an diesen beiden Orten gebaute Teilung Berlins als Doppelstadt in den Konventionen der alltäglichen Nutzung der Stadt als Ganzes einzubauen, erfolglos geblieben. Es gibt bis heute keinen Konsens über die Zukunft der zum Staatszentrum umgebauten Gründungsorte zwischen Marienkirche, Rathaus, Stadthaus und Spree. Die wichtigsten Orte der Stadtregierung – das Rathaus und das Stadthaus – stehen wie zu Zeiten der DDR in einem leeren, von der Schneise der Grunerstraße zertrennten Raum. Daran haben bisher auch die kurzfristig zu erwartende Fertigstellung des Humboldt-Forums auf dem Areal des Stadtschlosses und die im Bau befindliche, die Stadtmitte erschließende U-Bahn-Linie kaum etwas geändert. Ein ähnlicher Zustand herrscht ebenfalls im Kulturforum. Auch hier stehen die großen neuen Kulturbauten und die an die Vorgeschichte des Areals erinnernde St. Matthäus-Kirche als Objekte im Raum ohne stadträumliche Verbindung untereinander und ohne Alltagsbeziehungen zur nahen Friedrichstadt. In der Benutzung der Philharmonie, der Neuen Nati-

These frozen urban structures and buildings that arose through the successive development of Berlin as a dual city—West Berlin and Berlin as the capital of the GDR—still persist today in the everyday life and politics of the city. One can see this in the different forms of traffic and transport infrastructure in the two halves, which are self-evident for the residents of each half, but not the other: only in the West does one find stretches of urban freeway, conceived by planners in the West, slicing their way through the historic urban realm; and only in the districts in the former capital of the GDR does one find a tram network—with the exception of three routes that extend into the former western part of the city (p. 152).

The places that still testify most clearly to the continued presence of both parts of the city are the Kulturforum and the former city center, now reconfigured as a center of the state. Both symbolic locations confront visitors with the fascinating impression of being frozen in the time of division, each displaying an esthetic of momentary permanence but also appearing dislocated from their immediate surroundings, a pattern one finds frequently in Berlin. Residents, political parties and the politico-cultural avant-garde in academies and associations have successfully defended and continue to defend this as being the actual quality of the city, arguing ardently that Berlin has always been polycentric in structure and has no center, and certainly nothing like an old town with churches, monasteries, squares and streets.

Although since the fall of the Wall we are constantly being reminded to think of the city as a whole, all attempts to bind these two locations, as built expressions of Berlin as two divided cities, into the everyday activities of the city have failed. So far, no consensus has been found on the future of the former origin of the city between the Marienkirche, City Hall, Old City Hall and the River Spree since its rebuilding as the center of the East German state. The two most important buildings of the city's administration, the Old City Hall and the City Hall, stand as they did in GDR times in an empty space divided by the roadway of the Grunerstrasse. The soon-to-be-completed Humboldt-Forum on the site of the former City Palace, and the forthcoming underground line for this part of the city center will do little to change that. The situation is similar in the Kulturforum:

onalgalerie und des Kunstgewerbemuseums dominieren bis heute West-Berliner Besucherrituale. Die vor dem Fall der Mauer geplante und erst 1998 im wiedervereinigten Berlin eingeweihte Gemäldegalerie hat bezeichnenderweise auf den Kulturbühnen der Stadt ihr Publikum noch gar nicht gefunden. Jeder Versuch vom Kulturforum und seiner nur aus der Verdoppelung der Stadt zu erklärenden Geschichte ausgehend, eine Brücke in die Nutzungsrituale und Gestaltungsformen der vereinigten Stadt zu schlagen, wurde bisher abgeblockt. Diese Haltung gilt auch für das aktuelle Projekt der Erweiterung der Neuen Nationalgalerie als avantgardistischem Architekturobjekt.

Der zähe Abschied von der Doppelstadt vollzieht sich an anderen Orten und in unterschiedlichsten architektonischen Formen. Erfolgreiche Schritte in Richtung auf ein neues Ganzes waren zweifelsohne die Rekonstruktion des Pariser Platzes mit dem Symbol des Brandenburger Tores, der erstmalige Bau eines Hauptbahnhofs im Spreebogen und die Anlage des Mauerparks auf dem Areal des ehemaligen Bahnhofs nördlich der Mauergedenkstätte Bernauer Straße. Hier sind im Alltag der Stadt Orte entstanden, in denen die gebauten und unsichtbaren Mauern überwunden wurden.

here too, the new large cultural buildings stand alongside the St. Matthäus-Kirche, as the only reference to the former history of the site, in a loose constellation of objects that are not interconnected by urban spaces and bear little relation to the Friedrichstadt quarter nearby. Visits to the Philharmonie, the Neue Nationalgalerie and the Museum of Applied Arts are to this day still predominantly rituals of people living in West Berlin. The Gemäldegalerie, planned before the fall of the Wall but first completed in 1998 in reunified Berlin, is a new stage on Berlin's cultural circuit and, tellingly, has yet to find its audience. Every attempt to embed the Kulturforum, whose history is a direct product of the dual city, in the ritual patterns of use and the urban design projects of the united city has failed up to now. The same applies to the current project to extend the Neue Nationalgalerie as an avant-garde architectural object.

The slow departure from a dual city has progressed further elsewhere and in the most diverse architectural forms. The most successful steps towards a united whole are without doubt the reconstruction of the Pariser Platz with the iconic Brandenburg Gate, the building of Berlin's first central station in the Spreebogen where the river arcs around the new parliament buildings, and the creation of the Mauerpark on the site of the former railway station north of the Berlin Wall Memorial along the Bernauer Strasse. All these places have become venues for everyday life in the city in which built and invisible walls have been overcome.

DAS SCHLOSS: SEHNSUCHT, VERDRÄNGUNG UND HOFFNUNG

KRISTIN FEIREISS

Ausstellung „Das Schloss" auf dem Marx-Engels-Platz am Standort des ehem. Stadtschlosses, 1993   "Das Schloss" (The Palace) exhibition at Marx-Engels-Platz on the site of the former Berlin Palace, 1993

THE BERLIN PALACE: DESIRE, DENIAL AND HOPE

KRISTIN FEIREISS

Da steht es nun, das Stadtschloss, noch etwas unbeholfen, wie ein übergewichtiges Riesenbaby im Herzen Berlins zwischen dem Alten Museum, dem Staatsratsgebäude, der Spree und dem Spreekanal, wo es nach dramatischen Geburtswehen ausgesetzt wurde. In einer ihm fremden Umgebung, eingerahmt von etablierten Nachbarn, versucht es fast schon trotzig seine Position zu halten. Ihm hilft nur das Mantra „Du bist von edlem Geblüt", das ihm seine vielen Väter mitgegeben haben und das es in monotonem Rhythmus vor sich hin murmelt. Man kann es sogar hören, wenn man das Ohr ganz dicht an seinen schweren Betonleib legt, der teilweise mit einem Backsteinkleidchen verdeckt ist, das aus vielen unterschiedlichen Stücken zusammengenäht wurde. Das Riesenbaby glaubt fest an seine blaublütige Herkunft. Es kennt sie ebenso wenig wie seine eigene Bestimmung, da seine Schöpfer leider auch noch keine klare Vorstellung davon haben.

Bekannt ist aber, wer die Väter sind: Der Stiftung Humboldt-Forum, die dem Bauministerium untersteht, gehört das Grundstück. Sie beauftragte das ebenfalls dem Bauministerium unterstehende Bundesamt für Bauwesen und Raumordnung mit der Ausführung des Baues. Die Stiftung ihrerseits bringt zudem eine Vielzahl beteiligter kultureller und politischer Institutionen an einen Tisch: vier Minister, den Bundestag und die drei „Akteure", die das Humboldt-Forum betreiben sollen: das Land Berlin mit dem Stadtmuseum, die Humboldt-Universität und die Stiftung Preußischer Kulturbesitz. Der Journalist Jörg Häntzschel, der diesen Stammbaum erstellt hat, bringt es auf den Punkt, wenn er dieses Konstrukt als „Konsensmaschine" bezeichnet.[1] Und aus Konsens ist noch nie Kultur entstanden, auch wenn Kulturministerin Monika Grütters immer wieder beschwört, dass mit dem Humboldt-Forum ein „ Haus aus einem Guss" entstehen wird. Am inhaltlichen Konzept ist das bisher noch nicht abzulesen.

Dieses „Zentrum der Weltkulturen", wie es gerne genannt wird, liegt abgesehen von den Museen in Dahlem, die es teilweise mit vereinnahmt, auch geographisch im Zentrum der Stadt. Diese eindeutige Entwicklung hin zur Zentrifizierung von Kultur und Kunst entspricht zwar weltweit dem gängigen Stadtmarketing, da sich so die Touristenströme besser kanalisieren lassen. Im Einklang mit renommierten Stadtsoziologen erachte ich diesen Trend dennoch für fragwürdig und für keinen gangbaren, Bewohner wie Besucher gleichermaßen berücksichtigenden Weg.

So, there it stands, Berlin's Palace, still somewhat awkward, like a plump, outsized baby left to fend for itself after a traumatic birth in the heart of Berlin between the Altes Museum, the State Council building, the River Spree and the Spree Canal. Framed by its long-standing neighbors, it attempts almost defiantly to hold its own in its new environment. Only the words of its fathers, "You are of noble blood," murmured over and over under its breath, help it maintain its composure. You can even hear it if you place your ear against its heavy concrete body, partially cloaked in a coat of brick sewn of many different, individual pieces. And while the newborn infant is firmly convinced of its blue-blooded heritage, it has as yet no idea of its future destiny, just like its creators who, too, have no clear vision of its purpose.

We know, at least, who the fathers are: the owner of the land is the Foundation for the Humboldt Forum, which is attached to the Building Ministry. It commissioned the Federal Office for Building and Regional Planning, also a division of the Building Ministry, to construct the building. The Foundation itself unites a number of different cultural and political institutions around one table, among them four ministers, the German Parliament and the three main "operators" that will run the Humboldt Forum: the State of Berlin with its City Museum, the Humboldt University and the Foundation of Prussian Cultural Heritage. The journalist Jörg Häntzschel, who traced this family tree, has pithily characterized this constellation as a "machinery of consensus".[1] But culture has never been born of consensus, although the Minister of Culture, Monika Grütters, continuously implores that the Humboldt Forum is conceived as a "house of one mold". The existing concept offers little indication of this.

This "Center for World Cultures", as it is popularly called, also lies—with the exception of the museums in Dahlem, which it partially incorporates—in the geographical center of the city. This clear move to concentrate art and culture in the city center echoes city marketing strategies around the world, making it possible to channel tourism more effectively. Like many urban sociologists, however, I am doubtful that this approach offers a viable way of taking into account the needs of residents and visitors alike.

Let us take a step back and look at the history of the Palace: from 1452 until 1950, the Berlin Palace stood on this spot on the banks of the River Spree, before it

Gehen wir einen Schritt zurück in der Geschichte des Schlosses: Von 1452 bis 1950 stand das Berliner Schloss an der Spree, im Zweiten Weltkrieg wurde es teilweise zerstört und unter dem DDR-Regime ganz abgerissen. Von 1973 bis 2008 befand sich auf einem Teil der Freifläche der Palast der Republik, wenn auch nicht in der Kubatur des Schlosses. 2003 beschloss der Bundestag den Nachbau der barocken Schlossfassade. Die Nutzung war zunächst noch offen, bis die Entscheidung für das Humboldt-Forum fiel. 2013 wurde der Grundstein gelegt, am 2. Juni 2015 war Richtfest und zum 250. Geburtstag von Alexander von Humboldt am 14. September 2019 soll die feierliche Eröffnung stattfinden.

Die Fakten sind geschaffen, das Stadtschloss geht seiner Fertigstellung entgegen, ein Mix aus biederem Bürohaus der 1980er Jahre und nachgebauter Schlossfassade. Warum dann überhaupt darüber reden oder schreiben? Ich denke, weil es Teil der Geschichte Berlins ist, einer Geschichte, die sich mit Abwandlungen und Ergänzungen überall in der Welt abspielen kann und abspielt: die Verquickung von Architektur und politischem Kalkül. Auch wenn uns die Schlösser Ludwig XIV. heute noch zu Recht erfreuen, ebenso wie die Grand Projets im Paris des 20. Jahrhunderts, das Centre Pompidou, zum Beispiel, die Louvre-Pyramide oder das Musée d'Orsay, so waren sie immer auch gebauter Ausdruck der politischen Verhältnisse wie der politischen Macht. Und so war auch die Entscheidung, das Stadtschloss von Andreas Schlüter wieder-

was partially destroyed during the Second World War and finally entirely demolished by the GDR regime. The GDR built the Palace of the Republic in its place, which from 1973 until 2008 occupied part of the open site but did not follow the dimensions of the original. In 2003, the German Bundestag voted to build a replica that reinstated the façades of the Baroque Palace. Its purpose was initially undefined until the decision was made that it would host the Humboldt Forum. The cornerstone was laid in 2013, the topping-out ceremony held on June 2 2015 and the building is scheduled to open on the 250th anniversary of the birth of Alexander von Humboldt on September 14, 2019.

Such are the facts; the Berlin Palace is well on the way to completion, part staid 1980s-style office block and part reconstructed palace façades. So, why bother even talking and writing about it? Because, in my view, it is part of the history of Berlin, and emblematic of other similar histories that could transpire, and do transpire, around the world in various forms: the conflation of architecture with political interests. Even though Louis XIV's castles still impress us to this day, and likewise the Grand Projets in Paris from the late twentieth century, for example the Centre Pompidou, the Louvre pyramid or the Musée d'Orsay, they were also always a built expression of the respective political conditions, and of political power. The decision to reconstruct Andreas Schlüter's Berlin Palace was likewise a political move and the final act in a long series of arguments that ultimately had nothing to do with architecture. The Palace should be rebuilt, not because it was beautiful, nor its rebuilding averted because it was ugly. The question of whether to reconstruct the Palace was not one of esthetics or taste but a calculated political decision in a time of upheaval. Exactly at this place, where the Palace once

aufzubauen, eine politische Entscheidung und das letzte Glied in einer Argumentationskette, in der es gar nicht um Architektur ging. Nicht weil das Schloss schön war, sollte es wiederaufgebaut werden. Nicht weil es hässlich war, sollte sein Wiederaufbau verhindert werden. Die Frage der Rekonstruktion war nicht eine des ästhetischen Geschmacks, sondern eines klaren politischen Kalküls in jener Zeit des Umbruchs. Genau an diesem Ort, wo einst das Schloss stand, wurde der politische und gesellschaftliche Prozess der Wiedervereinigung ausgetragen. Im Ost- wie auch im Westteil der Stadt gab es nach dem Fall der Mauer eine große und auch berechtigte Verunsicherung in der Bevölkerung, bis hin zur Existenzangst. Der Wunsch nach berechenbaren Werten und vertrauten Traditionen war auf beiden Seiten groß. Im inzwischen vereinten Berlin war die Sehnsucht nach Stabilität auch unter Hinzuziehung längst vergangener Werte eine Steilvorlage, um den Wiederaufbau des Schlosses zu betreiben. Dass damit auch der von der Bundesregierung aus politischen Gründen ungeliebte Palast der Republik als Symbol der DDR-Diktatur auf die Abrissliste gesetzt wurde, schien die zwangsläufige Folge zu sein.

Dass die Bevölkerung des wiedervereinigten Berlins und besonders die junge Generation den Palast der Republik in der Zwischenzeit mit kreativen temporären Nutzungen zu einem Treffpunkt der Szene gemacht hatte, wurde außer Acht gelassen. Ganz abgesehen davon, dass das Gebäude für viele Ost-Berliner auch ein Palast des Volkes war, in dem man sich treffen, feiern und sich unterhalten lassen konnten, für manche sogar ein Ort der Identifikation mit der DDR.

stood, all the political and social processes of reunification came together. For the residents of both East and West Berlin, the fall of the Wall inevitably precipitated a time of great uncertainty and existential anxiety, and there was a strong desire for dependable values and familiar traditions on both sides of the city. In newly reunified Berlin, the image of the Palace answered this desire for stability and simultaneously placed renewed focus on the values of bygone days, presenting a perfect reason for its rebuilding. That the politically contentious Palace of the Republic, as a symbol of the GDR dictatorship, would have to be demolished in the process was, so it seems, an inevitable consequence.

That in the meantime, the population of reunified Berlin, and the younger generation in particular, had accorded the Palace of the Republic a new role as a location for various creative temporary uses, was disregarded. Not to mention that for many East Berliners, the building was still a Palace of the People for meeting, celebrating and entertainment, and for some also a place of identification with the GDR.

All of this begs the question: why was it not possible to instill greater awareness of the power and innovation of contemporary architecture? Or, to put it more bluntly, why did we not believe in the architecture of our time? If a new symbol of reunification is to be erected at this place of such historical and urban importance, then why not a modern building that embodies the spirit of our time? That would most certainly have been in keeping with the principles of the much revered and frequently cited Prussian architect and urban planner Karl Friedrich

Wiederaufbau des Berliner Schlosses (Franco Stella, seit 2013)   Reconstruction of the Berlin Palace (Franco Stella, since 2013)

Die Frage stellt sich: Wieso war es nicht möglich, ein Bewusstsein für die Kraft und Innovation der zeitgenössischen Architektur zu wecken, oder sagen wir es pathetisch, den Glauben an die Architektur unserer Zeit? Nach dem Motto: Wenn schon ein Symbol der Wiedervereinigung an diesem Ort von historischer und städtebaulicher Bedeutung, warum dann nicht ein modernes, den Geist der Zeit ausdrückendes Bauwerk? Das wäre ganz sicher auch im Sinne des in Berlin hoch verehrten und viel zitierten preußischen Stadtplaners und Architekten Karl Friedrich Schinkel gewesen, der seine Haltung zur Baukunst mit den Worten beschrieb: „Architektur ist Ausdruck der Zeit mit den Mitteln der Zeit."

Das Stadtschloss jetzt als Teil unserer Realität wahrzunehmen, löst bei mir und sicher auch bei vielen anderen, die jene Jahre miterlebt haben, einen Moment des Nachdenkens aus: über eine vertane Stadtvision und den fehlenden Mut zum Aufbruch. Warum ist es uns damals nicht gelungen, Politiker und Öffentlichkeit davon zu überzeugen, dass eine Stadt wie Berlin, eine Stadt der Kreativität, der Innnovation, eine Stadt, die eine junge Generation von Kulturschaffenden aus aller Welt anzieht wie Motten das Licht, dass eine solche „hippe" Stadt eine bessere als diese in der Vergangenheit verhaftete Entscheidung treffen sollte? Ob wir es wahrhaben wollen oder nicht: In Berlin selbst und erst recht im Ausland ist das Stadtschloss kein Zeichen für das, was Berlin wirklich ausmacht: Lebendigkeit, Diversität, Weltoffenheit, Dynamik und ein überbordendes geistiges und kulturelles Leben.

Das sogenannte Schloss ist das in Stein gehauene und in Beton gegossene Symbol für eine Stadt, die nach dem Fall der Mauer auf beiden Seiten um Orientierung gekämpft hat. West-Berlin saß dabei politisch am längeren Hebel und es war seine Aufgabe, die beiden gesellschaftlichen Systeme einander näherzubringen, und dabei hätte auch Architektur eine wichtige Rolle spielen können – nur eben kein Schloss! Das ist die Realität, auf der wir aufbauen können und darauf, dass Berlin seit seiner Gründung über alle Jahrhunderte hinweg eine ureigene, unverwüstliche Kraft besitzt, sich immer aufs Neue zu regenerieren. Auf die Frage, ob heute die Schlossdebatte und das Ergebnis anders aussehen würden, gibt es für mich nur eine Antwort: ja. Ja, weil sie ein Produkt der politischen Verhältnisse nach dem Mauerfall war. Manchmal muss für solche Entscheidungen auch die Architektur herhalten. Aber auch aus einer Fehlentscheidung, denn als solche sehe ich den Wiederaufbau des Schlosses an, entstehen neue Herausforderungen.

Schinkel, who famously described his craft with the words: "Architecture expresses the spirit of an age with the means of its time."

The advancing reality of the new Berlin Palace evokes in me, and I suspect in many others too who experienced that time, a moment of reflection: about a squandered vision of the city and the lack of courage to mark a new beginning. Why were we unable to convince politicians and the general public that a city like Berlin, a city of creativity and innovation, a city attracting new generations of creative artists and cultural professionals from all over the world, a city that is as "hip" as Berlin, should make a better decision than one mired in the past? Whether we like it or not: in Berlin itself, and even more so abroad, the Palace does not stand for what makes Berlin what it is: vibrancy, diversity, openness, dynamism and an exuberant intellectual and cultural flair.

The so-called Palace is a symbol, manifest in hewn stone and poured concrete, of a city of two parts in search of orientation after the fall of the Wall. West Berlin, being politically more powerful, had the responsibility to bring the two social systems closer together, and architecture could also have played an important role in this—just not in the guise of a palace! That would have been a reality on which to build, and on the fact that in the centuries since its founding, Berlin has repeatedly demonstrated an innate, irrepressible will to regenerate itself. So, would the debate about the Palace and the end result be any different today? I think the answer to that is clearly: yes! Yes, because it was a product of the political conditions after the fall of the Wall. Sometimes architecture ends up being the scapegoat for such decisions. But even a bad decision—which, in my view, the Palace reconstruction is—gives rise to new challenges. The renowned architectural historian Wolfgang Pehnt, writing about the Palace,[2] formulates this as follows: "The stones that lie in our path are also those that show us the way."

Taking up such a challenge, I have embarked on periodically revisiting the outsized baby with its decorative, pointy hat to perhaps get to know it a little better. In the process, I suddenly felt sorry for it. Perhaps it too will suffer the fate that in Wolfgang Pehnt's words befalls so many reconstructed buildings: "A generation that reconstructs what it sees fit also eradicates what stands in its way."[3]

Der renommierte Architekturhistoriker Wolfgang Pehnt hat es in einem Beitrag zum Schloss so formuliert: „Steine des Anstoßes sind im übertragenen Sinne Anstöße der Erkenntnis."[2]

Im Sinne einer solchen Herausforderung habe ich es mir zur Aufgabe gemacht, das übergewichtige Riesenbaby mit der dekorativen Zipfelmütze immer wieder zu besuchen, um es vielleicht ein bisschen besser kennen zu lernen, und plötzlich hat es mir sogar leidgetan. Denn vielleicht erleidet es ja das von Wolfgang Pehnt vorausgesagte Schicksal rekonstruierter Bauten: „Eine Generation, die rekonstruiert, was ihr in den Sinn kommt, entfernt auch, was ihr im Wege steht."[3]

1 Häntzschel, Jörg: „Verstrickung als Prinzip", Süddeutsche Zeitung vom 21. November 2017.

2 Pehnt, Wolfgang: „Dagegen aus Respekt – wie man mit Geschichtszeugnissen nicht umgehen soll" im Aedes Katalog: „Das Schloss? Entwürfe zur Mitte Berlins" von 1993 zur gleichnamigen Ausstellung.

3 Ebd.

1 Häntzschel, Jörg: "Verstrickung als Prinzip" (Entanglement as principle), Süddeutsche Zeitung, November 212017.

2 Pehnt, Wolfgang: "Dagegen aus Respekt–wie man mit Geschichtszeugnissen nicht umgehen soll" (Opposed out of respect–how one should not treat the legacies of the past), catalog accompanying the Aedes exhibition: "Das Schloss? Entwürfe zur Mitte Berlins" (The Palace? Designs for the Center of Berlin) in 1993.

3 Ibid.

Berliner Schloss, 1935 Berlin Palace, 1935

Palast der Republik (Heinz Graffunder u.a., 1973–1976, abgerissen 2006–2008) Palast der Republik (Heinz Graffunder and others, 1973–1976, demolished 2006–2008)

UN-ERHÖRTE IDEEN

LARS KRÜCKEBERG
WOLFRAM PUTZ
THOMAS WILLEMEIT

Peter Eisenman:Max-Reinhardt-Haus,
Modell, 1992 Peter Eisenman:
Max Reinhardt House, model, 1992

UNHEARD (-OF) IDEAS

LARS KRÜCKEBERG
WOLFRAM PUTZ
THOMAS WILLEMEIT

"So wie die deutschen Architekten eine ‚italienische Reise' unternahmen, so habe ich als Student Berlin durchstreift, und nie konnte mich jemand davon überzeugen, dass es für diese Stadt *eine* Architektur, *eine* Form gibt."
Aldo Rossi, *Berlin morgen* (1991)

"Just as any German architect would go on an 'Italian Journey', as a student, I wandered through Berlin. Nobody could ever convince me that *one* architecture or *one* form could be right for this city."
Aldo Rossi, *Berlin Tomorrow* (1991)

Der heutige Stadtkörper Berlins ist das Ergebnis eines dramatischen Wandels und so mancher sich radikal ändernder Idealvorstellungen von Stadt: starke Wachstumsbewegungen im 18. und 19. Jahrhundert, gründerzeitliche Stadterweiterungen, selbstbewusste Industriearchitektur und frühmoderne Gartenstadt, nationalsozialistischer Größenwahn und Bombenhagel, tiefgreifender Wandel durch technische Revolutionen der Verkehrsinfrastruktur und schließlich eine im Wiederaufbau in der geteilten Doppelstadt geforderte Moderne: Zerstörung und Neuerfindung prägen die vielschichtige Identität Berlins.

The urban corpus of Berlin as we see it today is the product of dramatic transformations and various radically different ideal visions of the city: a surge in growth in the eighteenth and nineteenth centuries, urban expansion in the Wilhelmine era, prominent industrial architecture and early-modern garden cities, Nazi megalomania and a hail of bombs, profound changes following technical revolutions in transport infrastructure and finally modernist reconstruction on both sides of the divided city. As such, destruction and reinvention have always been a part of Berlin's complex identity.

Die Kriegszerstörungen und die Teilung der Stadt hatten separate Wohnungsbauprogramme und getrennte, zum Teil verdoppelte Infrastrukturen zur Folge. Die Insellage West-Berlins und der Prototyp einer sozialistischen Planstadt im Ostteil der Stadt schufen Diskontinuitäten und Widersprüche in der Stadtentwicklung. Die Stadt wurde nicht im Ganzen gedacht, auch wenn Planer und Architekten auf beiden Seiten die Perspektive einer späteren Wiedervereinigung nicht vollständig aus den Augen verloren. Allerdings sind verwandte Entwicklungen und unerwartete Verbindungen zu beobachten. Denn über einen längeren Zeitraum und besonders im Vorfeld der 750-Jahr-Feiern der Stadt 1987 wird in beiden Teilen eine neue Trennlinie im Denken erkennbar: Sie verläuft in Ost und West zwischen den Hoffnungen der architektonischen Moderne und der wiedererwachenden Sehnsucht nach dem Wert des historischen Bestands und den noch erkennbaren Strukturen des Vorkriegsberlins.

The destruction caused by the war and the division of the city gave rise to separate housing programs and separate, and often duplicate infrastructure. The insular enclave of West Berlin on one side and the prototype of a centrally planned socialist city in the East of the city on the other created discontinuities and contradictions in the city's urban development: the city was not considered as a whole, even though planners and architects on both sides never completely lost sight of the possibility of a future reunification. Nevertheless, some related developments and unexpected connections did occur. Gradually, over an extended period, and especially preceding the city's 750th anniversary celebrations in 1987, a new dividing line in the way people thought began to emerge—in both the East and the West—between the promise of architectural modernism and a renewed interest in the historical value of the existing fabric and the still visible urban grain of pre-war Berlin.

TOWARDS UTOPIA – HAUPTSTADT ALS PROTOTYP

Der politische Kontext dieser Entwicklung trat nach Gründung der DDR in Ost-Berlin klarer zu Tage als im Westen, wo die herrschenden Ideologien mitunter geschickter kaschiert wurden: Der „Bauhausstil" sei eine „volksfeindliche Erscheinung", so kanzelte 1952 Walter Ulbricht, Vorsitzender des Zentralkomitees der SED, die Moderne ab. Die Stalinallee in Ost-Berlin wurde bereits bewusst als städtebauliches Ideal dem stadträumlichen Gegenpol des Hansa-Viertels im Westen gegenübergestellt, das im Zuge der IBA 1957 in West-Berlin entstand.

TOWARDS UTOPIA— THE CAPITAL CITY AS A PROTOTYPE

The political context of this development became more obvious after the founding of the GDR in East Berlin than in the West where dominant ideologies were generally more veiled: in 1952, Walter Ulbricht, Chairman of the Central Committee of the SED Socialist Unity Party, denounced the "Bauhaus Style" as being "hostile to the people". East Berlin instead built the Stalinallee, which was conceived from the outset as the antithesis of the Hansa-Viertel in West Berlin, which followed soon after as part of the IBA International Building Exhibition in 1957.

Eine interessante Figur in diesem west-östlichen Wechselspiel war der Schweizer Architekt Hans Schmidt, der nach Tätigkeiten in Sibirien und Moskau 1956 an die Bauakademie in Ost-Berlin berufen wurde. Sogar Aldo Rossi bezog sich insbesondere in seinen Publikationen zur Triennale in Mailand 1973 immer wieder auf dessen Thesen zur Wirkung des Raumes in der Stadt und sogar auf die von ihm als positiv bewertete Monotonie der immer effizienter werdenden Wohnungsbausysteme. Rossis Veröffentlichung *Die Architektur der Stadt* (Originalausgabe *L'architettura della città*, 1966) wiederum ließ den Italiener später in der Bundesrepublik zu einer wichtigen Quelle der Diskussion im Vorfeld der IBA 1984–1987 im Westteil der Stadt werden.

Chruschtschows berühmte „geheime" Rede von 1956 hatte aber die Marschrichtung zum effizienten modularen Bauen und damit zum standardisierten Massenwohnungsbau jenseits historischer Bezüge und dekorativer Ornamentik auch in der DDR vorgegeben. Spätestens 1971 unter Honecker lag der Schwerpunkt des Bauens vollkommen auf den Wohnungsbauprogrammen und Großsiedlungen, die sich auf Vorfabrikation und die Weiterentwicklung der Bausysteme konzentrierten.

In der Bevölkerung gab es aber zunehmend Widerstände gegen den voranschreitenden Abriss von Bausubstanz. Erhalt und Ergänzung des Bestands wurden offiziell erst 1980 beim Aufbau des Arnimplatzes vorsichtig zum Thema. Als die beliebte ostdeutsche Design-Zeitschrift *Form und Zweck* in einer Ausgabe von 1983 den grundsätzlichen Wert der zu erhaltenden Bausubstanz mit den Unzulänglichkeiten der DDR-Baukultur verknüpfte und darüber hinaus gar Mitbestimmung der betroffenen Bewohner einforderte, kam es zum Eklat. Das Heft wurde verboten und die Redakteure entlassen. Der Historiker Ilko-Sascha Kowalczuk bezeichnet die zu dieser Zeit zu beobachtenden Initiativen in vielen Stadtteilen, die für den Erhalt von Bausubstanz eintraten und sich geplanten Abrissen entgegenstellten, als „eine Vorbedingung für die Ereignisse im Herbst 1989".

Rekonstruktionen ganzer Straßenzüge (Husemannstraße, Sophienstraße, Gipsstraße, Große Hamburger Straße, später der Dom und die Synagoge) wurden zu symbolischen Maßnahmen der Partei im Vorfeld der 750-Jahr-Feier. In Innenstadtbereichen Ost-Berlins fand in der Folge eine zunehmende Individualisierung der Plattenbauten statt, die um Ecklösungen, Arkaden, Erkervarianten und verschiedene Dach- und Gaubenformate erweitert wurden. In historisierenden Fassaden mit Säulen und Bögen

An interesting figure in the interchange between West and East was the Swiss architect Hans Schmidt who after working in Siberia and Moscow was appointed to the Building Academy in East Berlin in 1956. Even Aldo Rossi, in his publications accompanying the Milan Triennale in 1973, referred repeatedly to Schmidt's theory of the impact of space in the city and even to what he called the positive monotony of the ever more efficient prefabricated housing construction systems. Rossi's seminal publication *The Architecture of the City* (original edition *L'architettura della città*, 1966) would in turn later prove highly influential in the debates preceding the IBA 1984–1987 International Building Exhibition in West Berlin.

Khrushchev's famous "secret speech" in 1956 signaled a change in direction towards more efficient modularized building and thus to standardized mass housing construction that eschewed historical references and decorative ornamentation. This was likewise adopted in the GDR, and by the time Honecker became General Secretary in 1971, the focus of almost all building activities lay on housing construction programs and mass housing made of prefabricated elements using ever more optimized building systems.

The ongoing demolition and replacement of existing buildings in the GDR began, however, to meet with increasing resistance in the population, but it was not until 1980, with the regeneration of the Arnimplatz, that existing buildings were first retained and incorporated in an official project. But when the popular East German design journal *Form und Zweck* published an article in 1983 citing a lack of appreciation of the fundamental value of existing building fabric as a shortcoming of the GDR construction policies and calling for the affected residents to have a say, the affair ended in a scandal. The journal was banned and its editors sacked. The civic initiatives that emerged in many towns and cities to save local neighborhoods and prevent planned demolitions were, according to the historian Ilko-Sascha Kowalczuk, "a precondition for the events of autumn 1989".

The reconstruction of entire streets (Husemannstrasse, Sophienstrasse, Gipsstrasse, Grosse Hamburger Strasse, and later the Cathedral and Synagogue) followed later as symbolic party initiatives in advance of the 750th anniversary celebrations for Berlin. In inner-city districts of East Berlin, adaptions of prefabricated building methods began to be used that permitted greater variation and urban integration, including corners, arcades, bay modules and

am wiedererstehenden Gendarmenmarkt und schließlich beim Wiederaufbau des Nikolaiviertels, das auch in der DDR von manchen als „Disneyland" bezeichnet wurde, wurden aber auch die begrenzten Möglichkeiten der Planwirtschaft bei der Suche nach Identität zwischen Neuerfindung und Kontinuität sichtbar.

BEYOND UTOPIA – IBA-STADT ALS LABOR

Seit den 1960er Jahren wurden von Kritikern wie Jane Jacobs, Kevin Lynch oder Wolf Jobst Siedler die Ergebnisse des modernen Städtebaus auch im „Westen" in Frage gestellt. Im Vorfeld der Internationalen Bauausstellung, der IBA 1984–1987, wurden in West-Berlin seit den 1970er Jahren und politisch spätestens ab 1982 daraufhin neue Parameter einer veränderten Stadtentwicklungspolitik vorbereitet und allmählich zur verbindlichen Setzung. Die IBA teilte sich in zwei Hauptstränge. Unter der Leitung der Planungsdirektoren Josef Paul Kleihues (Neubau im Rahmen der kritischen Rekonstruktion) und Hardt-Waltherr Hämer (Sanierung im Rahmen der „behutsamen Stadterneuerung") entwickelten sich diese komplementären Strategien für die Erhaltung und Ergänzung der innerstädtischen Vorkriegsstrukturen im unmittelbaren Umfeld der Mauer.

„Mit dem programmatisch gemeinten Titel ‚Zentraler Bereich' ging die Senatsverwaltung für Stadtentwicklung nun daran, die an der äußersten Grenze West-Berlins entlang der Mauer gelegenen Bereiche ihrer historischen Bedeutung entsprechend als Teil eines potentiell gemeinsamen Zentrums zu beplanen."
Harald Bodenschatz, Jörn Düwel, Niels Gutschow, Hans Stimmann, *Berlin und seine Bauten* (2009)

Aldo Rossis und Robert Venturis Schriften hatten aus zwei ganz verschiedenen Blickwinkeln ein neues Interesse an der erzählerischen Kraft, an „sprechender" Architektur und an der Stadt als Erzählung ausgelöst. Die IBA war bald Schauplatz der Postmoderne mit ihrer Wiederentdeckung des Urbanen. Neben der Dominanz der Postmoderne waren aber auch schon Architekten auf der IBA aktiv, die das Interesse an der Semiotik nach Umberto Eco und der Proklamation der *différance* durch Jacques Derrida zu später dekonstruktiv genannter Architektur weiterentwickelten.

Während eine zunehmend tonangebende Gruppe von Architekten in Berlin den Umgang mit Baulücken und die Grundsätze städtebaulicher „Ergänzung" und Kontextualisierung erprobte, sind die damals experimenteller arbeitenden und nach zeitgemäßem Ausdruck suchenden

various roof and dormer forms. The historicist façades with columns and arches along the rebuilt Gendarmenmarkt and the reconstruction of the Nikolaiviertel quarter, which even in the GDR some dubbed "Disneyland", are two examples of attempts to navigate a path between reinvention and continuity to create a sense of identity using the limited possibilities available in the centrally planned economy.

BEYOND UTOPIA— THE IBA: CITY AS LABORATORY

From the 1960s onwards, in the "West" too the deficiencies of urban spaces produced by modernism came under criticism, voiced by architecture critics such as Jane Jacobs, Kevin Lynch or Wolf Jobst Siedler. In the 1970s, and especially from 1982 onwards in political circles, prior to the IBA 1984–1987 International Building Exhibition, new parameters for a shift in urban development policy were discussed and gradually adopted as legislation. The IBA comprised two main strands. Under the direction of the planning directors Josef Paul Kleihues (new building as "critical reconstruction") and Hardt-Waltherr Hämer (new building as part of "sensitive urban regeneration") two complementary strategies evolved for preserving and augmenting the existing pre-war urban fabric of the inner-city in the vicinity of the Wall.

"Speaking programmatically of a 'Central Area', the Senate Department of Urban Development began devising plans for the historically significant areas at the very edge of West Berlin along the Wall as a potential joint center."
Harald Bodenschatz, Jörn Düwel, Niels Gutschow, Hans Stimmann, *Berlin und seine Bauten* (2009)

Aldo Rossi's and Robert Venturi's writings, although very different in their perspectives, had sparked renewed interest in "speaking architecture" and the narrative capacity of architecture and the urban realm. The IBA soon became a forum for postmodernism and the rediscovery of urban qualities. Alongside the predominance of postmodernist approaches, other IBA protagonists were also exploring concepts such as semiotics as elaborated by Umberto Eco and the proclamation of *différance* by Jacques Derrida—which later developed into what became known as deconstructivist architecture.

Architekten zwar nur punktuell aber dafür umso prägnanter in Erscheinung getreten. Ihre Positionen waren in der Stadt präsent und haben auch uns als Büro schon immer am meisten interessiert. Rem Koolhaas realisierte mit OMA am Checkpoint Charlie (S. 186) ein Wohngebäude, das die neuen Grenzabfertigungsanlagen der Amerikaner aufnehmen sollte: offener Kontrollparcours statt Sockelgeschoss, schwebender, horizontal gegliederter Baukörper, Flugdach statt Attika und Traufkante. Peter Eisenman studierte gegenüber auf engem Raum die Durchdringung zweier Gebäudevolumina. John Hejduk konnte eines seiner wenigen Gebäude als symmetrische Hoffigur aus zwei Zeilenbauten und in der Achse stehendem Wohnturm realisieren. Zaha Hadid baute mit Peter Wilson sozialen Wohnungsbau und Daniel Libeskind gewann kurz vor dem Mauerfall mit „City Edge" den letzten IBA-Wettbewerb, der einen schräg aufragenden, über die Mauer weisenden Gebäuderiegel auf den Bauformen sinngebenden „Musenlinien" zeigt.

Viele Projekte der IBA stehen für eine Haltung, die einerseits die Traditionen aus Block und Blockrand aufgreift, aber auch mit neuen Metaphern das Bild einer Stadt zeichnet, die ihre Gestaltungskraft aus dem Potenzial ihrer historischen Brüche, ihren Diskontinuitäten und Diversitäten ableitet. So wurde West-Berlin während der IBA 1984–1987, obwohl – oder vielleicht gerade weil – es um sozialen Wohnungsbau ging, zu einem Labor internationaler Architektur und zu einem Zentrum der Architekturdebatte. Die Ansätze des Dekonstruktivismus, die in Berlin nur in wenigen Arbeiten hervortraten, entwickelten sich an anderer Stelle schnell weiter. Bereits 1988 zeigte Philip Johnson die international aufsehenerregende Ausstellung über „Deconstructivist Architecture" im Museum of Modern Art in New York.

BEDEUTUNGSVOLLE LEERE VERSUS HORROR VACUI

Die unübersehbaren Brüche Berlins und die Mauer schienen auch zu neuen Bildern des Widersprüchlichen und der Leere zu führen. Im Rahmen des Wettbewerbs zur Erweiterung des Berlin Museums, dem heutigen Jüdischen Museum, reichte Daniel Libeskind einen Entwurf ein, der im Lageplan einen mehrfach geknickten Baukörper zeigt, der die gleiche Breite und Farbe wie der Mauerstreifen durch die Stadt hat. Kern des Projekts ist die mehrfach unterbrochene Linie von Leerräumen,

While the growing group of architects in Berlin examining approaches to urban infill on vacant sites and contextual urban repair strategies began to dominate the agenda, other more experimental architects interested in more contemporary expressions of architecture produced isolated but all the more compelling works of architecture. Their buildings were statements in the city that have always held a special fascination for us as an architecture office. Rem Koolhaas together with OMA built a residential building at Checkpoint Charlie (p. 186) that was also to accommodate the American border checkpoint facilities: it featured an open drive-in checkpoint at ground level in place of a traditional heavy base, a floating, horizontally delineated building above it topped with a flying roof instead of the traditional eaves line and parapet. On the opposite corner, Peter Eisenman undertook an elaborate study in the interpenetration of two building volumes. John Hejduk realized one of his very few buildings as a symmetrical sculptural ensemble in a rearward courtyard comprised of two long buildings and an upright tower. Zaha Hadid built a social housing project with Peter Wilson, and Daniel Libeskind won the last IBA competition shortly before the fall of the Wall with his "City Edge" project, which featured a long rising oblique bar pointing over the Wall with "muse lines" denoting the references that gave it meaning.

Many of the IBA projects represent a stance that builds on the one hand on the tradition of the urban block and block perimeter building, and on the other also aims to find new metaphors for the image of a city that draw their creative impetus from the potential of its historical fractures, discontinuities and diversity. During the IBA 1984–1987, West Berlin therefore became—although, or perhaps precisely because, it was about social housing—a laboratory for international architecture and a hub of architectural discourse. The emerging movement of deconstructivism, evident in just a few buildings in Berlin, went on to develop rapidly elsewhere. Soon after the IBA, in 1988, Philip Johnson presented the internationally acclaimed exhibition on "Deconstructivist Architecture" at the Museum of Modern Art in New York.

MEANINGFUL EMPTINESS VERSUS HORROR VACUI

The visible fractures in the fabric of Berlin and the Wall also seemed to serve as inspiration for new images of contradiction and emptiness. For the competition for the extension to the Berlin Museum, now the Jewish

den *Voids*, die symbolisch für die Stille, für die Abwesenheit der jüdischen Kultur nach nationalsozialistischem Terror und Holocaust stehen (S. 98). Architektur hat hier eine Sprache gefunden, die über sich selber hinausweist und von den Schicksalen der Menschen erzählt.

Der Mauerstreifen, der sogenannte Todesstreifen, konnte auf ähnliche Weise als von Erinnerung bereinigter und unbetretbarer Todesstreifen, als reale Leere im Körper der Stadt verstanden werden. In einem utopischen Projekt entwarf die Architektin Dagmar Richter 1988 mit „Berlin III" (S. 164) einen Ort im Mauerstreifen zwischen Ost- und West-Berlin, der für Besucher aus beiden Teilen der Stadt zugänglich sein sollte. Die vorgeschlagene Gebäudefigur ist eine Art Doppelmauer, die ein „Dazwischen" als Ort der Hoffnung schafft. Die Leere wird wieder zur Projektion für die Sehnsucht nach Begegnung und Permeabilität.

Am 9. November 1989 fiel die Mauer. Einem Aufruf des Deutschen Architekturmuseums und der Frankfurter Allgemeinen Zeitung folgend, Entwürfe zur Zukunft der 1990 wiedervereinten Hauptstadt einzureichen, schlugen sowohl Norman Foster als auch Zaha Hadid und Jean Nouvel (S. 162) vor, den gesamten Mauerstreifen freizuhalten. Durch die Erhaltung der Leere sollte nicht nur die Erinnerung an die Teilung gewahrt werden, sondern ein Freiraum für neue öffentliche Nutzungen und ein Verbindungskorridor für die Überwindung der Teilung entstehen. Die Offenheit für suchende, experimentelle Nutzungen wurde nach der Wiedervereinigung allmählich zum größten Potenzial der Stadt. Prophetisch erscheinen aus heutiger Sicht auch Lebbeus Woods' Zeichnungen für die von Kristin Feireiss 1989 kuratierte Ausstellung „Berlin: Denkmal oder Denkmodell" im Deutschen Architekturmuseum.

Museum, Daniel Libeskind submitted a design that in plan was a jagged line the same width and color as the wall strip running through the city. The core idea of the project is a repeatedly broken line of voids that symbolize emptiness, and the absence of Jewish culture after the Nazi era of terror and the Holocaust (p. 98). Here, architecture has found a language that transcends itself and speaks of the fate of human beings.

The strip of the wall, the so-called death strip, could be seen in a similar way as an inaccessible, death-bringing space erased of memory, an actual void of emptiness within the corpus of the city. In a utopian project from 1988 entitled "Berlin III" (p. 164), the architect Dagmar Richter proposed a place within the space of the wall strip between East and West Berlin that would be accessible to visitors from both sides of the city. The design took the form of a kind of twin wall structure with a space in-between as a place of hope. The void became a space of projection for a longing for interaction and permeability.

Then, on November 9, 1989, the Wall fell. Following an invitation in 1991 by the German Architecture Museum (DAM) and the Frankfurter Allgemeine newspaper to submit designs for the future of the newly reunified capital, Norman Foster as well as Zaha Hadid and Jean Nouvel (p. 162) all proposed leaving the entire strip of the wall unbuilt. By preserving it as an empty space, it was to serve not just as a space of remembrance of the division of the city but also as an open urban space for the public of the city, and as a connecting corridor that overcame the division. This openness to exploratory, experimental uses would gradually become the city's greatest potential in the time immediately after reunification. A series of drawings by Lebbeus Woods, produced for the exhibition "Berlin: Monument or (Thought) Model" curated by Kristin Feireiss at the German Architecture Museum in 1989, seem almost prophetic in hindsight. In "Underground Berlin", Woods imagined a city in which the parasitic occupation of deserted buildings had become common practice—foreseeing future developments. The public spaces that did eventually result at the eastern end of the Tiergarten, at the Mauerpark and Gleisdreieck are now

Lebbeus Woods: Berlin Free Zone 3-2, Zeichnung, 1990 Lebbeus Woods: Berlin Free Zone 3-2, drawing, 1990

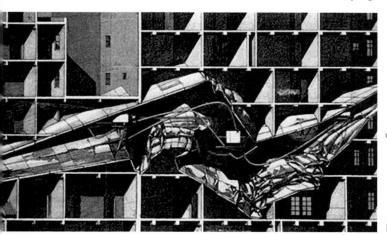

In „Underground Berlin" imaginiert Woods eine parasitäre Inbesitznahme verlassener Bauten und nimmt damit tatsächliche Entwicklungen nach der Maueröffnung vorweg. Die realen Freiraumplanungen am östlichen Tiergarten, im Mauerpark und am Gleisdreieck sind gar zu den erfolgreichsten Projekten der Berliner Stadtplanung geworden. Die Lust zur Inbesitznahme von Freiräumen ist bis heute eine Grundkonstante Berlins.

DIE ZEIT DES VERDRÄNGENS

Die Vorstellung von Leere ist für viele Menschen unangenehm: Der Horror Vacui Berlins enthält aber immer auch eine unterschwellige ideologische Botschaft. Nicht nur die Mauer musste weg, sondern mit ihr auch die Erinnerung an den Todesstreifen. Die Überplanung des Mauerstreifens schien – nach dem Fall der Mauer – für viele das politisch und historisch unbedingt Gebotene zu sein.

Zunächst erschien die Sehnsucht nach Wiederaufbau der verlorenen Stadtstruktur noch begleitet von einem breiten Spektrum von Architekturhaltungen. Das Ringen zwischen den Leitbildern des Verlorengegangenen und des Unbekannten wurde zum fruchtbaren Spannungsraum der Stadt. Mit dem Bürohaus der Architekten Léon Wohlhage am Halensee und seiner Ausrichtung auf die Stadtautobahn, mit Sauerbruch Huttons Hochhaus an der Kochstraße, das ohne Blockrand und Traufhöhenbezug auskommt, und Hans Kollhoffs Wohnbauten am Luisenplatz und an der Seesener Straße entstanden in den frühen 1990er Jahren Beispiele städtebaulicher Besonderheiten. Die Urbanität des Spezifischen schaffte für kurze Zeit Raum für vielgestaltige Architektur in Berlin.

Die Debatte um die städtebauliche Zukunft Berlins ist jedoch angesichts des massiven Entscheidungsdrucks innerhalb kurzer Zeit zu einem kurzen, aber intensiven Glaubenskrieg degeneriert zwischen einem Eintreten für solch heterogene Diversifizierung und der Suche nach Einheitlichkeit zur Wahrung vermeintlicher historischer Kontinuität. Der 1991 berufene Senatsbaudirektor Hans Stimmann hat hier schnell unter dem Motto der kritischen Rekonstruktion des Stadtgrundrisses eine eindeutige Richtung vorgegeben, die bereits beim ersten großen Wettbewerb zum Zusammenwachsen von Ost und West am Potsdamer Platz (S. 170) deutlich geworden ist: Die historische Blockrandbebauung mit Berliner Traufkante und Lochfassaden wurde schon damals zum Leitbild für Neubauten. Radikale Alternativen für den in mehrfacher Hinsicht von der Stadt abgeschnittenen Ort, ob von

among the most successful urban regeneration projects in Berlin. To this date, the will to occupy and make use of open spaces remains a fundamental quality of Berlin.

THE PERIOD OF REPRESSION

Many people feel uncomfortable about the idea of emptiness, and in Berlin, this horror vacui is compounded by the underlying ideological message associated with it. Not only the Wall had to go, but with it also the memory of the death strip. The replanning of the space of the wall and border after the fall of the Wall was for many a political and historical necessity.

The desire to resurrect the lost urban fabric of the city was initially accompanied by a broad range of architectural standpoints. The struggle to find a position between models from the lost past and an unknown future made the city an arena of a productive tension. The office building by the architects Léon Wohlhage at Halensee, which is shaped by the urban freeway passing by, together with Sauerbruch Hutton's high-rise tower on the Kochstrasse, which is not built at the block perimeter and exceeds the standard eaves height, and Hans Kollhoff's housing on the Luisenplatz and the Seesener Strasse were notable landmarks in the urban realm of the early 1990s. For a short while the urban qualities of a specific place were the generator of diverse forms of architecture in Berlin.

However, the debate on the urban future of Berlin— given the enormous pressure to deliver on decisions— quickly degenerated into a short but intense battle of opinions between those in favor of variety and diversification and those seeking greater uniformity by reinstating a sense of supposed historical continuity. Hans Stimmann, the newly appointed director of the Senate Department of Urban Development in 1991, quickly steered developments in the direction of the critical reconstruction of the city plan, as soon became clear in the results of the first major competition for a border site between East and West, namely the Potsdamer Platz (p. 170): the historic block perimeter buildings with perforated façades and a common eaves height were the defining parameters for the new buildings. While more radical alternative concepts for the somewhat isolated insular site, whether by Kollhoff, Libeskind or Alsop, featured in the shortlist of the urban

Kollhoff, Libeskind oder Alsop, kamen beim städtebaulichen Ideenwettbewerb (S. 166) noch in die Preisränge, im Realisierungswettbewerb aber nicht einmal in deren Nähe. Rem Koolhaas, der als Fachpreisrichter vorzeitig die Wettbewerbsjury verließ, protestierte im Oktober 1991 beim Senat mit einem offenen Brief unter dem Titel „Massakrierte Ideen": „Erstens wurden die Beratungen der Jury dadurch zu einer Farce, daß diese ganz eindeutig von Senatsbaudirektor Hans Stimmann dominiert wurde. Zweitens wurden Projekte mit intelligentem und unternehmerischem Potential gleich zu Beginn zugunsten von Entwürfen ausgeschlossen, die für ‚normaler' gehalten wurden."

Beim nächsten großen Wettbewerb zum benachbarten ABB-Gelände wurden Alternativentwürfe zur „traditionellen Stadt" gleich ganz ausgeschlossen. Die Auslobung benannte klare Vorgaben zur vertikalen Dreiteilung der Fassade und zur Gliederung der Baumasse. Giorgio Grassi gewann so gesehen folgerichtig den Wettbewerb mit einer homogenen Spange von gereihten *Cours d'honneurs* und vereinheitlichender Materialität aus Backstein und Lochfassade. Auch bei den Quartieren 205, 206 und 207 der Friedrichstraße gibt es einen ähnlich fundamentalen Widerspruch zwischen der Forderung nach Rekonstruktion und dem Wegfall jeder kleinteiligen Parzellierung. Dem verständlichen Ziel der Wiederherstellung der Struktur der Friedrichstadt wurde aber alles untergeordnet. Es verschwanden in der Folge auch die Plätze aus der DDR-Zeit vor dem Hochhaus des „Welthandelszentrums" und an der Ecke Unter den Linden. Die Idee einer Heilung der Kriegszerstörungen und der Lückenschließung wurde durch das „Planwerk Innenstadt" weit über die Friedrichstadt hinaus auf die Freiräume des Mauerstreifens und des gesamten Ostteils der Stadt übertragen.

design ideas competition (p. 166), none came anywhere close in the realization competition. Rem Koolhaas resigned from the jury in disgust, protesting in October 1991 in an open letter entitled "The Massacre of Ideas" to the Senate: "Firstly, the jury consultations were made a farce by the fact that they were clearly dominated by the Senate's Building Director Hans Stimmann. Secondly, projects with intelligent and commercial potential were excluded right from the beginning in favor of designs that were deemed more 'normal'."

For the next large competition on the neighboring ABB site, alternative proposals to the "traditional city" were excluded from the outset. The competition brief outlined clear guidelines for the vertical division of the façade into three sections and the general massing of the buildings. Giorgio Grassi consequently won the competition with a homogenous comb-like row of *cours d'honneurs* with a regular pattern of windows in uniformly brick façades. A similar fundamental contradiction between the desire for reconstruction and the eradication of all small-scale plot granularity applied to the rebuilding of quarters 205, 206 and 207 in the Friedrichstrasse. The desire to resurrect the former structure of the Friedrichstadt district, however understandable, ultimately overrode all other concerns. As a result, the squares from GDR times in front of the "World Trade Center" high-rise block and the corner of Unter den Linden disappeared entirely. The idea of healing war damage and infill development of the many vacant sites as propagated in the "Planwerk Innenstadt" (Inner-City Planning Framework) was applied far beyond the immediate confines of the Friedrichstadt, encompassing the open spaces of the border strip and the entire eastern section of the city.

SUCHE UND ERFINDUNG VS. DOGMA UND VERHÄRTUNG

Für einige Jahre schien noch eine gewisse Diversität der Architektursprache in Berlin zu überleben. Axel Schultes' städtebaulicher Plan für das Regierungsviertel und seine Entwürfe für das Bundeskanzleramt und das Krematorium am Baumschulenweg steht für körperhafte Abstraktion. Eine technik-affine Architektur aus Stahl und Glas ist mit den Bauten von Günter Behnisch (Akademie der Künste), Norman Foster (Reichstagskuppel), Santiago Calatrava (Brücke am Spreebogen, Oberbaumbrücke) und Jean Nouvel (Galeries Lafayette) entstanden.

Diese Vielgestaltigkeit entstand jedoch bald nur noch für Botschaften und Landesvertretungen, da die Wettbewerbsverfahren von den jeweiligen Ländern in eigener Verantwortung durchgeführt wurden. Unter dem Einfluss der Senatsverwaltung verschwanden zunehmend Entwürfe von der Bildfläche, die über die enge Forderung nach Lochfassaden und steinernen Materialien hinauswiesen. Eisenmans überragender Entwurf für das Max-Reinhardt-Haus (S. 130) am Berliner Ensemble hatte in diesem Umfeld keine Chance. Am symbolträchtigsten aber vielleicht erweist sich das Gebäude für die DG Bank am Pariser Platz (S. 206) mit einer für Frank O. Gehry typischen Figur, einer Pferdekopf-artigen Konferenzraum-Skulptur im überdachten Innenhof. Das wilde, ungebändigte Tier, eine Freiform auf Basis der von Gehry mit hohem technischen Einsatz mitentwickelten digitalen Gestaltungswerkzeuge, wird hier eingesperrt in das starre Gerüst der Gestaltungsgrundsätze am Pariser Platz.

Aldo Rossis letzter Block an der Schützenstraße (S. 192) legt schließlich das ganze Dilemma der kritischen Rekonstruktion offen: Hier auf dem Mauerstreifen, wo blockrandschließend, parzelliert und mit Berliner Traufhöhe gebaut werden kann, ist eine akademische Collage von mehr oder weniger bekannten Fassadentypen entstanden, die allesamt der Architekturgeschichte entlehnt sind. Sein auf dem ehemaligen Todesstreifen errichtetes Gebäude gibt allerdings keinen einzigen Hinweis auf die jüngste Vergangenheit der Teilung Berlins. Rossis Betonung des Nachspürens und aufmerksamen Lesens von Geschichte bezieht sich eben nur selektiv auf eine bestimmte Erzählung – einerseits die der autonom architektonischen Regelwerke und Proportionslehren, andererseits der Architekturgeschichte der Stadt –,

EXPLORATION AND INVENTION VERSUS DOGMA AND INFLEXIBILITY

For a few years, a degree of architectural diversity was still evident in Berlin. Axel Schultes' urban master plan for the parliamentary quarter and his designs for the Federal Chancellery and the Baumschulenweg crematorium are examples of abstract sculptural composition. At the same time, Günter Behnisch (Academy of Arts), Norman Foster (Reichstag dome), Santiago Calatrava (Spreebogen bridge, Oberbaumbrücke) and Jean Nouvel (Galeries Lafayette) were building works of high-tech architecture dominated by glass and steel.

Such formal diversity, however, was soon confined to a few isolated cases, such as the embassy buildings and headquarters of the Federal States, where the competitions were the responsibility of the respective countries and states. Under the influence of the Senate's administration, designs that did not follow the prescribed guidelines of stone or masonry façades and regular window openings were gradually sifted out. Eisenman's outstanding design for the Max Reinhardt House (p. 130) at the Berliner Ensemble had no chance under these circumstances. Perhaps most indicative of this struggle is the building for the DG Bank (now DZ Bank) on Pariser Platz (p. 206) designed by Frank O. Gehry: beneath the glazed atrium is an organic sculptural form—typical of Gehry's style—containing a conference room that loosely resembles a horse's head. The wild, untamed animal, its freeform shape developed using highly-complex digital design technology, is caged in by the rigid framework of the design stipulations of the Pariser Platz.

But it is Aldo Rossi's last block on the Schützenstrasse (p. 192) that most clearly reveals the dilemma of critical reconstruction: built on a site on the former border that lends itself to block perimeter building on individual plots at the standard Berlin eaves height, it is an academic collage of more or less well-known façade types all derived from historical precursors. But although it is built on the former death strip, it does not make a single reference to the recent history and division of Berlin. Rossi's emphasis on traces and the careful reading of history makes only selective references to particular narratives—on the one hand independent rules of architectural design and proportion, and on the other the architectural history of the city—while entirely ignoring the specific meaning of the location. Here, critical reconstruction has

nicht aber auf die Bedeutung des spezifischen Ortes. Hier wird die kritische Rekonstruktion zur geschmacklichen Vorgabe und damit ungewollt zu einem trojanischen Pferd des Vergessens in der mnemotechnischen Struktur der Stadt.

Axel Schultes, dessen präzise Vorstellung einer Raumbildung durch additive und subtraktive Baukörperfügung die vielleicht überzeugendste Alternative für die zunehmend sich verhärtende kritische Rekonstruktion war, hat damals gemeinsam mit dem Kunsthistoriker Tilmann Buddensieg einen legendären Coup gelandet, als ein angeblich unter russischer Beutekunst aufgespürter Alternativentwurf des Schlossareals mit aufgebrochener Bebauung von Karl Friedrich Schinkel auftauchte. Wie sich kurze Zeit später herausstellte, hatte Schultes den Entwurf gefälscht, Buddensieg ihn als „zweifellos von Schinkel" ausgegeben, weil dieser „die einzige Autorität" sei, „auf die Berlin – und Bonn – noch hören mag" (Schultes): bis heute eine bleibende Erkenntnis.

become an expression of taste and therefore also an unwitting agent—a Trojan horse—for forgetting the past in the mnemonic fabric of the city.

Axel Schultes, whose precise elaboration of space through the additive and subtractive combination of building volumes offered perhaps the most convincing alternative to the increasing dominance of critical reconstruction, landed a legendary coup together with the art historian Tilmann Buddensieg when an alternative design featuring an open design for the site of the palace by Karl Friedrich Schinkel surfaced, apparently discovered in Russian looted art. As it turned out, Schultes himself had authored the fake design and Buddensieg had corroborated it as being "without doubt by Schinkel" as he was, according to Schultes, the "only authority that Berlin— and Bonn—are still willing to listen to"—a statement that still holds true today.

Daniel Libeskind: Alexanderplatz, Modell, 1993 Daniel Libeskind: Alexanderplatz, model, 1993

Dass abweichende alternative Haltungen zur kritischen Rekonstruktion keine akademischen Utopien sind, zeigte sich 1993 vielleicht zum letzten Mal beim Wettbewerb Alexanderplatz Berlin: Während die Arbeit von Hans Kollhoff (Erster Preis) vorschlägt, sämtliche Bauten der Stadtkrone der „Hauptstadt der DDR" am Alexanderplatz zugunsten einheitlicher Blöcke mit einheitlichen Hochhäusern abzureißen, schlägt der zweite Preisträger Daniel Libeskind vor, alle Bestandsbauten zu erhalten. Durch Ergänzungen in vorhandenen Leerräumen entstünde bei seinem Entwurf eine Silhouette stark divergierender Gebäudefiguren, die nebenbei den Ost-Berliner Fernsehturm als neuem Wahrzeichen der Stadt nicht isolieren, sondern einbinden. Der wesentliche Unterschied zwischen den Strategien Kollhoffs und Libeskinds aber ist, dass Kollhoff eine stilistisch einheitliche Architektur einfordert, was Gebäude wie die Libeskinds ausschließt, während Libeskind die Verschiedenartigkeit begrüßt und Architektur wie die von Kollhoff miteinschließt. Bei der Suche nach Strategien für das vereinte Berlin ging es also auch um die Autorität eines vereinheitlichenden Bildes und die Ausgrenzung des Widersprüchlichen.

Bei der Suche nach vereinender Identität geschah fast unbemerkt das eigentlich Entscheidende: Die für die „Hauptstadt der DDR" entstandenen Bauten wurden als Zeugnisse gebauter Ideologie auch für den Verlust und die Zerstörung des homogenen und „wahren" Berlins mitverantwortlich gemacht. Aus der behutsamen Stadterneuerung wurde in einem schleichenden, kaum je bewussten Prozess das Ideal einer Rekonstruktion all dessen, was seit den Kriegszerstörungen, aus welchem Grund auch immer, verloren ging. Wo immer möglich, sahen Neuplanungen vor, die Bauten der DDR abzureißen oder so einzurahmen, dass sie nicht mehr sichtbar waren – egal ob am Alexanderplatz, im Falle des Palasts der Republik, hinter dem Roten Rathaus, auf der Fischerinsel oder entlang der Leipziger Straße. Spätestens als auf der Museumsinsel das ehemalige Stadtschloss am Ende der Linden mit Gerüst, bemalter Plane und Spiegelfolie simuliert wurde, war klar: Der Phantomschmerz verloren gegangener Stadtidentität kann für die These der „nicht überbietbaren Vergangenheit" missbraucht werden, um alles Unerwünschte zu einem Fehltritt der Architekturgeschichte zu erklären.

Indem man bei der kritischen Rekonstruktion mit der Spätphase der Gründerzeit eine vermeintlich weniger belastete Identität als Anknüpfungspunkt für die Wiederaufnahme des städtebaulichen Fadens fand, schien sich

That alternative positions to the norm of critical reconstruction were not merely academic utopian exercises can be seen in the competition for the Alexanderplatz in 1993: while the first-placed design by Hans Kollhoff proposes demolishing all buildings from what was the "capital of the GDR" and replacing them with high-rise blocks of uniform height, the second-placed design by Daniel Libeskind proposed retaining all the existing buildings. Through interventions in the existing empty spaces, his design proposed a strongly diverging configuration of buildings that also managed to incorporate rather than isolate East Berlin's Fernsehturm as the new landmark of the city. The main difference between the two strategies was that Kollhoff argued for stylistic uniformity that excluded buildings such as Libeskind's, while Libeskind embraced the presence of difference and therefore would have incorporated Kollhoff's kind of architecture. The search for strategies for reunified Berlin was, therefore, also about the authority of a unifying image and the exclusion of contradictions.

In this search for a unifying identity, however, another fundamental aspect arose almost unnoticed: the buildings erected for the "capital of the GDR", as testimonies to the built ideology of the city, were implicitly seen as having contributed to the loss and destruction of the former homogenous, "true" Berlin. What began as sensitive urban regeneration gradually and barely perceptibly shifted towards the ideal of reconstructing everything lost since the war damage, regardless of how it was lost. Wherever possible, redevelopment plans either foresaw the demolition of buildings from the GDR or their framing and enclosure by other buildings so that they were no longer visible—whether at Alexanderplatz, in the case of the Palast der Republik, behind the City Hall, on the Fischerinsel or along the Leipziger Strasse. By the time the temporary simulation of the former Berlin Palace was erected at the end of Unter den Linden, a scaffold of painted fabric and mirror foil, it was clear to all that the phantom pain of the city's lost identity could be leveraged to support the resurrection of an idealized past and to declare everything undesirable as an aberration of architectural history.

The choice of the late Wilhelmine era as a supposedly less contentious period for the point of historical reference in the critical reconstruction of the urban fabric had the effect of reaching back beyond not only the period of Berlin's division but also the socialist and Western post-war era, the time of Nazi Germany and even the pi-

die Zeit der Teilung, die sozialistische und die westliche Nachkriegszeit, die Zeit des Nationalsozialismus und selbst die Aufbruchsstimmung der gescheiterten Weimarer Republik überbrücken zu lassen. Erschreckend einfach erklärt sich der Fokus auf das späte 19. Jahrhundert als Sehnsucht nach Vergessen, als Flucht vor Konfrontation mit real existierendem Bruch, als Rückzug ins Lokale und als Verdrängung des Unbequemen. In der Folge drehte sich die Architekturdebatte in Berlin auch weniger um Qualität als vielmehr um das populistische Stildiktat des vermeintlich „Richtigen".

„Intoleranz of ambiguity is the mark
of an authoritarian personality."
Theodor W. Adorno,
The Authoritarian Personality (1950)

ronischerweise war es die kritische Rekonstruktion, die als Kritik an den „Utopien der Moderne" nun selbst zur lähmenden Wirklichkeit des überall anwendbaren Musters geworden ist, die die gesamte Debatte um Berlin nach und nach einschläferte. „Die Stadt ist der Star", wurde vom Bausenator Strieder und Hans Stimmann immer wieder beschworen, nicht die Architektur. Mut und Ambition wurden offen verurteilt und jeder differierende Ansatz diskreditiert.

„Obwohl viele Stadtliebhaber angesichts des neuen Berlins wieder von der Schönheit der alten europäischen Metropolen, allen voran Paris, schwärmen, fällt es schwer, im Hinblick auf die Umwälzungen in Osteuropa das Jahrzehnt der Demokratie und Menschenrechte auszurufen und zugleich für Planungsmethoden zu plädieren, die Relikte autokratischer Verfassungen sind. Eine rigorose Einheit von Stadtplanung und Architektur ist letztendlich nur in Diktaturen möglich."
Michael Mönninger, Berlin morgen (1991)

„Die Realisation der Idee von der Stadtreparatur hat einen unausweichlichen Zwang der Ausschließlichkeit."
Oswald Mathias Ungers, Berlin morgen (1991)

Die Vorgaben der kritischen Rekonstruktion lassen sich – und das ist wohl ihre größte Leistung – dort am überzeugendsten einsetzen, wo tatsächlich an Bestehendes angeknüpft werden kann, wo Baulücken geschlossen werden. Sie eignet sich indes nicht für neue, ungekannte Herausforderungen wie den Mauerstreifen oder große Flächenpotenziale der Stadt, wo es nicht möglich ist, an Altes anzuschließen: Dort ist das Erbe der kritischen

oneering period of the ultimately failed Weimar Republic. The reason for focusing on the late nineteenth century is disturbingly simple: it was a past one could long for; it avoided the need to confront and deal with the real, existing fractures in the city; allowed one to retreat into aspects of local characteristics; and displaced the uncomfortable periods one wanted to forget. Consequently, architectural discourse in Berlin was concerned less with quality than with the populist stylistic dictate of what was supposedly "right".

"Intolerance of ambiguity is the mark
of an authoritarian personality."
Theodor W. Adorno,
The Authoritarian Personality (1950)

Ironically, critical reconstruction, which originated as a critique of the "utopias of modernism", was itself evolving into a universally applied blanket solution that was gradually stifling architectural discourse in Berlin. "The city is the star", as the Senate's planning directors Strieder and Hans Stimmann were in the habit of saying, not the architecture. Boldness and ambition were openly disparaged and every attempt at a more differentiated approach was discredited.

"With the regeneration of Berlin, many urban enthusiasts are talking happily about the beauty of old European centers, particularly Paris, but it is hard to proclaim the decade of democracy and human rights after the changes in Eastern Europe and at the same time plead for planning methods that are relics of autocratic constitutions. A rigorous unity between urban planning and architecture is ultimately only possible in dictatorships."
Michael Mönninger, Berlin Tomorrow (1991)

"Realizing the idea of urban repair has an unavoidable tendency to exclusion."
Oswald Mathias Ungers, Berlin Tomorrow (1991)

The principle of critical reconstruction is most convincing—and that is perhaps its greatest achievement—where it can extend and tie into the existing urban fabric, where it can fill vacant lots. It is not, however, suitable for new, unprecedented challenges such as the border strip of the Wall or vast areas of empty city where there is no existing urban fabric to link up to. In such cases the promise of critical reconstruction as a universal remedy is neither realistic nor appropriate.

Rekonstruktion als Allheilmittel nicht nur überfordert, sondern auch nicht sinnführend.

Als 2007 Regula Lüscher das Amt der Senatsbaudirektorin übernahm, keimte nach der unvermeidlichen Anpassung an die kritische Rekonstruktion in Teilen der Berliner und der deutschen Architektenschaft die Hoffnung auf eine zukunftsoffene Phase der Berliner Stadtentwicklung auf. Berlin hat sich allerdings auch in den letzten zehn Jahren nur zögerlich von der internationalen architektonischen Innovationsstimmung anstecken lassen. Am Marx-Engels-Forum ist es nach Forderungen nach einem Wiederaufbau einer neuen Altstadt immerhin zum Festhalten am Status Quo gekommen. Für die freie Fläche zwischen Alexanderplatz und Schlossneubau hat es allerdings auch nie einen offiziellen städtebaulichen Wettbewerb gegeben.

Für die Europacity an der Heidestraße oder einen Gesamt-Masterplan zum Tempelhofer Feld gab es keinen offenen Wettbewerb, auch für die Nachnutzung des Geländes des Flughafens Tegel nicht. Die Flughafenprojekte der Stadt befinden sich in einem Schwebezustand, und die ablehnenden Volksentscheide zu Tempelhof und Tegel zeigen eine kaum zu begreifende Sprachlosigkeit zwischen Politik und Stadtgesellschaft. Eine neue IBA ist schon im Ansatz gescheitert.

Nur wenige Projekte, wie der Neubau für den Springer-Verlag (S. 248), bei dem sich Rem Koolhaas auch des ehemaligen Verlaufs der Hinterlandmauer bedient, um den Innenraum zu gliedern, atmen metropolitane Gelassenheit. Auf die Zukunftsfragen zu Nachhaltigkeit, sozialem Zusammenhalt und internationaler Heterogenität hat Berlin aber seit der kritischen Rekonstruktion nur wenige Antworten gefunden. Die Haltung der Stadtentwicklung ist undurchsichtig und zögerlich geworden und daher den Bürgern schlecht zu vermitteln. Sie definiert sich durch restriktive Politik, Verhinderung gilt oftmals bereits als Erfolg. Dies steht im starken Gegensatz zum internationalen Bild einer mutigen Stadt, die Mauern überwinden kann.

Die Stadt, ihre Kunstszene, ihr Theaterleben und vor allen Dingen ihr musikalischer Einfluss, der von den Berliner Philharmonikern bis zu elektronischer Musik reicht, begeistert weltweit. Gerade der Mut, der schon die Mauer zu Fall brachte, das Experiment am „Unfertigen", manchmal „Unschönen" und die Risikofähigkeit werden als Qualitäten einer neuen urbanen Generation empfunden. Diese Dynamik kommt in der Architekturdebatte nur

The appointment of Regula Lüscher as the new director of the Berlin Senate Department of Urban Development in 2007 gave cause for hope among parts of Berlin and in the architectural community after years of unavoidable alignment with the principles of critical reconstruction. Berlin, however, has been slow to tap into this new wave of international architectural innovation over the past ten years. At the Marx-Engels-Forum, the call to reconstruct the old town anew has at least not been pursued and the status quo prevails. At the same time, for the open area between Alexanderplatz and the new palace building, there has yet to be an official urban design competition.

Likewise no open competition has been held for the Europacity on the Heidestrasse or for a masterplan for the airfield at Tempelhof, or for the subsequent use of the site of Tegel Airport. The city's airport projects are currently in a state of limbo and the referendums' rejection to plans for Tempelhof and Tegel have revealed an alarming communication breakdown between politics and society in Berlin. A proposal for a new International Building Exhibition stalled even before it started.

Only a few projects, such as the new Springer Campus Building (p. 248) in which Rem Koolhaas divides the building's interior along the line of the former course of the inner security wall, still exhibit a measure of metropolitan equanimity. But for the important questions of the future—sustainability, social cohesion and international diversity—Berlin has yet to find new answers after the policy of critical reconstruction. The Senate's urban development strategy is unclear, even hesitant, and hence not understood by the public. It expresses itself through restrictive politics, where prevention is often regarded as a success. This is a far cry from the international image of a bold city that can overcome walls.

The city, its arts scene, its theater life and above all its musical influence, whether the Berlin Philharmonic Orchestra or electronic music, are highly regarded the world over. The courage that brought down the Wall, the ongoing experiment of the "unfinished", sometimes "unsightly" city, and the space it offers for risk-takers are seen as being the qualities of a new urban generation. Such dynamism is only slowly making inroads into architectural discourse. To paraphrase Willy Brandt, we need to "venture more city", to be bolder, less risk-averse, because at present there is little in the way of new "movement" in the city. It is not as if Berlin hasn't shown that it can overcome anything

mühsam an. „Mehr Stadt wagen", möchte man mit Willy Brandt der Politik in den Mund legen, denn eine wirklich neue „Bewegung" ist bisher nicht in die Stadt gekommen. Als ob Berlin nicht bewiesen hätte, dass es von Bomben bis Mauer vieles verkraftet, ja in Neues verwandelt hat – und man sich in Erinnerung dieses Potenzials mehr trauen könnte.

VOM ZURÜCK IN DIE ZUKUNFT ZUR FREIHEIT DER GEDANKEN UND KRAFT DER SUBKULTUREN

Insbesondere der Mauerstreifen wurde zur Bühne für befreite Energien der Stadt: Von den Graffitis auf der Mauer ging einer der wichtigsten Impulse für die internationale Street-Art-Szene aus. Mit dem Verschwinden der Mauer verbreitete sie sich über Brachflächen und Brandwände und machte Berlin zu einem Zentrum der *urban contemporary art*. Die ersten Clubs, der Tresor, das WMF, das E-Werk, entstanden gleich nach dem Fall der Mauer am Potsdamer und Leipziger Platz, die Love Parade folgte auf der Straße des 17. Juni. In unmittelbarer Nähe zum ehemaligen Mauerstreifen entstanden Ostgut, Maria, Deli und Watergate, das Berghain und die Bar 25, die heute zu den bekanntesten Clubs weltweit zählen, später Kater Holzig und der neue Tresor im E-Werk an der Köpenicker Straße. Häufig waren diese Kraftfelder die Vorboten für reale städtische Entwicklungen. Manche Initiativen konsolidierten sich sogar und wurden als etablierte Kultur sesshaft, wie das freie Tanz- und Kulturhaus Radialsystem, die Entwicklung um das Deutsche Architekturzentrum oder um die bottom-up Urbanität des Holzmarkts und das Flussbad Berlin. Die Freiräume und Nischen wurden zunehmend für erfolgreiche Baugruppenmodelle genutzt. Das, wofür Berlin gefeiert wird, wird täglich von Bewohnern und Besuchern erfunden: Es ist die Hoffnung, in einer der Nischen der Stadt eine Spur zu hinterlassen, Experimente zu wagen, immer auf der Suche nach den Freiräumen im Kopf und in der Stadt. Es geht ums Weiterbauen und nicht um eine sich fertig rekonstruierende Stadt. Berlin wächst und ist dadurch immer eine junge Stadt.

from bombs to the Wall, and transform itself into something new. We should place more trust in the memory of this potential.

FROM BACK TO THE FUTURE TO FREEDOM OF THOUGHT AND THE POWER OF SUBCULTURES

The wall strip in particular became a stage for the energy set free in the city: the graffiti on the Berlin Wall was one of the most important starting points for the international street art scene. After the Wall disappeared, this scene spread to adorn deserted wasteland sites and firewalls and made Berlin a center of urban contemporary art. The first clubs, such as the Tresor, WMF and E-Werk emerged immediately after the fall of the Wall at the Potsdamer Platz and Leipziger Platz, and the Love Parade followed not long after on the Strasse des 17. Juni. Ostgut, Maria, Deli and Watergate, Berghain and Bar 25, that now number among the most well-known clubs in the world, all began life in the direct vicinity of the former wall strip, with Kater Holzig and the new Tresor in the E-Werk on the Köpenicker Strasse following later. The energy that emanated from these initiatives were often the precursor to actual urban developments. Some initiatives have since consolidated into permanent fixtures on the culture scene, such as Radialsystem center for dance and culture, the developments around the DAZ German Architecture Center, or the bottom-up urbanism of the Holzmarkt and the Flussbad Berlin. Free spaces and niches in the city are increasingly also being used by cohousing initiatives. What Berlin is famous for is made by its people and visitors every new day: it is the hope of being able to leave one's mark in one of the niches of the city, to float an experiment, to search for spaces of freedom in the minds of the people and in the fabric of the city. All this is about building on what is already there, not reconstructing a finished piece of city. Berlin is growing and is therefore always a young city.

"No single idea will provide the solution, no single vision will hold sway."

Vittorio Gregotti, *Berlin tomorrow* (1991)

143

„Keine einzelne Idee wird die Lösung bringen, keine einzelne Idee wird sich durchsetzen können."

Vittorio Gregotti, *Berlin morgen* (1991)

Auch wenn Fürsprecher der Suche nach der Berliner Identität vom Wert der „Normalität" sprechen: In Berlin ist nicht das Normale, sondern das Besondere alltäglich. Die Stadt ist schon längst zu einem Schmelztiegel von konservativen bis experimentellen Lebensentwürfen, der Eigeninitiativen und der Erfindungen von Gemeinschaften geworden, die nebeneinander existieren können. Die Vielgestaltigkeit der Stadt und die Diversität ihrer Menschen haben ein fragiles Nebeneinander der Gegensätze hervorgebracht, das auf der Welt nur wenigen Städten vergönnt ist. Eine derart heterogene Gesellschaft, die aus unterschiedlichsten Lebensmodellen besteht, fände in einem homogenen Stadtbild nicht wirklich ein Zuhause.

Am Mauerstreifen spiegelt sich der Wandel Berlins vom Schauplatz der Konfrontation über Fragestellungen zur Identität der Stadt zu einer der Welt zugewandten Gesellschaft. Hier verlief und verläuft noch immer eine Pulsader der Neuerfindung der Stadt im Ringen zwischen Erinnern und Vergessen, Endpunkt und Neuanfang. Berlin ringt mit sich, ist nach wie vor rebellisch und nach wie vor suchend. Es ist wohl diese Widersprüchlichkeit im Wesen der Stadt, die ihr größtes Potenzial für die Zukunft bildet.

„Es ist unmöglich, heutzutage ohne das Verständnis für viele gegensätzliche Kräfte zu leben."

Rem Koolhaas

Even if some advocates have attempted to highlight the quality of "normality" in Berlin's identity, it is not what is normal but what is special that defines everyday life in Berlin. The city has long been a melting pot of different conservative and experimental ways of life, and of grass-roots initiatives and self-founded communities of all kinds, all of which coexist alongside one another. The many characters of the city and the diversity of its people have brought forth a fragile coexistence of contradictions that is a quality few cities in the world share. A society so heterogeneous, with such varied and disparate ways of life could not truly be at home in a uniform, homogenous urban townscape

The wall strip tells the tale of the transformation of Berlin from a scene of confrontation to a city seeking its identity to an urban cosmopolitan society. It is here that the life-blood of the city flows, forever propelling the reinvention of the city in its struggle between remembering and forgetting, despair and hope, endpoint and new beginning. Berlin continues to grapple with itself and its future; it continues to be rebellious and continues to be inventive. It is perhaps the specific contradictory nature of the city that is its greatest potential for the future

"It is not possible to live in this age if you don't have a sense of many contradictory forces."

Rem Koolhaas

OST-BERLIN
EAST BERLIN

Brandburger Tor
Brandburg Gate

Sage Club (Kitkat)

Planet
Kiki Blofeld

Bar 25
Kater Holzig
Kater Blau

Ostgut
Berghain

WMF

Tresor   E-Werk

Maria am
Ostbahnhof

East Side
Gallery

Badeschiff

Yaam

Hoppetosse

Checkpoint Charlie

UF

Wilde Renate

Maria am Ufer

103
Watergate

Spindler & Klatt

Chalet

Arena

WEST-BERLIN
WEST BERLIN

Club der Visionäre

Club-Kultur und Mauerstreifen in
Berlin, 1989 – heute   Club Culture
and wall strip in Berlin, 1989—today

Flussbad Berlin: Projekt zur
Umwandlung des Spreekanals in Berlin
Mitte zum Freibad   Flussbad Berlin:
the open-air swimming pool is part of a
proposal for the transformation of the
Spree Canal in Berlin Mitte

PROJEKTE

PROJECTS

Wüstung Jahrsau
Deserted Village Jahrsau

Brockenhaus
Brockenhaus

OSTDEUTSCHLAND
EAST GERMANY

Point-Alpha-Gedenkstätte
Point Alpha Memorial

Mödlareuth Museum
Mödlareuth Museum

Saalebrücke Rudolphstein
Rudolphstein Bridge over the Saale River

WESTDEUTSCHLAND
WEST GERMANY

Gartenanlagen an der Grenze zu Potsdam
Landscape Gardens on the Border to Potsdam

Checkpoint Bravo
Checkpoint Bravo

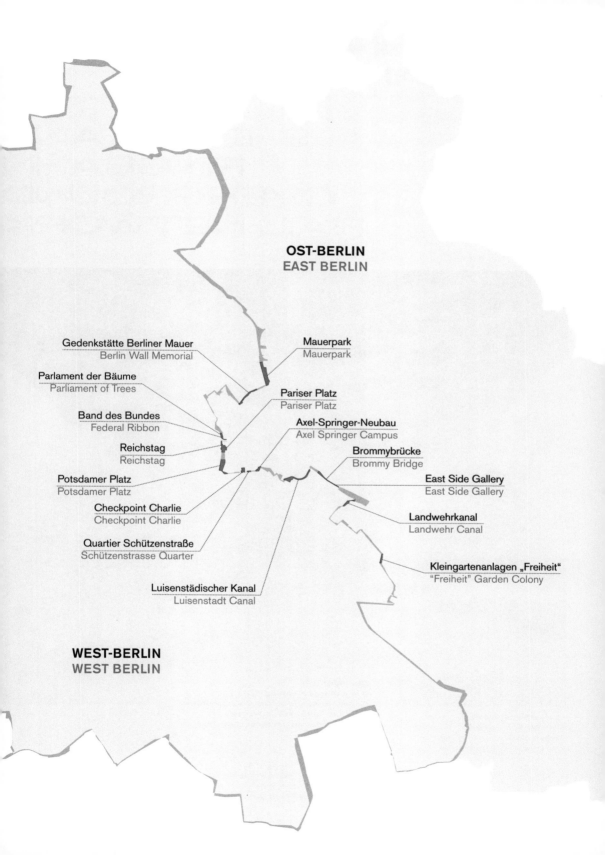

OST-BERLIN
EAST BERLIN

Gedenkstätte Berliner Mauer
Berlin Wall Memorial

Mauerpark
Mauerpark

Parlament der Bäume
Parliament of Trees

Pariser Platz
Pariser Platz

Band des Bundes
Federal Ribbon

Axel-Springer-Neubau
Axel Springer Campus

Reichstag
Reichstag

Brommybrücke
Brommy Bridge

Potsdamer Platz
Potsdamer Platz

East Side Gallery
East Side Gallery

Checkpoint Charlie
Checkpoint Charlie

Landwehrkanal
Landwehr Canal

Quartier Schützenstraße
Schützenstrasse Quarter

Kleingartenanlagen „Freiheit"
"Freiheit" Garden Colony

Luisenstädischer Kanal
Luisenstadt Canal

WEST-BERLIN
WEST BERLIN

S-BAHNNETZ/ RINGBAHN

THE S-BAHN AND RINGBAHN OVERGROUND RAIL NETWORK

Oberbaumbrücke (Otto Stahn, 1894–1895, Umbau: Santiago Calatrava, 1995)   Oberbaum Bridge (Otto Stahn, 1894–1895, conversion: Santiago Calatrava, 1995)

Standort: Berlin
Erste Ringschließung: 1877
Erster wiedereröffneter Geisterbahnhof (Jannowitzbrücke): 11. November 1989
Ringschließung nach dem Fall der Mauer: 2002

Location: Berlin
Completion of the ring: 1877
First reopened ghost station (Jannowitzbrücke): November 11, 1989
Completion of the ring after the fall of the Wall: 2002

Die Teilung Berlins hatte starke Auswirkungen auf die Infrastruktur. Berlin besaß eines der ältesten S- und U-Bahnnetze der Welt. Schon 1877 wurde ein Schienenring um die Stadt geschlossen. Die erste öffentliche U-Bahn verkehrte 1902. Nach dem Bau der Berliner Mauer wurden zahlreiche Verbindungen durchtrennt. U-Bahnen in Nord-Süd-Richtung fuhren teils unter Ostgebiet hindurch, jedoch ohne an den jenseits der Grenze liegenden Haltestellen zu stoppen, die so zu Geisterbahnhöfen wurden. Ausnahme war die Station Friedrichstraße, die gleichzeitig ein Grenzübergangspunkt war und im Volksmund „Tränenpalast" genannt wurde, weil sich dort Verwandte von ihren westlichen Besuchern verabschieden mussten. Während im Westteil der Stadt vorranging das U-Bahnnetz ausgebaut und das Straßenbahnnetz abgebaut wurde, setzte Ost-Berlin auf die Erweiterung eben dieses schon vorhandenen Straßenbahnnetzes. Bis heute fahren Straßenbahnen zum Großteil im ehemaligen Ost-Berlin.

The division of Berlin had major implications for the city's infrastructure. Berlin has one of the oldest overground (S-Bahn) and underground (U-Bahn) rail networks in the world. The first railway ring was built in 1877 and the first official underground train started service in 1902. The building of the Berlin Wall severed numerous railway connections. Some north-south underground trains passed through the eastern section of the city without stopping at the stations in the East, resulting in a number of empty ghost stations. An exception was the station in the Friedrichstrasse, which became an official border crossing point. The column-free steel-and-glass departure building erected next to the station was known colloquially as the "Palace of Tears" because it was here that relatives had to bid farewell to their visitors from the West. While the U-Bahn was extended and the tramlines removed in the western part of the city, East Berlin chose to extend the existing network of tramlines. To this day, most of the trams in the city are in the eastern districts.

After the fall of the Wall, a new underground north-south connection was built along the route of the former border strip from the Invalidenstrasse, via Spreebogen, Tiergarten and the Potsdamer Platz to Gleisdreieck. This new major railway tunnel made it possible to replace the different end-of-the-line railway terminals with a new central station as a main interchange where the railway lines cross. It was built on the site of the former Lehrter Bahnhof where the north-south tunnel intersects the east-west railway viaduct of the city's overground lines. The open land along the former border strip and the adjoining spaces to the west proved fortuitous for the planning of the tunnel, which had to be dovetailed with other constructions in the parliament quarter and at Potsdamer Platz. The connection of the two networks was one of the largest infrastructure projects of the 1990s. The abandoned ghost stations were reactivated, the routing changed and previously cut-off or severed connections reinstated. Of particular importance was the reconnection of the city's overground line

Grenzübergang Bahnhof Friedrichstraße Border crossing at Friedrichstrasse Station

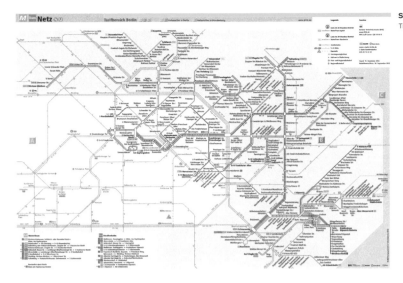

Entlang des ehemaligen Mauerstreifens verläuft von der Invalidenstraße über Spreebogen, Tiergarten und den Potsdamer Platz bis zum Gleisdreieck eine neue unterirdische Nord-Süd Verbindung. Dank dieses neuen Fernbahntunnels konnten die Kopfbahnhöfe Berlins durch einen neuen Hauptbahnhof als zentralem Kreuzungsbahnhof abgelöst werden, welcher an der Stelle des Lehrter Bahnhofs errichtet wurde, dort wo der Nord-Süd-Tunnel das von Ost nach West verlaufende Stadtbahnviadukt kreuzt. Der freigewordene Raum des ehemaligen Grenzstreifens und die westlich angrenzenden Räume erleichterten die Tunnelplanungen, die auch im Regierungsviertel und am Potsdamer Platz von Anfang an integriert wurden.

Die Verbindung beider Netze war eines der größten infrastrukturellen Projekte der 1990er Jahre. Geisterbahnhöfe wurden reaktiviert, die Linienführung verändert und vormals durchtrennte oder gestutzte Verbindungen wiederbelebt. Von besonderer Bedeutung war hier die wiederhergestellte Verbindung der Stadtbahn, des Hauptstrangs durch das Stadtzentrum. Ferner wurden Kreuzberg und Friedrichshain durch die Linie U1 wieder verbunden, die während der Teilung nicht mehr die Spree überquerte. 1995 wurde dafür die Oberbaumbrücke (Otto Stahn, 1894–1895) von Santiago Calatrava saniert und in Teilen umgebaut und ist heute wieder eine der wichtigsten Verbindungen der beiden Stadtteile. Der Schluss des Rings, der fast 41 Jahre unterbrochen war, wurde erst 2002 vollendet.

Geisterbahnhof Bernauer Straße, ca. 1962 Deserted 'ghost' underground station Bernauer Strasse, about 1962

through the center of the city. Likewise, Kreuzberg and Friedrichshain were once again linked by the U1 line, which had not crossed the River Spree during the years of division. In 1995, the Oberbaum Bridge (Otto Stahn, 1894–1895) was renovated and partially converted by Santiago Calatrava. Today it is one of the most important connections between the two parts of the city. The linking-up of the circular ring line (Ringbahn), which had been severed for nearly 41 years, was also completed in 2002.

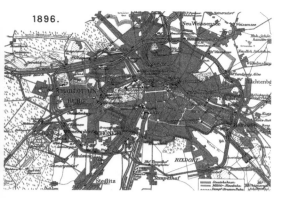

Kopfbahnhöfe, Berlin, 1896
Railway terminals, Berlin, 1896

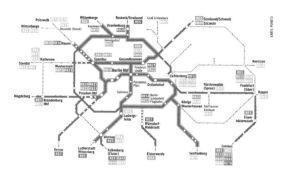

Hauptschienenverbindungen mit Hauptbahnhof als Kreuzbahnhof, Berlin Main railway lines through Berlin with the Hauptbahnhof as the crossing point

Oberbaumbrücke
Oberbaum Bridge

EAST SIDE GALLERY

EAST SIDE GALLERY

Standort: Berlin Friedrichshain-Kreuzberg
Länge: 1,3 km
Erste Bemalung: 1990
Sanierung: 2008–2009
118 Künstler aus 21 Ländern

Location: Berlin Friedrichshain-Kreuzberg
Length: 1.3 km
First painting: 1990
Renovation: 2008–2009
118 artists from 21 countries

East Side Gallery, 2013   **East Side Gallery, 2013**

Die East Side Gallery ist Berlins längstes erhaltenes Stück der ehemaligen Hinterlandmauer. Direkt nach dem Mauerfall bemalten hier 118 Künstler aus 21 Ländern die Ostseite und verwandelten den Abschnitt dadurch in eine Art Street-Art-Freilichtmuseum. Das Bild der East Side Gallery fungiert aus internationaler Perspektive wie eine Art Brennglas für das geteilte und wiedervereinte Berlin und seine kreative, disruptive Kraft und Geschichte. Die Hinterlandmauer verlief auf DDR-Seite parallel zur tatsächlichen Grenze und diente dazu, die Ost-Berliner von der Grenze fernzuhalten und Grenzanlagen und Todesstreifen den Blicken zu entziehen. Im Unterschied zur West-Berliner Seite der Mauer waren Graffitis oder jede andere Art von Kunst auf der Ost-Seite streng verboten. Dass die heutige East Side Gallery erstens nicht die eigentliche Grenze und zweitens einst eintönig grau war und erst nach der Maueröffnung bemalt wurde, bleibt heute von den zahlreichen Touristen aus aller Welt zumeist unbemerkt.

Das Teilstück wird heute von einer Künstlervereinigung verwaltet, der auch einige der ursprünglichen Künstler angehören. Der Verein kämpft gegen Vandalismus und hofft durch gezielte Eingriffe, wie die Installation eines Beleuchtungssystems oder das Aufstellen von Informationstafeln, die Werke vor Zerstörung zu schützen. 2009 wurde die Mauer renoviert. Die meisten der vertretenen Künstler rekonstruierten dabei ihre eigenen Bilder.

Der verwilderte Uferstreifen wurde in einen schmalen Park umgewandelt (Pitz & Hoh, 2008–2009). Auf der anderen Seite der Mauer wird seit einigen Jahren der städtebauliche Kontext radikal verändert. Von der Großinvestoreninitiative Mediaspree

Hinterlandmauer, Mühlenstraße 1990
Inner security wall, Mühlenstrasse 1990

The East Side Gallery is Berlin's longest remaining stretch of the former inner Wall. Directly after the fall of the Wall, 118 artists from 21 countries painted the east side of the Wall and converted this section of the Berlin Wall into a kind of street art open-air museum. The image of the East Side Gallery is known throughout the world and has become symbolic for divided and reunited Berlin and its creative, disruptive energy and history. The inner wall ran parallel to the actual border on the GDR side of the outer wall and prevented East Berliners from reaching the actual Wall while also concealing the border installations and death strip from view. Unlike the West Berlin side of the Wall, graffiti and any form of art was strictly forbidden on the east side. Most tourists from around the world are unaware of the fact that the East Side Gallery was not the actual border and that it was originally uniformly gray and only painted after the fall of the Wall.

The section of wall is now managed by an artists' association to which some of the original artists belong. The association attempts to prevent vandalism and, through the installation of lighting and information panels, to save

Projektentwicklung Mercedesplatz (Anschutz Entertainment Group, 2014) Mercedesplatz urban development (Anschutz Entertainment Group, 2014)

vorangetrieben, entstehen hier zahlreiche Großbauprojekte entlang der Spree. Auch auf der westlichen Seite der Spree verfolgen Investoren im Rahmen von Mediaspree verschiedene Bauprojekte. Ein 41 Meter breites Stück der East Side Gallery wurde 2006 herausgelöst und etwas weiter in zweiter Reihe wieder aufgestellt, um den Besuchern der Multifunktionshalle O2 World (JSK, 2006–2008, heute: Mercedes-Benz-Arena) einen freien Blick zur Spree zu verschaffen. 2013 wurden unter starken Protesten weitere 6 Meter entfernt, um Raum für einen Brückenneubau anstelle der im Krieg zerstörten Brommybrücke (S. 252) und einen Rettungsweg zum Uferstreifen zu schaffen. Ob es bei den Protesten tatsächlich um den Schutz der East Side Gallery ging oder eher darum, dass die neue Lücke auch als Zugang zu einem höchst umstrittenen neuen Luxuswohnturm direkt an der Spree diente, wird heute unterschiedlich gedeutet. Einige der entfernten Mauersegmente und mit ihnen die darauf gemalten Kunstwerke stehen heute in anderen Teilen der Welt. Das Mauergemälde von Kani Alavi ist mittlerweile beispielsweise als ein Zeichen für das Potenzial friedlicher Konfliktlösung im Skulpturenpark der UNO in New York zu sehen.

the works from destruction. In 2009, the wall was renovated. Most of the original artists repaired and restored their own images.

The overgrown stretch of river bank was converted into a narrow park (Pitz & Hoh, 2008–2009). On the opposite bank, the urban context has changed radically in recent years. Backed by the Mediaspree investment and development group, numerous large projects are under construction next to the river. Further building projects are likewise being realized on the west bank, also with investors from Mediaspree. A 41-meter-long stretch of the East Side Gallery was removed in 2006 and re-erected a little further on and further back to afford visitors to the O2 World Arena (JSK, 2006–2008, now the Mercedes-Benz Arena) an unobstructed view of the river. In 2013, despite strong protests, a further 6 meters of the wall were removed to make space for a new bridge in place of the former Brommybrücke, which was destroyed during the war (p. 252), along with an access route for emergency services. Whether the protests were solely about saving the East Side Gallery or also because the new opening in the wall provided access to a highly contentious high-rise luxury housing project is unclear. Some of

Während viele Menschen, die aus der DDR in die Freiheit fliehen wollten, an der Mauer ihr Leben verloren, durch Schüsse schwer verletzt oder wegen Fluchtversuchen zu langjährigen Haftstrafen verurteilt wurden, entwickelte sich die West-Seite in den 1980er Jahren zu einem einzigen, großen Graffiti-Kunstwerk: Die scheinbar endlose Leinwand für kreativen Ausdruck wurde zu einem der wichtigsten Katalysatoren der internationalen Street-Art-Bewegung. Bis heute hält Berlin eine Vorreiterrolle in der Graffitti und Street-Art-Szene inne. Die Mauer war über viele Jahre einer der größten Exportschlager Berlins. Die ehemals todbringenden Mauerstücke wurden so zu Beschleunigern von Freiheit und Kultur und stehen auch deshalb als Freiheitssymbole in fast allen großen Metropolen der Welt.

the removed segments of wall, with their artworks, now stand in other parts of the world. The wall painting by Kani Alavi, for example, now stands as a symbol of the potential for peaceful resolution of conflicts in the United Nations sculpture park in New York.

While on one side of the Wall many people from the GDR lost their lives attempting to flee to freedom or were shot and wounded or put in prison for making or planning an attempt, on the west side, the wall was gradually transformed into a single vast work of graffiti in the 1980s. As a seemingly endless canvas for creative expression, it became one of the most important catalysts for the international street art movement. To this day, Berlin remains a pioneer in the graffiti and street art scene. For many years, the Wall was one of Berlin's top exports. Wall segments from what was formerly a potentially lethal border have now become catalysts of freedom and culture and stand as symbols of freedom in almost all large metropolitan cities of the world.

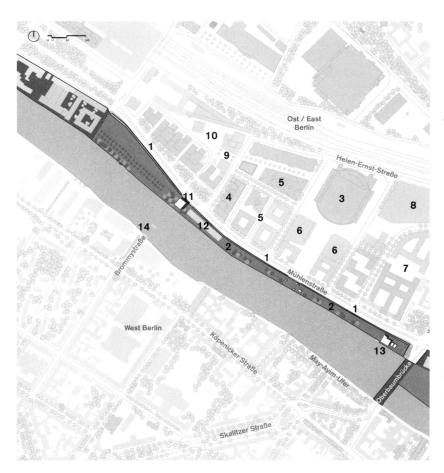

PARLAMENT DER BÄUME

PARLIAMENT OF TREES

Standort: Berlin Mitte
Initiator: Ben Wagin
Bau: 1990

Location: Berlin Mitte
Initiator: Ben Wagin
Construction: 1990

Reste der Installation im Marie-Elisabeth-Lüders-Haus Part of the installation in the Marie Elisabeth Lüders House

Pflanzung des Parlaments der Bäume,
Ben Wagin mit Helfern, 1990 Planting
of the Parliament of Trees, Ben Wagin
and helpers, 1990

The Parliament of Trees against Violence and War is a memorial for the victims who died at the Berlin Wall. The artist and activist Ben Wagin created the monument in 1990 on the east bank of the River Spree on a remaining section of the inner wall. Together with the "Tree Sponsors" association that he founded, he planted and transformed the L-shaped segments of this late section of the wall into memorial stones inscribed with information on the victims of the Wall.

The location of the memorial was not without complications: situated in the middle of the vast construction site for the "Band des Bundes" (the Federal Ribbon, p. 196) with the various parliamentary buildings, it was at risk of being flattened by the immense logistics of the site conversion works. A section of

the Parliament of Trees had to be sacrificed to make way for building works for the Marie-Elisabeth Lüders House, but a part of the installation was incorporated into the interior of the build-ing as a publicly accessible memorial site.

In November 2017, Monika Grütters, the Minister of State for Culture and the Media, announced that the art installation would be declared a listed monument as part of the overall Berlin Wall memorial concept. The efforts of a few citizens have managed to establish an authentic memorial

site, against all odds and official memorial concepts, in the immediate vicinity of the Bundestag and in the midst of an area that sports many official memorials. That this example of "grass roots" civil commitment and tenacity has continued to occupy such a prominent location for 28 years is an exceptional accomplishment.

Bau des Marie-Elisabeth-Lüders-
Hauses und schrittweise Verkleinerung
des Parlaments der Bäume
Construction of the Marie Elisabeth
Lüders House and gradual reduction of
the site of the Parliament of Trees

Das Parlament der Bäume ist ein Gedenkort für die Todesopfer an der Berliner Mauer. Der Aktionskünstler Ben Wagin errichtete das Mahnmal 1990 am östlichen Ufer der Spree an einem noch erhaltenen Stück der Hinterlandmauer. Dort pflanzte er mithilfe seines Vereins „Baumpaten" Bäume und wandelte die L-förmigen Segmente der letzten Mauergeneration in Gedenktafeln mit Informationen über Maueropfer um.

Die Lage des Gedenkorts brachte Risiken mit sich: Inmitten des Großbauprojekts „Band des Bundes" (S. 196) an den Abgeordnetenhäusern gelegen, drohte die Installation durch den generalstabsmäßigen Umbau des Geländes von den Bauvorhaben verschlungen zu werden. Zu Teilen musste das Parlament der Bäume im Zuge der Bauarbeiten für das Marie-Elisabeth-Lüders-Haus weichen, ein Teil der Installation wurde allerdings in die Innenräume des Neubaus als öffentlich zugänglicher Gedenkort integriert.

Im November 2017 gab die Staatsministerin für Kultur und Medien Monika Grütters bekannt, dass die Kunstinstallation innerhalb des „Gesamtkonzepts zur Erinnerung an die Berliner Mauer" als Gedenkort unter Denkmalschutz gestellt werde.

Inmitten der offiziellen Gedenklandschaft und in unmittelbarer Nähe des Bundestags hat sich damit das Engagement einer zivilgesellschaftlichen Initiative gegen alle Umstände und offiziellen Erinnerungskonzepte behaupten können. Dass diese Beharrlichkeit bürgerlichen Engagements „von unten" an so prominenter Stelle mittlerweile 28 Jahre überlebt hat, ist eine absolute Ausnahme.

UTOPIEN DER LEERE

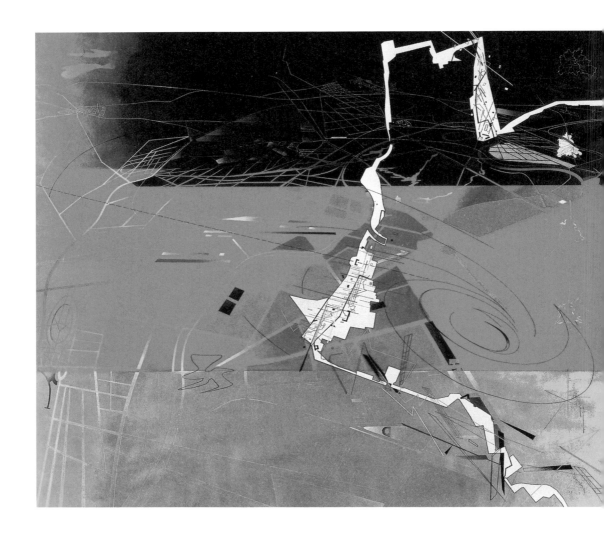

Zaha Hadid: The Dead Zone, Berlin 2000, Leerstreifen als Interpretationsraum von Stadt, Acryl auf Leinwand, 1991: Zaha Hadid Architects, Design: Zaha Hadid, Patrik Schumacher   Zaha Hadid: The Dead Zone, Berlin 2000, a vacant strip as a space of interpretation for the city, acrylic on canvas, 1991: Zaha Hadid Architects, Design: Zaha Hadid, Patrik Schumacher

UTOPIAS OF EMPTINESS

Direkt nach dem Mauerfall kamen vermehrt Stimmen auf, die vor einer voreiligen Inbesitznahme warnten und vorschlugen, die gesamte Breite des Mauerstreifens freizuhalten oder nur sehr selektiv mit neuen öffentlichen Nutzungen zu belegen. Als Vorbote ist der Stadtplaner Rudolf Wolters zu nennen, der bereits 1977 in seinem Buch *Stadtmitte Berlin* die Chance eines freien Streifens im Falle eines Mauerfalls sieht.

Norman Foster schlägt einen Masterplan vor, der nach dem Vorbild des Umbaus historischer Befestigungsanlagen zu Parkanlagen den gesamten Mauerstreifen als grünes Band erhält und die Verbindungsmomente zwischen vormals Ost und West nachhaltig als erlebbare Brückensituationen inszeniert.

„Die Linie des Mauerstreifens für ewig auszulöschen, was augenblicklich wohl das mutmaßliche Schicksal ist, würde nachfolgenden Generationen leugnen wollen, dass dieser Teil der Geschichte der Stadt jemals existiert hat." Norman Foster – *Berlin morgen* (1991, S. 31)

Zaha Hadid überträgt ihren Vorschlag eines „Leerstreifens" und punktueller Interventionen zur „Vernähung" der beiden Teile auf den gesamten Mauerstreifen um das ehemalige West-Berlin herum und stellt so einen Zusammenhang zwischen der sich innerstädtisch verdichtenden Mauerzone und der sich sternförmig in das Umland Brandenburgs entladenden Dynamik Berlins her.

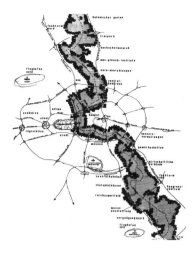

Directly after the fall of the Wall, more and more voices cautioned against too hastily reappropriating the wall zone, proposing that the entire width of the border strip be kept free or only selectively occupied with new uses. An early proponent of this idea was the urban planner Rudolf Wolters who back in 1977 discussed the chances that a free strip could present if the Wall were to be removed in his book *Stadtmitte Berlin*.

Norman Foster proposed a master plan that echoed the historical model of the conversion of city walls into parks, in which the entire wall zone would become a green band and points of connection between

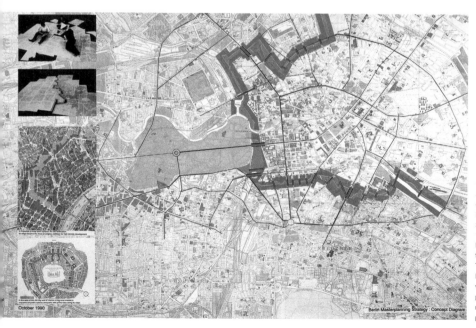

Norman Foster: Entwurf anlässlich der Ausstellung „Berlin Morgen: Ideen für das Herz einer Großstadt", Leerstreifen als öffentlicher Park, gekreuzt durch Verbindungen gekappter Straßen, „Strategic Plan", 1991   Norman Foster: Design produced for the exhibition "Berlin Tomorrow: Ideas for the Heart of a Great City", a vacant strip as a public park, crossed by reconnected streets, strategic plan, 1991

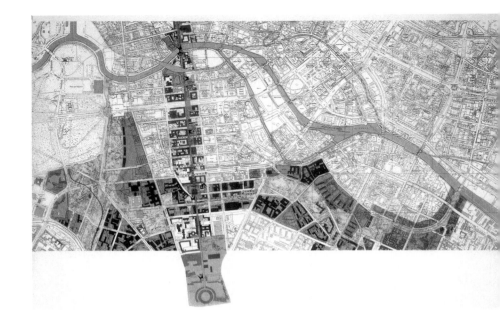

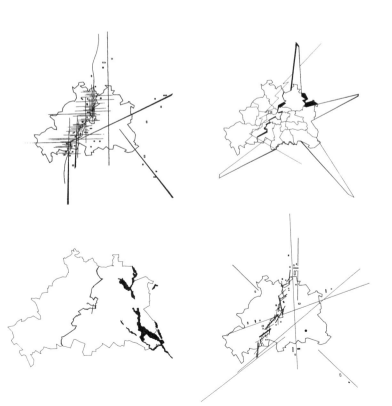

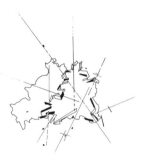

Zaha Hadid: Berlin 2000, Leerstreifen als neue offene Territorien, Serie von fünf Diagrammen, 1991: Zaha Hadid Architects, Design: Zaha Hadid, Patrik Schumacher Zaha Hadid: Berlin 2000, a vacant strip as a new open urban territory, series of five diagrams, 1991: Zaha Hadid Architects, Design: Zaha Hadid, Patrik Schumacher

what was formerly East and West would be
articulated as distinctive bridging moments in
the urban realm.

"To obliterate this area for ever, which is currently the presumed fate of the wall zone, would be
to deny to future generations that this part of the
history of the city ever existed." Norman Foster–
Berlin Tomorrow (1991, p. 31)

Zaha Hadid extended her proposal of an "empty
strip", punctuated by interventions at strategic
points to "stitch together" the two parts, to the entire
wall zone around former West Berlin, establishing a
relationship between the compressed interior of the
inner city contained by the wall zone and the forces of
expansion projecting as star-shaped corridors into the
surrounding landscape of Brandenburg.

"…The border line, or dead zone immediately adjacent to
the wall. This site must be preserved to prevent it from
being covered by homogenous commercial development. […] To establish the nineteenth-century Berlin
block over this ribbon of non-territory would erase all
memory." Zaha Hadid–*Berlin Tomorrow* (1991, p. 45)

„… Die innerstädtische Grenzlinie beziehungsweise das
Ödland auf beiden Seiten der ehemaligen Mauer. Diese
Situation sollte erhalten bleiben und davor geschützt
werden, von kommerziellen Bauten belegt zu werden.
(…) Würde man die typische Berliner Blockstruktur
des 19. Jahrhunderts einfach über dieses Band von
Nicht-Land weiterführen, so wäre alle Erinnerung
getilgt." Zaha Hadid – *Berlin morgen* (1991, S. 45)

Jean Nouvel made a similar proposal for the wall zone as
a connecting urban space that holds the promise of becoming "a new core for public animation day and night"–
and outlined the notion of a zone weaving through Berlin
that functioned according to its own liberated rules.

Jean Nouvel macht für den Mauerstreifen einen
ähnlichen Vorschlag eines verbindenden Freiraums
und verbindet dies mit der Hoffnung, hier „ein neues
Herzstück öffentlichen Lebens zu schaffen, rund um
die Uhr" – er skizziert nebenbei die Ahnung einer Berlin
durchwebenden Zone, die nach ihren eigenen, befreiten
Regeln funktioniert.

While other architects favored seeking solutions in
tradition and continuity, they also had a clear opinion on
the border strip:

Es gibt aber durchaus auch von Vertretern der nach
Tradition und Kontinuität suchenden Architekten deutliche Worte:

"The area of the Wall should not be eradicated. It is important to maintain the traces and even, in some cases,
to modify them as a point of reference for the adjacent
areas. In other cases, the void should contribute towards
defining the borders of built-up areas or improving
communications. However, building should be avoided
on the former site of the Wall." Vittorio Gregotti–*Berlin
Tomorrow* (1991, p. 41)

„Der Bereich der Mauer soll nicht ausradiert werden:
Es ist wichtig, die Spuren zu erhalten und sie in
manchen Fällen, als Bezugsorte für die angrenzenden
Gebiete, zu verändern. In anderen Fällen soll die Leere
dazu beitragen, die Ränder der Bebauung zu befestigen
oder die Verbindungssysteme zu verbessern. Man soll
aber vermeiden, sie mit Bebauung aufzufüllen." Vittorio
Gregotti – *Berlin morgen* (1991, S. 41)

The concepts and ideas advised a cautious approach
to redevelopment, one that grasps the Wall and former
death strip as a layer of history of the city, as part of its
diverse legacy, and that respects the differences on
each side of the former Wall. There was, therefore, no
lack of awareness of the sensitivity of the border strip.

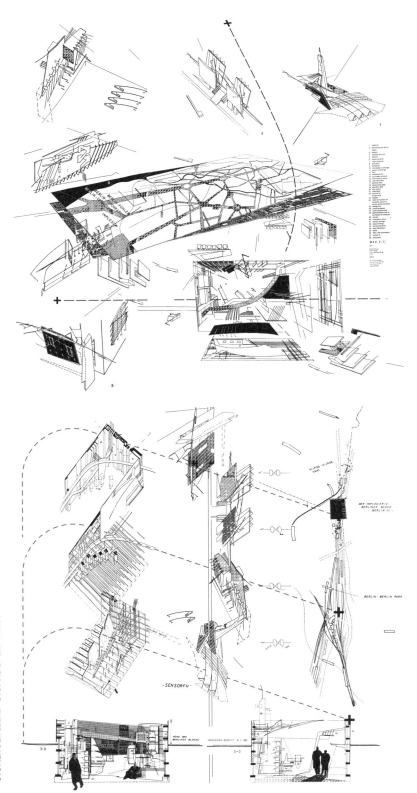

Dagmar Richter und Ulrich Hinrichs-meyer: Berlin III, Neuinterpretation des Leerraums als neutralen Aktionsraum für digitalen Kulturaustausch, 1987
Dagmar Richter and Ulrich Hinrichs-meyer: Berlin III, reinterpretation of the void as a neutral space of action for digital cultural exchange, 1987

Die Konzepte und Ideen empfahlen vorsichtig zu sein, die Mauer und den Todesstreifen als Schicht in der Geschichte der Stadt zu begreifen, das heterogene Erbe der Stadt und die Unterschiede beiderseits der Mauer ernst zu nehmen. Insgesamt war eine Sensibilität für den Bereich des Mauerstreifens also vorhanden. Sie ist eine Konstante vieler Beiträge des Ende 1990 von der Frankfurter Allgemeinen Zeitung und dem Deutschen Architekturmuseum (DAM) initiierten Aufrufs an Architekten weltweit, Ideen und Grundzüge einer zukünftigen Stadtentwicklung Berlins zu skizzieren. Das Projekt mit dem Namen „Berlin morgen", das nicht etwa von der Berliner Stadtverwaltung oder der Bundesregierung, sondern der Frankfurter Allgemeinen Zeitung und dem DAM organisiert wurde, blieb die einzige ergebnisoffene Sammlung von Thesen, die den kritischen Zustand Berlins als Chance für einen Neuanfang begriffen und die zukünftige Bedeutung der Erinnerung an die Teilung gesamtstädtisch untersuchten.

Das zur IBA 1984–1987 entwickelte Modell der Heilung der Kriegszerstörungen durch Füllen der Lücken und Beseitigung der Leere sollte jedoch schon bald auf die Wunde des Mauerstreifens übertragen werden und innerhalb kürzester Zeit nicht nur zum Abbruch des Großteils der Kontrollanlagen und Mauerabschnitte führen, sondern auch zur Strategie des „Planwerks Innere Stadt", in dem der Mauerstreifen bis zur Unkenntlichkeit überplant wurde.

It is a common thread of all the designs submitted in response to an invitation in late 1990 by the "Frankfurter Allgemeine Zeitung" newspaper (FAZ) and the German Architecture Museum (DAM) to architects around the world to propose ideas and broad outlines for the possible future development of Berlin. The project entitled "Berlin Tomorrow" was not organized by the Berlin Senate or the government but by the Frankfurter Allgemeine and the DAM and was the only open-ended collection of hypothetical visions that saw the critical condition of Berlin as an opportunity for a new beginning and examined the potential of the memory of its division for the future of the city as a whole.

The model that would soon prevail, however, was that of healing the destruction of war damage by successively filling gaps and developing empty sites, as elaborated during the IBA International Building Exhibition from 1984 to 1987. Applied to the border strip, it quickly led not just to the demolition and removal of most of the border installations and stretches of wall but also culminated in the strategy of the "Planwerk Innere Stadt", a planning framework for the inner city that heralded the redevelopment of the site of the former Wall and border, transforming it beyond recognition.

WETTBEWERB POTSDAMER PLATZ

POTSDAMER PLATZ ARCHITECTURE COMPETITION

Standort: Berlin Mitte/Tiergarten
Auslober: Senatsverwaltung für Stadtentwicklung Berlin
Wettbewerb: 1991

Location: Berlin Mitte/Tiergarten
Initiator: Berlin Senate Department for Urban Development
Competition: 1991

LAGEPLAN 1:1000

Daniel Libeskind: Out of Line, Potsdamer/Leipziger Platz, Lageplan mit „Aleph Wing", 1991   Daniel Libeskind: Out of Line, Potsdamer/Leipziger Platz, site plan with "Aleph Wing", 1991

Der Kampf der Ideale des verlorenen und zukünftigen Berlins und die Vorentscheidung für die folgende Stadtentwicklung

Daniel Libeskind: Out of Line, Potsdamer/Leipziger Platz, Modell, 1991 Daniel Libeskind: Out of Line, Potsdamer/Leipziger Platz, model, 1991

Im Wettbewerb zum Potsdamer Platz zeigten sich kurz nach dem Mauerfall sehr unterschiedliche Positionen und Thesen für die Zukunft Berlins. Die Prinzipien der behutsamen Stadterneuerung und kritischen Rekonstruktion dienten als Modell, um in diesem Fall ein großflächig beräumtes Areal neu zu entwickeln. Alle Preisträger hatten eine Blockstruktur in zum Teil leichter Überhöhung der seit der IBA 1984–1987 wieder diskutierten gründerzeitlichen Traufhöhe von 22 Metern zum Ausgangspunkt genommen. Bei einigen von ihnen wird der Typus des aus einer Blockecke „herauswachsenden" Hochhauses sichtbar, der in der Folge als über das gründerzeitliche Blockraster hinausgehendes Element immer wieder auftauchen wird.

Alternative Positionen zum Prinzip der historisierenden Rückgewinnung und Vereinheitlichung der Stadt wurden im Wettbewerb nicht gewürdigt, jedoch in der Folge öffentlich diskutiert. Daniel Libeskinds Wettbewerbsbeitrag transformiert die Erinnerung an den Potsdamer Platz als Knotenpunkt im Gefüge der Stadt in eine vollkommen neue dreidimensionale Geste. Zehn Entwicklungslinien nehmen einerseits auf Ehemaliges Bezug, artikulieren gleichzeitig aber auch neue, bauliche, räumliche und gedankliche Verbindungen. Sie scheinen die heterogenen Kräfte und Entwicklungspotenziale der Stadt heraufzubeschwören. Der Entwurf belässt existierende Fragmente auf beiden Seiten des Mauerstreifens, ohne die verlorenen Strukturen wieder zu komplettieren. Das entleerte Spannungsfeld zwischen Kulturforum und Friedrichstadt wird mit der komplexen Überschneidung der Entwicklungskräfte beantwortet und überdacht von der neuen schwebenden Monumentalgeste des „Aleph Wing", benannt nach dem biblischen, vom Wind der Geschichte mit dem Rücken voraus in die Zukunft geschleuderten und damit nur das Vergangene erkennenden Engel. Libeskind konfrontiert Berlin mit der eigenen Herkules-

A battle of ideals for the lost past and future of Berlin that set the course for the city's subsequent urban development

The competition for the future of the Potsdamer Platz, held soon after the fall of the Wall, revealed quite disparate standpoints and visions for the future of Berlin. The principles of sensitive urban renewal and critical reconstruction served as a model for the redevelopment of what in this case was a very large cleared site. All the prize-winning designs proposed a block structure slightly higher than the Wilhelminian eaves height of 22 meters that had been widely discussed as part of the IBA International Building Exhibition from 1984 to 1987. Several employ a high-rise typological element that grows out of the corner of a block and recurs, rising above the structure of urban blocks at several points.

Alternative positions to the principle of resurrecting the historical grain and unifying the city's urban structure were not awarded prizes but were nevertheless the subject of considerable discussion. Daniel Libeskind's competition entry transformed the memory of the

aufgabe und schlägt eine adäquate Strategie vor: Verbindung durch Vielgestalt auf allen Maßstabsebenen, Absage an rückwärtsgewandte Vereinheitlichung, Bekenntnis zu Risiken der Komplexität und Ehrlichkeit gegenüber der Heterogenität des Stadtgefüges.

Auch Hans Kollhoff, in dessen Hochhausgruppe die gesamte geforderte Baumasse untergebracht ist und der fast provozierend die Privatisierung dieser zentralen urbanen Räume Berlins durch zwei Konzerne in ein entrücktes Babylon eines Turmgebirges gießt, kann in diesem Feld kein Gehör finden. Die Erhaltung eines Nord-Süd-Grünraumes, der als öffentlicher Raum an die Teilung hätte erinnern können und die Insellage der Hochhausgruppe weichen zu sehr von Bild der kritischen Rekonstruktion ab. Das Bild einer Hochhausgruppe wird später jedoch abgewandelt und in der Höhe gestaffelt in die Planungen um den Potsdamer Platz einfließen.

Potsdamer Platz as a key node in the urban realm into an entirely new three-dimensional gesture. Ten lines derived from memories of the former city were used to articulate new built, spatial and mental connections. His design left the existing fragments standing on both sides of the former Wall without completing the lost structures. The vacant area between the Kulturforum and the Friedrichstadt was inhabited by a complex constellation of intersecting forces of development and covered by a new, monumental floating gesture, which he called the "Aleph Wing", named after the biblical angel, flung by the winds of history backwards into the future so that it sees only the past. Libeskind's design confronted Berlin with the Herculean task it faced while also proposing an adequate strategy: connection through diversity of form at all scales, a rejection of the backward-looking policy of harmonization and a willingness to embrace the risks of complexity and honesty with respect to the varied forms of the urban fabric.

Hans Kollhoff's proposal likewise found little favor with the jury. Concentrating the entire floor area requirement within a group of high-rise towers, he provocatively shifts the privatization of the central urban spaces of Berlin by two corporations into a separate Babylon-like cluster of high-rise towers. The retention of a public green space running north-south that could have served as a reminder of the city's division and the insular group of high-rise towers diverged too far from the model of critical reconstruction. The image of a group of high-rise towers did however, later find its way in a modified, stepped form into the final plan for the Potsdamer Platz

Hilmer & Sattler und Albrecht: Erster Platz Wettbewerb Potsdamer/Leipziger Platz, 1991 Hilmer & Sattler und Albrecht: First prize, Potsdamer/Leipziger Platz urban design competition, 1991

Axel Schultes in Bangert Jansen Scholz Schultes mit Charlotte Frank: Potsdamer Platz Berlin, Modell, 1991 Axel Schultes in Bangert Jansen Scholz Schultes with Charlotte Frank: Potsdamer Platz Berlin, model, 1991

Hans Kollhoff: Beitrag Wettbewerb Potsdamer/Leipziger Platz, 1991 Hans Kollhoff: Competition entry, Potsdamer/ Leipziger Platz, 1991

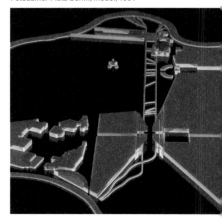

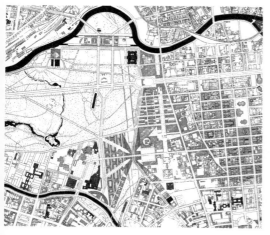

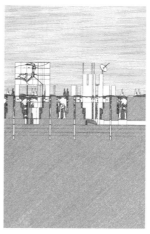

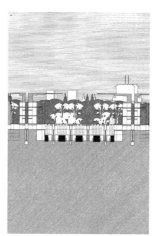

Axel Schultes in Bangert Jansen Scholz Schultes mit Charlotte Frank: Potsdamer Platz Berlin, Planungskonzept, 1991 Axel Schultes in Bangert Jansen Scholz Schultes with Charlotte Frank: Potsdamer Platz Berlin, planning concept, 1991

Axel Schultes in Bangert Jansen Scholz Schultes mit Charlotte Frank: Potsdamer Platz Berlin, Schnitt durch Potsdamer Platz und Potsdamer Bahnhof, 1991 Axel Schultes in Bangert Jansen Scholz Schultes with Charlotte Frank: Potsdamer Platz Berlin, section through Potsdamer Platz and Potsdamer Bahnhof railroad station, 1991

Eine besondere Position hat in diesem Feld die Arbeit von Axel Schultes, der sich nach dem Mauerfall in zahlreichen Arbeiten mit der Mitte Berlins auseinandergesetzt hat. Als Teil eines Wettbewerbsbeitrags zu den Friedrichstadtpassagen am Gendarmenmarkt hatte Schultes vorgeschlagen, angesichts der Notwendigkeit zur Verdichtung die Berliner Traufhöhe zu verdoppeln und auf einem Sockel von 22 Metern zusätzliche Bebauung bis zur Höhe von 44 Metern zuzulassen. Im Beitrag zum Wettbewerb zum Potsdamer Platz entwickelt Schultes dieses Konzept weiter, aus dem nun nicht nur die Ergänzungen auf dem ehemaligen Stadtgrundriss östlich der Mauer, sondern vor allem auch das neue Quartier auf dem Debis-Gelände westlich des Mauerstreifens entstehen soll. Rückschauend wirkt sein Vorschlag wie ein Vorläufer für die Überhöhung der Traufkanten am Pariser Platz, später am Leipziger Platz, durch mehrfache Staffelgeschosse oder auch am Bahnhof Friedrichstrasse, wo dem Druck zur Verdichtung nachgegeben und die Traufhöhe von 22 Metern in etwa um das Doppelte überschritten wurde.

Schultes wird sein Modell der überhöhten Blöcke, das er schon im Wettbewerb zum Potsdamer Platz vorgeschlagen hatte, selbst nur einmal bauen, nämlich im Kanzleramt als zentralen Baustein in seinem Band des Bundes (S. 196) für die Regierungsbauten.

Of special note is also the design by Axel Schultes, who after reunification explored ideas for the center of Berlin in multiple projects. In his competition entry for the Friedrichstadtpassagen shopping mall on the Gendarmenmarkt, Schultes had proposed that to achieve the necessary increased density in the city center, the addition of a further tier above the building line of 22 meters should be permitted up to a height of 44 meters. In his proposal for the Potsdamer Platz, Schultes extended this concept not just to the resurrected former urban plan east of the Wall but also to the new quarter planned for the Debis site west of the border strip. In retrospect, his proposal can be seen as a forerunner for the raised building heights of the Pariser Platz, and later the Leipziger Platz, through the addition of several stepped-back stories, or for the developments at Friedrichstrasse railway station where the eaves line ruling has been exceeded by a factor of two to accommodate the need for greater urban density.

Schultes would only once put the model for raised blocks he proposed here into practice, namely for the Federal Chancellery as the central element of the Band des Bundes (Federal Ribbon p. 196) for the parliamentary buildings.

POTSDAMER PLATZ UND LEIPZIGER PLATZ

Standort: Berlin Mitte
Bauherr: Daimler, Sony
Renzo Piano
Debis Tower, **Bauzeit:** 1993–1997
Richard Rogers
Arkaden, **Bauzeit:** 1994–1998
Hans Kollhoff
Kollhoff Tower, **Bauzeit:** 1995–1999
Raphael Moneo
Hotel Grand Hyatt, **Bauzeit:** 1995–1998
Helmut Jahn
Sony Center, **Bauzeit:** 1995–2000

Location: Berlin Mitte
Client: Daimler, Sony
Renzo Piano
Debis Tower, **Construction:** 1993–1997
Richard Rogers
Arcades, **Construction:** 1994–1998
Hans Kollhoff
Kollhoff Tower, **Construction:** 1995–1999
Raphael Moneo
Grand Hyatt Hotel, **Construction:** 1995–1998
Helmut Jahn
Sony Center, **Construction:** 1995–2000

Sony Center (Helmut Jahn, 1995–2000) Sony Center (Helmut Jahn, 1995–2000)

POTSDAMER PLATZ AND LEIPZIGER PLATZ

Der Potsdamer Platz ist einer der geschichtsträchtigsten Orte Berlins mit vielen, sich schnell wandelnden Gesichtern. Als Verkehrsknoten aus S- und U-Bahnen, Straßenbahnen und Buslinien und Aufstellort der ersten Ampelanlage Europas, beliebtes Ausgehviertel der 1920er Jahre und als einer der belebtesten Plätze ganz Europas, wurde er im Krieg fast zur Hälfte zerstört. Mit dem Mauerbau gingen sämtliche Verbindungen verloren.

Für den Bau der Mauer und die Anlage des Todesstreifens ließ die SED 1961 fast alle noch bestehenden Gebäude abreißen. Auf der West-Seite wurden zerstörte Bauten abgetragen, nur wenige Einzelgebäude blieben erhalten – der Platz wurde so zu einer riesigen innerstädtischen Brachfläche. Zwischen 1961 und 1989 orientierten sich die Planungen auf beiden Seiten an parallelen Nord-Süd-Achsen, Ost-West-Verbindungen hingegen wurden unterbrochen. Bei der Errichtung des Kulturforums auf der West-Seite wurde die ehemalige Stadtstruktur vollständig neu überbaut: Der ursprüngliche Verlauf der Potsdamer Straße wurde durch die Staatsbibliothek unterbrochen und in Nord-Süd-Richtung wurde parallel zum Mauerstreifen ein Korridor für den geplanten Verlauf einer Stadtautobahn freigehalten.

Die Tatsache, dass große Teile des Geländes am Potsdamer Platz schon 1990 an Daimler und Sony verkauft wurden und damit große, unmittelbar am ehemaligen Todesstreifen liegende Flächen kommerziellen Interessen

The Potsdamer Platz is one of the most historically important sites in Berlin with many, quickly-changing faces. As a public transport interchange where S-Bahn and U-Bahn and tram and bus lines intersect, and as the site of the first traffic lights in Europe, it was a popular nightlife area in the 1920s and one of the most vibrant squares in Europe. Almost half of it was destroyed in the war, and after the building of the Berlin Wall, all traffic and transport connections were severed.

For the building of the Wall and the border installations in 1961, the Socialist Unity Party tore down almost all the remaining buildings. On the west side, the buildings destroyed during the war were removed and only a few individual buildings remained. The square became a vast inner-city wasteland. Between 1961 and 1989, the east-west connection was severed and planning initiatives on both sides were defined by the north-south axis of the Wall. The construction of the Kulturforum on the west side of the city replaced the historical plan with an entirely new urban layout: the original course of the Potsdamer Strasse was interrupted by the National Library building and a corridor was left behind it for a planned north-south roadway parallel to the Wall.

The fact that large sections of the site of the Potsdamer Platz were sold almost immediately to Daimler and Sony in 1990, with the consequence that large areas of land directly adjoining the former death strip and border zone were earmarked for commercial interests, focused attention on the future of the Potsdamer Platz and Leipziger Platz as a main transitional point between the former East and West, and on appropriate ways of dealing with the empty sites of the city. The official competition for the urban concepts of the Potsdamer and Leipziger Platz generated what seems from today's perspective an unbelievably broad spectrum of different strategies for creating a new coherent urban configuration in the formerly divided city.

From the diverse range of radically different proposals that took the drastic changes and fractures of the place as a starting point for a new beginning, a winning entry by the architecture office Hilmer & Sattler was selected in October 1991. In their entry, the architects proposed the "idea of the compact, spatially complex European city" and the jury commended that the proposal did "not follow the American city model of an agglomeration of skyscrapers." Instead, their design continued the classical pattern of perimeter block construction, augmenting the historical plan of Berlin, albeit two stories taller than the nineteenth-century Berlin block, with high-rise

unterlagen, rückte das städtebauliche Areal Potsdamer/ Leipziger Platz als erstes Bindeglied zwischen Ost und West unmittelbar in den Mittelpunkt der Diskussionen um den angemessenen Umgang mit den Leerstellen der Stadt. Der kurz darauffolgende offizielle Wettbewerb für das städtebauliche Konzept Potsdamer/Leipziger Platz zeigt darüber hinaus ein heute kaum mehr vorstellbares Spektrum an unterschiedlichen Strategien, aus einer geteilten Stadt ein neues zusammenhängendes Gebilde zu entwickeln.

Aus dem Feld radikal unterschiedlicher Vorschläge, die die drastischen Veränderungen und Brüche des Ortes als Ausgangspunkt für einen Neuanfang nahmen, geht im Oktober 1991 das Büro Hilmer & Sattler als Wettbewerbssieger hervor. In ihrem Erläuterungstext beschreiben die Architekten ihre „Vorstellung von der kompakten, räumlich komplexen, europäischen Stadt". Die Jury ist davon angetan, dass hier „nicht das weltweit verwendete amerikanische Stadtmodell der Hochhausagglomeration" zum Tragen kommen soll. Der Entwurf zeigt klassischen Blockrand, streng orientiert am ehemaligen Stadtgrundriss, allerdings zwei Geschosse höher als die Berliner Gründerzeitvorbilder, dazu Hochhäuser am Übergang zwischen Potsdamer und Leipziger Platz.

Auch die übrigen Preise werden ausschließlich an Entwürfe vergeben, die sich im Wesentlichen auf eine Ost und West verbindende Stadtmasse konzentrieren und maximal durch einzelne Hochhäuser überhöhen. Legendär ist die Anekdote, nach der Rem Koolhaas unter Protest die Jury verließ und in einem öffentlichen Brief in der FAZ. von „massakrierten Ideen" sprach. „Banal, kleinbürgerlich und reaktionär" – so beschrieb er den Umgang der Stadtverwaltung mit der historisch so bedeutsamen Fläche zwischen Tiergarten, Kreuzberg und Mitte.

Aus dem ehemals verkehrsreichsten Platz Europas ist ein Stadtteil entstanden, der in großen Teilen eher an amerikanische Malls erinnert.

Potsdamer Platz, 1930 Potsdamer Platz, 1930

towers positioned at the transition between the Potsdamer and Leipziger Platz

The remaining prizes were also all awarded to designs that in essence repaired the urban fabric between the East and West, with only individual high-rise towers exceeding the height of the blocks. The tale of Rem Koolhaas leaving the jury in protest at what he subsequently called "the massacre of ideas" in an open letter to the "Frankfurter Allgemeine Zeitung" newspaper (FAZ) is legendary. Not mincing his word, he described the city authority's approach to this historic and crucially important location between the Tiergarten and the districts of Kreuzberg and Mitte as "banal, small-minded and reactionary".

A slightly modified variant of Hilmer & Sattler's master plan was commissioned by the investors Daimler and Sony, which became the outline for the overall project, revealing the shift in power resulting from the sale of the site. Critics denounced the proposal, at times using drastic words. In a commentary entitled "The Imperialist Politics of Symbolism: Goodbye Potsdamer Platz" published in the "Tagesspiegel "newspaper on October 29, 1991, the architectural historian Dieter Hoffmann-Axthelm wrote: "Rogers' design is, in a word, that of a self-contained, investor-financed city with an internal public realm and direct rail connection, the epitome of the privatized city. There is no other way to put it."

What was once the busiest square in Europe is now an urban district that in large parts resembles a complex of American malls.

Potsdamer Platz, 1962 Potsdamer Platz, 1962   **Potsdamer Platz, 1983** Potsdamer Platz, 1983

Eine gegenüber dem Entwurf von Hilmer & Sattler leicht abgewandelte Version des Masterplans, die von den Investoren Daimler und Sony selbst beauftragt wurde, wird zum Leitfaden des Gesamtprojekts und zeigt dabei auch die Kräfteverhältnisse, die durch den Verkauf des Areals entstanden sind. Diese werden von der Kritik zum Teil in drastischen Worten angeprangert. In einem Kommentar mit dem Titel „Imperiale Zeichenpolitik oder: Abschied vom Potsdamer Platz", der am 29. Oktober 1991 im „Tagesspiegel" erschien, schrieb der Architekturkritiker Dieter Hoffmann-Axthelm: „Der Rogers-Entwurf ist, mit einem Wort gesagt, der einer in sich geschlossenen Investorenstadt mit interner Öffentlichkeit und direktem Gleisanschluss, das Bild also enteigneter Stadt. Man kann da nicht deutlicher sein."

Aus den folgenden Architekturwettbewerben für die Gewerbe-, Einzelhandels- und Hotelbauten gehen unter anderem die Teams um Renzo Piano, Richard Rogers, Hans Kollhoff, Raphael Moneo und Helmut Jahn als Sieger hervor. Während auf dem Teil südlich der neuen Potsdamer Straße die weitgehende Verwendung der von Renzo Piano vorgeschlagenen Terrakotta-Ziegel eine wiederkehrende Materialität darstellt, entsteht der nördliche Teil von Helmut Jahn mit mehrfach aufgebrochenem und zum Teil doppeltem Blockrand aus voll verglasten Gebäuden, größtenteils unter dem Schutz eines gigantischen Regendachs, das die Berliner schnell in Anspielung an einen Konkurrenten der Bauherrin Sony „Fuji-jama" tauften.

Gestalterisch unterscheiden sich beide Teile in ihrer Materialität und in der Interpretation des ehemaligen Blockrasters. Im Inneren folgen sie den kommerziellen Anforderungen an zeitgenössische Malls und Kinocenter: Ladenlokale, Supermärkte und gastronomische Einrichtungen sind zu einem großen Teil in geschützten Innenräumen zu finden, alle Verbindungstunnel zu S-, U-

In the subsequent architecture competitions for the commercial, shopping and hotel buildings, architecture teams from Renzo Piano, Richard Rogers, Hans Kollhoff, Raphael Moneo and Helmut Jahn all won commissions. While in the section south of the new Potsdamer Strasse, the buildings were mostly clad in terracotta brick elements proposed by Renzo Piano, lending the blocks a consistent materiality, the northern section designed by Helmut Jahn and owned by Sony takes the form of a fully-glazed block perimeter building, in parts two tiers deep, that is sliced open at several points. Over the central space is a gigantic rain canopy that the Berliners dubbed the "Fuji-jama" after one of Sony's main competitors.

While the two designs differ in their materiality and interpretation of the former block structure, inside they follow the commercial considerations of contemporary malls and movie centers: shops, supermarkets and food vendors are almost all oriented inwards and the connecting tunnels to the S-Bahn, U-Bahn and regional rail system are extended shopping arcades. Unlike before the war, the modern Potsdamer Platz is accessed from underground, pedestrians ascending from the U-Bahn or underground car parks. Of the streets and squares for recreation and urban life envisaged in Hilmer & Sattler's original design, only the old and now new Potsdamer Strasse remains as mixed-use public space. Most of the connecting roads between the blocks are solely for deliveries.

Even the Berlinale annual film festival, the only event to lend the Potsdamer Platz a real sense of original identity within and for the city, takes place behind closed doors in the labyrinthine interiors of the movie theaters, themselves, like their surrounding context, spaces of simulation.

und Regionalbahn sind erweiterte Einkaufsstraßen. Der Potsdamer Platz wird dadurch, anders als vor dem Krieg, vor allem über den Schienenverkehr unter der Erde oder mit dem Auto aus den unterirdischen Parkhäusern angesteuert. Von der Forderung aus der Auslobung nach „Plätzen und Straßenräumen zum Verweilen und Flanieren", die die Jury im Entwurf von Hilmer & Sattler am besten verwirklicht sah, bleibt am Ende vor allem die alte und neue Potsdamer Straße übrig, die als durchmischter öffentlicher Raum realisiert ist. Viele Verbindungsstraßen im Blockrastergefüge sind reine Anlieferungszonen.

Selbst die Berlinale, die einmal im Jahr als einzige Institution dem Potsdamer Platz eine Art Originalität und mit der Stadt verbundene Identität verleiht, findet in geschützten Innenräumen der Kinos statt, die zum Umfeld passend per Definition Simulationsräume sind.

Die Entwürfe von Hilmer & Sattler und Richard Rogers für den Potsdamer Platz werden so zum ersten Beispiel einer am historischen Stadtgrundriss orientierten Stadtplanung, die den großmaßstäblichen Parzellen und Eigentumsverhältnissen zum Trotz versucht, öffentliche Räume und eine städtische Diversifizierung der Gebäude

The designs by Hilmer & Sattler and Richard Rogers fo the Potsdamer Platz were the first examples of an urba planning approach based on the historical plan of th city that attempts, despite the large scale of the plot and ownership structures, to create public spaces an achieve a degree of urban diversity in its architectur

Behind the stipulations of the block structure, eave heights and consistent materiality lies a yearning for th past image of nineteenth-century Berlin. In the neigh boring Beisheim Center with its hotels and apartment and in the successively progressing buildings on th Leipziger Platz, where each building has its own plot, th block perimeters are comprised of individual building with relatively regular façades or, as in the case of th Mall of Berlin, have been developed as a single larg land parce

What was once the busiest square in Europe and a cen tral transit hub in pre-war Berlin is now an urban distric that in large parts resembles a complex of America malls, characterized by a high degree of privatizatio with only semi-public urban spaces. Bound to the we by the Kulturforum and to the east by the office building and administrative headquarters of Federal States an

zu realisieren. In der Forderung nach Blockraster, Traufhöhe und Vereinheitlichung durch Materialkanon spiegeln sich allerdings auch die Sehnsüchte nach dem verlorenen Bild der Gründerzeit. Im angrenzenden Beisheim-Center mit Hotel und Wohnnutzungen und in der schrittweise entstehenden Bebauung am Leipziger Platz, bei der die Grundstücksparzellen Bestand hatten, fügt sich der dort geforderte Blockrand teilweise aus einzelnen Gebäuden mit relativ einheitlichem Fassadenbild zusammen oder ist, wie im Fall der Mall of Berlin, wiederum als Großparzelle entwickelt.

Aus dem ehemals verkehrsreichsten Platz Europas und Knotenpunkt Berlins ist ein Stadtteil entstanden, der in großen Teilen eher an komplexe amerikanische Malls mit hoher Privatisierung des nur noch halböffentlichen Raumes erinnert. Nach Westen durch das Kulturforum abgegrenzt und nach Osten mit Bürobauten, Landesvertretungen und Botschaften umgeben, weist er eine gewisse Insellage auf, die von den meisten, die ihn durchqueren, entweder nur auf der Potsdamer Straße oder vor allem unterirdisch erlebt wird.

Das umstrittene Ergebnis lässt aber auch schon 1991 erahnen, wie stark allen massiven Brüchen im Stadtgefüge zum Trotz die Versuchung nach Wiedererrichtung der verlorenen Stadt sein wird, wie sich nach den vielen gescheiterten Architektur-Utopien der jüngeren Vergangenheit vor allem das Verlangen nach Wiederherstellung des Gewesenen, nach Normalität und nach Kontinuität einer im 19. Jahrhundert beheimateten Berliner Stadtgeschichte durchsetzen wird.

national embassies, it occupies a somewhat insular position that most people experience as they pass through it, either on the Potsdamer Strasse or, more commonly, underground.

While the end result remains contentious, it also gives us an indication of how it must have been in 1991: of how strong the desire was, despite the massive gashes in the urban fabric, to resurrect the lost city; of how, after the many failed architectural utopias of the twentieth century, the overriding desire that would ultimately prevail would be to reconstruct what once was, to establish a sense of normality and continuity with the history of the city of Berlin when it was most stable: in the nineteenth century.

Potsdamer Platz, 2003
Potsdamer Platz, 2003

LUISENSTÄDTISCHER KANAL, ENGELBECKEN UND BAUMHAUS AN DER MAUER

Standort: Berlin Friedrichshain-Kreuzberg, Mitte
Architekt: Peter Joseph Lenné
Architekt (Sanierung):
Schumacher Architekten
Länge: 2,3 km
Bauzeit: 1848–1852
Umwandlung in Grünfläche: 1926
**Wiederherstellung der südlichen
Gartenanlage:** 1984
Sanierung: 1991–2010

Location: Berlin Friedrichshain-Kreuzberg, Mitte
Architect: Peter Joseph Lenné
Architect (Renovation): Schumacher
Architekten
Length: 2.3 km
Construction: 1848–1852
Conversion into green space: 1926
**Reconstruction of the gardens on
the south side:** 1984
Renovation: 1991–2010

Engelbecken, 2013   Engelbecken, 2013

LUISENSTADT CANAL, ENGELBECKEN AND TREEHOUSE BY THE WALL

Landschaftsarchitekt und Stadtplaner Peter Joseph Lenné plante bis 1852 den Luisenstädtischen Kanal, der den Landwehrkanal über das Engelbecken mit der Spree verbinden sollte. Da das Wasser wegen fehlender Steigungen aber nicht floss, wurde der Kanal recht bald zu einem hygienischen Problem und schließlich 1926 unter Erwin Barth zu einer Grünfläche umgewandelt. Die aufwändig angelegte Gartenanlage nutze die originalen Komponenten des Kanals wie die Ufermauern aus Backstein. Nach dem Zweiten Weltkrieg wurden bereits erste Teile des Parks als innerstädtische Lagerungsmöglichkeit für Schutt genutzt. Nach dem Mauerbau 1961 gehörten die beiden Seiten des ehemaligen Kanals zu zwei verfeindeten politischen Systemen: Die Kanalanlage mit dem Engelbecken wurde komplett aufgefüllt und planiert und schließlich zum Todesstreifen des Grenzgebiets, in das die Bewohner der südlichen Kreuzberger Straßenseite und des nördlichen Gebiets aus Mitte hinunterblicken konnten.

The landscape architect and urban planner Peter Joseph Lenné planned the Luisenstadt Canal in 1852 to connect the Landwehr Canal via the Engelbecken (Angel's Pool) to the River Spree. Due to insufficient canal gradient, there was not enough water flow and the canal quickly became stagnant and was eventually converted into green gardens in 1926 by Erwin Barth. The elaborate gardens incorporated original elements of the former canal such as the brick canal walls. After the Second World War, parts of the park were used as an inner-city deposit for rubble and debris. When the border was closed in 1961, each side of the former canal lay on the other side of the Wall. The canal and Engelbecken were filled in and leveled, and the canal used for the border installations and death strip. The residents to the south in Kreuzberg and to the north in Mitte could both look down onto the death strip.

Der Luisenstädtische Kanal in Richtung Urbanhafen gesehen, im Hintergrund die Melanchtonkirche Berlin, 1906
The Luisenstadt Canal looking towards the Urbanhafen canal port with Melanchthon Church in the background, Berlin, 1906

Grenzverlauf entlang des Luisenstädtischen Kanals   Border along the
course of the Luisenstadt Canal

Zwei Jungen westlich des Mauerstreifens am Bethaniendamm/Adalbert-
straße, ca. 1973   Two boys on the wes
side of the wall strip near Bethanien-
damm/Adalbertstraße, about 1973

Das „Baumhaus an der Mauer" entstand bereits vor
dem Fall der Mauer als Kuriosität und ungeplante
initiative Aneignung einer kleinen Fläche im Niemandsland am ehemaligen Kanal. Osman Kalin, ein
türkischer Immigrant, der auf der Kreuzberger Seite
der Mauer lebte, entdeckte die vermüllte DDR-Ver-
kehrsinsel und funktionierte sie zum Garten um. Die
West-Berliner Behörden kümmerten sich um diese
Maßnahmen wenig, da das dreieckige Grundstück
offiziell zu Ost-Berlin gehörte, obwohl es westlich der
Mauer lag. Ostdeutsche Behörden fürchteten den Bau
eines Fluchttunnels, intervenierten aber nicht gegen
die fortschreitenden Begrünungsmaßnahmen.
Nach 1989 entstand auf dem Grundstück eine

The "Treehouse on the Wall" is a folly erected before th
Wall came down on a small patch in no man's land in th
middle of the former canal. It was an unplanned privat
initiative by the Turkish immigrant Osman Kalin, who live
on the Kreuzberg side and appropriated the littered GDI
traffic island for use as a garden. The authorities in Wes
Berlin paid little attention as the triangular site officially be
longed to East Berlin, despite being on the western sid
of the wall. The East German authorities suspected tha
it was being used to build an escape tunnel but did nc
intervene against the continuing greening of the space
After 1989 a two-story hut with a concrete foundatio
was built on the site, which is still tolerated today despit
not having planning permissio

Durch die Wiedervereinigung erlebten viele Bezirke rasche Gentrifizierungsprozesse.

zweigeschossige Hütte mit Betonfundament, die auch heute noch toleriert wird, obwohl sie ohne jede Baugenehmigung errichtet wurde.

Die Verwaltung des Bezirks Mitte forderte Osman Kalin zwar zwischenzeitlich auf, das Gelände zu räumen. Dies löste allerdings eine öffentliche Welle der Solidarität aus, die dazu führte, dass das Baumhaus an der Mauer mit einer Sondergenehmigung weiterexistieren darf. Auch heute werden das Baumhaus und der nun umzäunte kleine Garten weiter genutzt und gelten als touristische Sehenswürdigkeit. Die Geschichte der kleinen Insel im Niemandsland steht aber als absoluter Sonderfall im größeren Kontext vieler neuer hochpreisiger Wohnbauten entlang des ehemaligen Luisenstädtischen Kanals. Während der Teilung orientierten sich Projektentwicklungen nämlich in möglichst großer Entfernung zum Mauerstreifen. Das Gebiet von Kreuzberg 36 war dementsprechend uninteressant, da es am Ende West-Berlins" lag. Durch die Wiedervereinigung erlebten viele solcher Bezirke, die durch die Öffnung der Mauer mit einem Mal wieder innerstädtisches Entwicklungspotenzial aufwiesen, rasche Gentrifizierungsprozesse.

Am ehemaligen Kanal konnten nach dem Mauerfall durch gartenarchäologische Grabungen viele Teile der Originalsubstanz wieder freigelegt werden. Inzwischen ist der frühere Verbindungskanal auf insgesamt zwei Kilometern Länge als Grünfläche wiederhergestellt. In Kooperation zwischen Bezirk, Land und Bürgerinitiativen sowie einiger beteiligter Firmen wurde innerhalb von zwei Jahrzehnten das Areal im Sinne der ursprünglichen

The local public administration department demanded that Osman Kalin clear the site, but this only led to a wave of public solidarity and the Treehouse on the Wall was eventually given special planning permission to remain. Today, the treehouse and the small, now fenced garden are still used and have become a tourist attraction. The history of this small island in no man's land is an exceptional case in the wider context of many new luxury residences along the former Luisenstadt Canal. During the division of Berlin, project developments were mostly undertaken as far away from the Wall as possible. The district of Kreuzberg 36 was of little interest as it lay "at the edge of West Berlin". After the reunification, many such districts suddenly became areas of potential in the inner city due to the opening of the Wall, and experienced rapid gentrification.

Archaeological excavations of the gardens on the former canal brought much of the original substance to light. The former canal link is now an urban green strip along a length of two kilometers. In cooperation with the district, Federal State, various citizens' initiatives and several

After the reunification, many districts experienced rapid gentrification.

companies, the site has been restored to its original plan over a period of two decades. Over time, this will gradually become a habitat for flora and fauna. The Luisenstadt Canal is now also a listed garden monument. Restoration and upgrading measures along the course of the former border in the inner city help support the healing process of formally brutally separated areas. In the case of the Luisenstadt Canal and the Engelbecken, such measures also result in new, high-quality public amenities in the urban realm. At the same time, social and economic shifts in the surrounding neighborhoods, often reinforced by the restorations, are inevitably contributing in the long term to gentrification effects.

Grundrissstruktur wiedergewonnen. Darin soll sich nun ein Biotop für Flora und Fauna langsam entwickeln. Der Luisenstädtische Kanal wurde als schützenswertes Gartendenkmal in die Landesdenkmalliste aufgenommen. Diese Aufwertungsmaßnahmen ehemaliger Grenzgebiete in nun innerstädtischen Lagen unterstützen den Heilungsprozess brutal getrennter Strukturen; sie bieten im Fall des Luisenstädtischen Kanals und Engelbeckens zudem neue öffentliche Räume von hoher Qualität. Gleichzeitig verändern sie dadurch aber ungewollt auch die sozialen und wirtschaftlichen Strukturen der umliegenden Kieze und führen langfristig zu Verdrängungsphänomenen.

Neubau entlang des Luisenstädtischen Kanals: wa17 (zanderrotharchitekten, 2017)
New building adjoining the Luisenstadt Canal wa17 (zanderrotharchitekten, 2017)

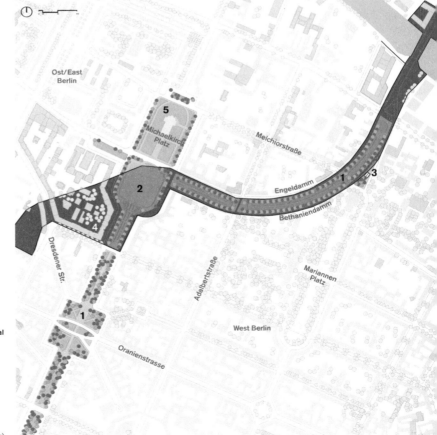

1. Parkanlage Luisenstädtischer Kanal
2. Engelbecken
3. Baumhaus an der Mauer
4. wa17 (zanderrotharchitekten)
5. St.-Michael-Kirche (August Soller)

1. Park along the Luisenstadt Canal
2. Engelbecken
3. Treehouse on the wall
4. wa17 (zanderrotharchitekten)
5. St Michael's Church (August Soller)

Baumhaus   Treehouse

BAUMHAUS AN DER MAUER
Standort: Berlin Friedrichshain-Kreuzberg
Initiator: Osman Kalin
Bauzeit: ab 1983
Abriss und Neubau: 1991

TREEHOUSE BY THE WALL
Location: Berlin Friedrichshain-Kreuzberg
Initiator: Osman Kalin
Construction: from 1983
Demolition and rebuilding: 1991

MAUERPARK

Standort: Berlin Mitte
Architekt: Gustav Lange
Bauherr: Grün Berlin Stiftung für das Land Berlin
Bauzeit: 1992–1994
Erweiterungen: 2013 und ab 2016

Location: Berlin Mitte
Architect: Gustav Lange
Client: Grün Berlin Foundation for the State of Berlin
Construction: 1992–1994
Extensions: 2013 and 2016 onwards

Mauerpark, 2017   Mauerpark, 2017

MAUERPARK

Die Fläche des Grenzstreifens des heutigen Mauerpark-areals erfuhr in der Zeit vor der Teilung verschiedenste Nutzungen, angefangen mit einem Exerzierplatz im 19. Jahrhundert, später durch die deutsche Bahn als Kopf- und Güterbahnhof für die Nordbahn, welcher mit Bau der Mauer und der Teilung Deutschlands geschlossen wurde. Ab 1961 verlief die Mauer durch das Areal. Aufgrund eines Gebietsaustauschs zwischen BRD und DDR Mitte der 1980er Jahre veränderte sich die Lage des Grenzstreifens von der steilen Böschung hinüber in

The terrain of the former border strip that is now the Mauerpark served a variety of uses before the division of Germany, firstly as a military parade ground in the nineteenth century, and later as a railway terminus and freight yard for the Nordbahn, which was closed follow-ing the building of the Wall and the division of Germany. From 1961 onwards, the Berlin Wall ran through the site. Following an exchange of territories between the GDR and the Federal Republic in the mid-1980s, the location of the border strip shifted from the steep embankment

den bis dahin in West-Berlin gelegenen ebenen Streifen des ehemaligen Bahngeländes, das nach dem Bau der Mauer brachlag. Dies bedingte auch zwei unterschiedliche Verläufe der Vorderlandmauer, welche zunächst am Fuße der Böschung und dann an der heutigen Westbegrenzung des Parks gelegen war. Heute sind diese Linien durch die Wege des Parks sichtbar.

Nach der Wiedervereinigung nutzten die Anwohner schnell die freigewordene Fläche mit Spontanvegetation als Park. Nachdem die frühe Idee, den ehemaligen Mauerstreifen in ganz Berlin in einen Grünstreifen zu verwandeln, viel Zustimmung in der Bevölkerung fand, beschloss die Stadt bereits 1992, hier auch offiziell einen Park entstehen zu lassen. Unter der Leitung von Gustav Lange, der in seinem Konzept besonders die offene Raumerfahrung einer langen Grünachse inmitten der Stadt herausarbeitete, wurde der Streifen in einer ersten Phase bis 1994 angelegt. Ein erhaltener Teil der Mauer markiert die Grenze zum Sportpark und ist als Arbeitsfläche für Graffitikünstler ausgewiesen. In mehreren Bauabschnitten wird die Parkgröße seitdem schrittweise durch intensive Bemühungen von Bürgerinitiativen vergrößert. Eine geplante Teilbebauung im Süden konnte zunächst

Mauerpark, ca. 1990 Mauerpark, around 1990

to the flat section of the former railway site, which lay in West Berlin and had fallen into disuse after the building of the Wall. This resulted in two different routes for the outer wall, which initially ran along the base of the embankment and later at the western edge of what is now the park. Today, both these lines can be seen in the park.

After the reunification, the local residents quickly reinhabited the overgrown site as a park. After an early proposal to transform the entire Wall and border strip in Berlin into a green ribbon met with popular approval, the city decided in 1992 already to officially convert the site into a park. Under the direction of Gustav Lange, who proposed the idea of a long green axis running as an open space through city, the site was developed in a first phase in 1994. An intact section of the Wall marks the boundary to the sport park and is designated as a wall for graffiti artists. The park has since successively expanded in response to intensive efforts by local community groups. A planned building project at the southern end was previously averted, but is now back on track. Additionally a residential quarter at the north end is currently being built, despite repeated protests.

Today the Mauerpark attracts many visitors, especially at the weekends. The main attraction is the weekly flea market along with a small amphitheater that hosts regular public karaoke

Karaoke im Amphitheater Karaoke in the amphitheater

abgewendet werden, ist nun aber wieder in Planung. Dafür entsteht zurzeit trotz Protesten ein Wohnquartier am Nordende.

Heute ist der Mauerpark vor allem an Wochenenden ein Besuchermagnet. Hauptattraktionen sind ein wöchentlicher Flohmarkt sowie ein kleines Amphitheater, in dem seit Jahren auf Initiative eines Dubliners partizipative Karaoke-Sessions vor zahlreichen Zuschauern veranstaltet werden.

Bei Bauarbeiten, die 2017 von den Berliner Stadtwerken zur Wasserversorgung vorgenommen werden mussten, kamen Fluchttunnel zum Vorschein. Wie mit diesen Überresten weiter verfahren werden soll, ist bislang noch unklar. So zeigt sich, wie sich die Grundhaltung gegenüber der Mauer in den letzten Jahrzehnten verändert hat. Versuchte man zunächst so schnell wie möglich alle Reste zu entfernen, werden heute in solchen Funden bewahrenswerte Artefakte deutsch-deutscher Geschichte gesehen.

Auch die Bebauung in unmittelbarer Nachbarschaft geht direkt auf die ehemalige Teilung ein. Die bogenförmige Struktur der Multifunktionsarena Max-Schmeling-Halle (Jörg Joppien/Albert Dietz/Annette Maud-Joppien, 1994–1996) stellt den Versuch dar, eine ganz wörtlich verbindende Geste zu schaffen. Dennoch stellt der Mauerpark eine städtebauliche Trennung dar:

sessions, initiated many years ago by a Dubliner, which draws large crowds of spectators.

Building works by the Berlin water utilities in 2017 brought to light further undiscovered escape tunnels. How these remains should be dealt with is not yet clear. This shows how the attitude towards the Wall has changed over the last few decades: where in the past, people were eager to eradicate all traces of the Wall as quickly as possible, today such finds are seen as artefacts of cultural value and testimonies to the German-German history.

Buildings in the immediate vicinity likewise respond to the former division of Berlin. The arcing form of the Max-Schmeling-Halle, a multifunctional sports arena designed by Jörg Joppien, Albert Dietz and Annette Maud-Joppien (1994–1996), makes quite literally a connecting gesture. The Mauerpark nevertheless represents a divide in the urban realm: the large sports facilities from GDR times (Helmut-Jahn-Sport-park) and the new Max-Schmeling-Halle separate the park from the dense residential quarter of Prenzlauer

Die großen Sportanlagen der DDR (Helmut-Jahn-Sport-park) und die neue Max-Schmeling-Halle trennen den Park von den dichten östlichen Wohnvierteln des Bezirks Prenzlauer Berg. Gleichzeitig haben sich in den 1970er Jahren mit den Großsiedlungen auf West-Berliner Seite städtebauliche Gesten entwickelt, die dieses Viertel komplett vom Mauerpark trennen und kaum Verbindungen in den Park zulassen. Der Park speist sich vor allem aus dem Süden der Bernauer Straße und ist ein wichtiger Anziehungsort für Berlinbesucher.

Berg to the east. At the same time, the urban design of the large 1970s housing developments on the West Berlin side shield the entire quarter from the Mauerpark and offer few connections through to the park. Most visitors come from the Bernauer Strasse to the south and the park has become a major attraction for visitors to Berlin.

1. Mauerpark (Gustav Lange)
2. Amphitheater im Mauerpark
3. Erweiterung Mauerpark ab 2017 (Gustav Lange)
4. Wohnquartier Nord (Groth GmbH)
5. Max-Schmeling-Halle (Dietz Joppien Architekten)
6. Helmut-Jahn-Sportpark
7. Gedenkstätte Berliner Mauer (S. 218)

1. Mauerpark (Gustav Lange)
2. Amphitheater in the Mauerpark
3. Extension of the Mauerpark, 2017 (Gustav Lange)
4. Wohnquartier Nord housing development (Groth GmbH)
5. Max Schmeling Halle (Dietz Joppien Architekten)
6. Helmut Jahn Sportpark
7. Berlin Wall Memorial (p. 218)

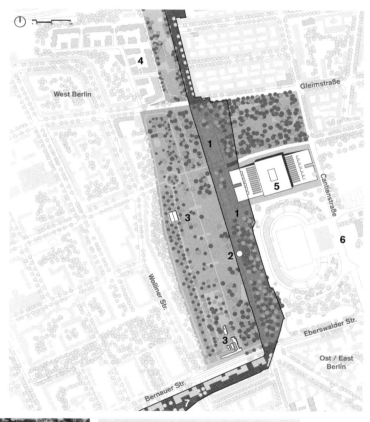

Mauerpark mit Max-Schmeling-Halle und Friedrich-Ludwig-Jahn-Sport-park Mauerpark with the Max Schmeling Halle and Friedrich Ludwig Jahn Sportpark

MAX-SCHMELING-HALLE
Architekten: Jörg Joppien, Albert Dietz, Annette Maud-Joppien
Bauherr: Velomax Berlin Hallenbetriebs GmbH
Bauzeit: 1994–1996

MAX-SCHMELING-HALLE
Architects: Jörg Joppien, Albert Dietz, Annette Maud-Joppien
Client: Velomax Berlin Hallenbetriebs GmbH
Construction: 1994–1996

Standort: Berlin Mitte
Rem Koolhas (OMA)
Checkpoint Charlie Apartments, **Wettbewerb:**
1980–1981, **Bauzeit:** 1987–1990
Josef Paul Kleihues
Checkpoint Arkaden, **Entwurf:** 1991, **Bauzeit:**
1994–1997
Triangel, 1995–1997
Philip Johnson
Lauber Wöhr Architekten
Gisela Bender und Günter Glass
(David Childs)
American Business Center, **Wettbewerb** 1992,
Bauzeit: 1995–1998
Eisenman/Robertson Architects
Haus am Checkpoint Charlie, **Wettbewerb:**
1980–1981, **Bauzeit:** 1985–1986

Location: Berlin Mitte
Rem Koolhaas (OMA)
Checkpoint Charlie Apartments, **Competition:**
1980–1981, **Construction:** 1987–1990
Josef Paul Kleihues
Checkpoint Arcades, **Design:** 1991, **Con-**
struction: 1994–1997
Philip Johnson,
Lauber Wöhr Architekten,
Gisela Bender and Günter Glass
(David Childs)
American Business Center, **Competition:**
1992, **Construction:** 1995–1998
Eisenman/Robertson Architects
House at Checkpoint Charlie, **Competition:**
1980–1981, **Construction:** 1985–1986

CHECKPOINT CHARLIE

CHECKPOINT CHARLIE

Checkpoint Charlie, 2010   Checkpoint Charlie, 2010

Located at the intersection of the Zimmerstrasse and the north-south axis of the Friedrichstrasse, Checkpoint Charlie was the third crossing point after Checkpoint Alpha (p. 136) and Checkpoint Bravo (p. 110) between the American and Soviet sectors. It was used primarily by diplomats and people traveling from West to East Berlin. After the construction of the Wall and the tank confrontation shortly afterwards in October 1961, it became, alongside the Brandenburg Gate, the most symbolically potent image of the Cold War.

The checkpoint facilities on the East Berlin side were continually expanded during the period of division to prevent attempts to flee by car and to demonstrate military might to the Allies. By the end of the GDR, the border facilities extended three blocks northwards of the Wall, occupying several plots in the Friedrichstadt that lay vacant due to war damage or demolition. In 1980, the Americans also planned new border control facilities in a building in a nearby block designed by OMA as part of the IBA International Building Exhibition in Berlin. Above a kind of drive-in circuit for incoming and outgoing vehicles on the ground floor, there were to be three different types of apartments on the upper stories. The building was set back slightly from the block perimeter and was only completed shortly after the fall of the Wall. Consequently, elements on the site but not inside the building, such as a watchtower, as well as the ground floor facilities, were never used and eventually replaced by shops. Over the course of the IBA, other infill sites on the southern side of the Zimmerstrasse had also been developed, leaving only a few individual open sites remaining when the Wall opened.

Am Kreuzungspunkt entlang der Zimmerstraße und der Nord-Süd-Achse der Friedrichstraße gelegen, war der Checkpoint Charlie nach Checkpoint Alpha (S. 136) und Checkpoint Bravo (S. 110) der dritte Übergang zwischen dem amerikanischen und dem russischen Sektor, der vor allem von Diplomaten und Reisenden aus dem Westen nach Ost-Berlin genutzt wurde. Seit dem Mauerbau und der kurz darauffolgenden Panzerkonfrontation im Oktober 1961 wurde er neben dem Brandenburger Tor zum symbolisch wichtigsten Ort des Kalten Krieges.

Die Kontrollanlagen auf Ost-Berliner Seite waren während der Teilung kontinuierlich erweitert worden, um Fluchten im Auto zu verhindern und gegenüber den Alliierten Souveränität zu demonstrieren. Am Ende nahmen diese Grenzanlagen mehrere der durch Kriegszerstörung und Abriss offenliegenden Blöcke der Friedrichstadt auf

On the East Berlin side, the demolition of the extensive border installations, watchtowers and in this case three parallel lines of walls began in 1990. An empty urban space extending across almost five whole blocks resulted. Redevelopment plans for the Zimmerstrasse, the former border strip and former East Berlin section of Checkpoint Charlie were soon proposed that followed the principle of critical reconstruction elaborated by the IBA in the West and now applied to East Berlin and the Wall zone. Following a series of architecture competitions for an American Business Center on the five blocks, only the three northernmost blocks were developed to designs by Philip Johnson, Josef Paul Kleihues and Lauber Wöhr Architects.

The two sites immediately adjoining the checkpoint were not developed and remain empty to this day, reminding

etwa drei Blocktiefen nördlich des Mauerverlaufs ein. 1980 planten auch die Amerikaner ihre Grenzkontroll- anlagen in ein von OMA im Kontext der IBA entwor- fenes Haus im Blockrand zu verlegen. Über dem Erdgeschoss mit einer Art Parcours für die ein- und ausreisenden Fahrzeuge sollten in den oberen Etagen drei Typen von Wohnungen entstehen. Das Gebäude war vom Blockrand zurückversetzt und wurde erst kurz nach dem Mauerfall fertiggestellt. Innerhalb der Grundstücksgrenze vor dem Hauptbaukörper befindliche Bestandteile, wie ein Überwachungsturm und die gesamte Erdgeschosszone, wurden nie in Betrieb genommen und schließlich durch Ladenlokale ersetzt. Im Zuge der IBA waren zu diesem Zeitpunkt schon weitere Baulücken auf der südlichen Seite der Zimmerstraße bebaut, sodass zur Zeit des Mauerfalls nur noch einzelne Lücken bestanden.

Auf Ost-Berliner Seite wurden 1990 die großräumigen Grenzanlagen, Wachtürme und Bestandteile von in diesem Fall drei hintereinander angeordneten Mau- erlinien entfernt. So entstand ein fast fünf komplette Blöcke überspannender Leerraum. Im Einklang mit der von der IBA im Westteil schnell auch auf Ost- Berlin und den Mauerstreifen übertragenen kritischen Rekonstruktion des Stadtzentrums gab es für die Zimmerstraße bald Pläne für eine am historischen Stadtgrundriss orientierte, vollständige Bebauung des Todesstreifens und auch des ehemaligen Ost-Berliner Teils des Checkpoint Charlie. Nach Architekturwett- bewerben für ein American Business Center auf den

fünf betroffenen Blöcken entstanden in der Folge nur
die drei nördlichen Blöcke unter der Federführung
von Philip Johnson, Josef Paul Kleihues und Lauber
Wöhr Architekten.

Die beiden unmittelbar am Checkpoint gelegenen
Grundstücke des American Business Centers blieben
unbebaut und zeugen als Brache im
Zentrum Berlins noch heute von Zerstörung und Kaltem Krieg. Mittig auf der
Friedrichstraße stand auf amerikanischer
Seite ursprünglich eine Baracke, die nach
1989 zunächst demontiert und später
durch eine andere ersetzt wurde. Sie
wurde durch Schauspieler in historischen sowjetischen und amerikanischen
Uniformen, die für Selfies zur Verfügung
stehen und Pässe stempeln, schnell zur
Touristenattraktion. Hinzugekommen
sind die temporäre Architektur einer
Black Box, die, von der Berliner Kultur-
verwaltung initiiert, die Geschichte des
Kalten Krieges zum Thema hat, und ein
Rundpanorama von Yadegar Asisi, das
eine typische Situation in unmittelbarer Nachbarschaft
zur Zeit der Mauer erlebbar macht. Zusammen mit dem
privaten Checkpoint Charlie Museum, verschiedenen

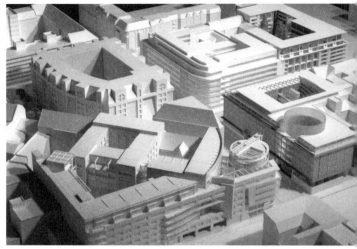

**Modell des American Business
Center, 1992** Model of the American
Business Center, 1992

**Luftbild entlang der Zimmerstraße
Richtung Osten** Aerial view along the
Zimmerstrasse looking eastwards

Bauzäunen und Plakatwänden, die die Geschichte des Ortes erläutern, Snack-Buden und zahlreichen Souvenirläden ist eher ungeplant ein Sammelsurium aus Erinnerungsfragmenten, Geschichtsdeutung und Entertainment entstanden, das von dem einen als authentisch, dem anderen als Zirkus empfunden wird. So wurde der Checkpoint zu einem der besucherreichsten Orte in ganz Berlin und zeigt ein Bedürfnis nach unmittelbarer Erlebbarkeit. Ein aktuelles Wettbewerbsverfahren, das vom neuen Grundstücksbesitzer ausgelobt wird, soll in Abstimmung mit dem Senat eine neue Perspektive für den Ort Checkpoint Charlie und ein hier vom Land Berlin betriebenes Museum zum Kalten Krieg hervorbringen.

residents and visitors alike of war destruction and the Cold War. A small hut originally stood in the middle of the Friedrichstrasse on the American side but was dismantled in 1989 and later replaced by a new building. It quickly became a tourist attraction after actors in Russian and American uniforms began using it as a base to pose with tourists for photographs and stamping passports. Since then, temporary insertions have been added such as a Black Box initiated by Berlin's Culture Department that documents the history of the Cold War and a circular panorama by Yadegar Asisi that depicts a typical situation in the direct vicinity of Checkpoint Charlie from the time of the Wall. Alongside the private Checkpoint Charlie Museum, various construction fences and poster billboards relate the history of the place and together with food stands and numerous souvenir shops have resulted in a motley collection of fragments from the past, historical interpretations and entertainment that some find authentic and others merely a confused disarray. One way or the other, Checkpoint Charlie is one of the most visited places in Berlin and demonstrates that there is a strong desire for direct experiences. A new competition initiated by the new owner of the site will elaborate a new vision for the location of Checkpoint Charlie in conjunction with the city government, the Berlin Senate. Part of the plans is a Museum of the Cold War that will be run by the State of Berlin.

1. Checkpoint Charlie Apartments
(Rem Koolhaas, OMA)
2. American Business Center
(Philip Johnson)
3. American Business Center
(Ulrike Lauber & Wolfgang Wöhr)
4. American Business Center
(Bender Glass Architekten)
5. Triangel (Josef Paul Kleihues)
6. Checkpoint Arkaden (Josef Paul Kleihues)
7. Black Box
8. Rundpanorama
9. Haus am Checkpoint Charlie
(Peter Eisenman)
10. Mauermuseum Checkpoint Charlie
11. Amerikanische Checkpoint-Baracke

1. Checkpoint Charlie Apartments
(Rem Koolhaas, OMA)
2. American Business Center
(Philip Johnson)
3. American Business Center
(Ulrike Lauber & Wolfgang Wöhr)
4. American Business Center
(Bender Glass Architekten)
5. Triangel (Paul Kleihues)
6. Checkpoint Arcades
Josef Paul Kleihues
7. Black Box
8. Panoramic view
9. House at Checkpoint Charlie
(Peter Eisenman)
10. Checkpoint Charlie Wall Museum
11. American checkpoint barracks

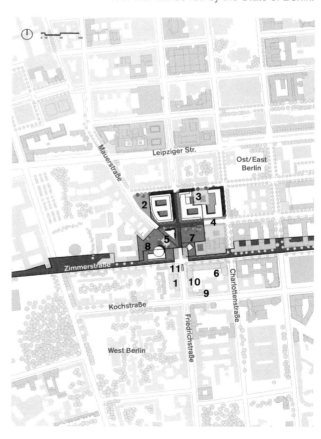

QUARTIER SCHÜTZENSTRASSE

SCHÜTZENSTRASSE QUARTER

Unweit des Checkpoint Charlie (S. 186) entstand mit dem Quartier Schützenstraße von Aldo Rossi, als einem der Begründer der Debatte zur Wiederentdeckung traditioneller Begriffe von Stadt, eine Art Prototyp der kritischen Rekonstruktion in Form eines gesamten Häuserblocks. Schon die Diskussionen über die theoretischen Grundlagen der IBA 1984–1987 hatte Rossi mit seiner Forderung nach raumbildender Bebauung und der postmodernen Leitidee, die Baugeschichte des Ortes auch formal explizit wiederaufzugreifen, nachhaltig beeinflusst. Entsprechend orientiert sich Rossis Wiederbebauung

Designed by Aldo Rossi, one of the original drivers of the debate on rediscovering the traditional qualities of the city, the Schützenstrasse Quarter in the vicinity of Checkpoint Charlie (p. 186) was a prototype for the principle of critical reconstruction in the form of an entire housing block. Rossi's call for an architecture that defines urban space and the central postmodern principle of making explicit formal references to the architectural history of a place had already had a strong influence on the theoretical foundations of the IBA from 1984 to 1987. Accordingly, Rossi's redevelopment picks up the eaves lines, plot sizes and system of confined courtyards from the pre-war plan.

The diverse plot sizes, although populated with predominantly regular floor plans, are expressed in the façades as brightly colored sections that on closer inspection make only underlying reference to historical Berlin while leaving no doubt as to its authorship. On the one hand the aim is to evoke the impression of a block that has successively evolved and on the other, the large-scale and regular structure is clearly visible in its similar window motifs and strong colors. Aside from a few incorporated remains of earlier façades from the turn of the century, the block includes a somewhat out-of-place reference to Palazzo Farnese in Rome. Nowhere is Aldo Rossi's theory of the autonomy of architecture more visible than here: he builds directly on the former death strip without making the slightest reference to it. Today, the block gives no indication that this phase of history had ever taken place.

The history of the city cited here is a subjective and selective view of history from a purely architectural perspective. Aldo Rossi's block on the Schützenstrasse, with its professed reference to tradition and history, has instead become a Trojan horse for a strategy of forgetting the recent history of Berlin.

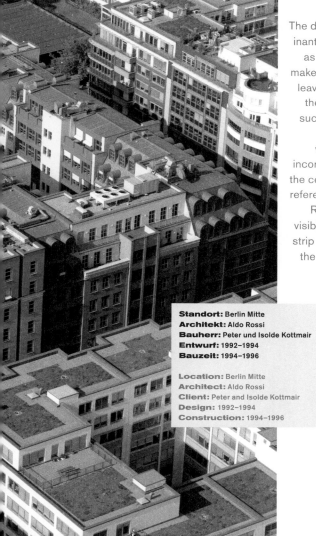

Standort: Berlin Mitte
Architekt: Aldo Rossi
Bauherr: Peter und Isolde Kottmair
Entwurf: 1992–1994
Bauzeit: 1994–1996

Location: Berlin Mitte
Architect: Aldo Rossi
Client: Peter and Isolde Kottmair
Design: 1992–1994
Construction: 1994–1996

Quartier Schützenstraße Richtung Norden
Schützenstraße quarter looking north

Aldo Rossi: Skizze, 1992
Aldo Rossi: sketch, 1992

QUARTIER SCHÜTZENSTRASSE SCHÜTZENSTRASSE QUARTER

stark an den vor den Kriegszerstörungen hier vorhandenen Traufhöhen, Parzellengrößen und engen Hinterhöfen.

Die Heterogenität der Parzellen, hinter denen sich homogene Grundrisse verstecken, wird mit teils grellbunten Fassaden verstärkt, die bei genauerem Hinsehen nur untergeordnet den Berliner Historizismus aufgreifen, gleichzeitig aber keinerlei Zweifel an der Autorschaft aufkommen lassen. Einerseits soll der Eindruck eines schrittweise gewachsenen Blockes erweckt werden, andererseits bleibt auch die generalstabsmäßige Bebauung und Homogenität des großen Blockes mit einander ähnelnden Fenstermotiven und starker Farbigkeit klar erkennbar. Neben wenigen integrierten gründerzeitlichen Fassadenresten findet sich auch ein fremd wirkendes Zitat des römischen Palazzo Farnese. Aldo Rossis These von der Autonomie der Architektur wird wohl an keinem Werk seines Œuvre sichtbarer als hier: Er baut direkt auf dem Todesstreifen, ohne dazu auch nur den geringsten Hinweis zu geben. Heute tut der Block so, als hätte es diese Phase der Geschichte nicht gegeben.

Das was als Geschichte der Stadt zitiert wird, ist hier Ergebnis einer subjektiven und rein architektur-autonomen, selektiven Betrachtung von Geschichte. Aldo Rossis Block an der Schützenstraße wird gerade durch seine vorgebliche Bezugnahme auf Tradition und Geschichte zum trojanischen Pferd für eine Strategie des Vergessens der jüngeren Vergangenheit Berlins.

Heute tut der Block so, als hätte es diese Phase der Unterschiede nicht gegeben.

Today, the block gives no indication that this phase of history had ever taken place.

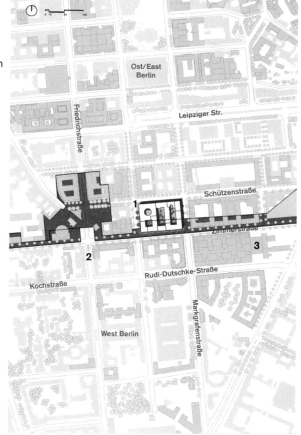

1. Quartier Schützenstraße (Aldo Rossi)
2. Checkpoint Charlie (S. 186)
3. Axel-Springer-Hochhaus (S. 248)
1. Schützenstrasse quarter (Aldo Rossi)
2. Checkpoint Charlie (p. 186)
3. Axel Springer tower (p. 248)

BAND DES BUNDES— FEDERAL RIBBON

BAND DES BUNDES

Standort: Berlin Mitte
Masterplan: Axel Schultes Charlotte Frank
Architekten (Band des Bundes):
Axel Schultes Charlotte Frank
Architekten (Dorotheenblöcke): SAA
Schweger Architekten, Busmann + Haberer, gmp
Architekten von Gerkan, Marg und Partner, de
Architekten Cie
Bauherr: Bundesrepublik Deutschland
Wettbewerb (Masterplan): 1992–1994
Bauzeit: ab 1995

Location: Berlin Mitte
Master plan: Axel Schultes Charlotte Frank
Architects (Federal Ribbon):
Axel Schultes Charlotte Frank
Architects (Dorotheenblocks): SAA
Schweger Architekten, Busmann + Haberer, gmp
Architekten von Gerkan, Marg und Partner, de
Architekten Cie
Client: Federal Republic of Germany
Competition (master plan): 1992–1994
Construction: since 1995

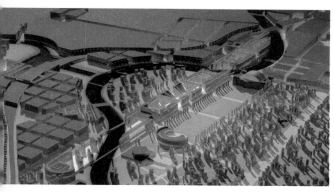

Band des Bundes, Entwurf (Axel
Schultes Charlotte Frank, 1993)
Federal Ribbon, design (Axel
Schultes Charlotte Frank, 1993)

Während sich an fast allen anderen Leerstellen der Stadt seit den 1990er Jahren die Idee der kritischen Rekonstruktion, und damit der grundsätzlichen Orientierung an gründerzeitlichen Ordnungsprinzipien, als starrer Ausgangspunkt durchgesetzt hat, bleibt das sogenannte Band des Bundes im gesamten innerstädtischen Bereich die einzige große städtebauliche Geste, die sich vom historisch aufgeladenen Grundriss lossagt und eine Neuerfindung wagt. Dabei ist es auch das einzige neue, über ehemals Bestehendes hinausgehende Großprojekt, das eine bewusste Thematisierung der Teilung und ihrer Überwindung zum Ziel hatte. Die in den 1990er Jahren verbreitete Annahme, dass Heilung durch ein Vergessen der Teilung erreicht werden könne, wurde damit eindrucksvoll widerlegt.

Das Band des Bundes stellt das Ergebnis eines internationalen städtebaulichen Ideenwettbewerbs aus den Jahren 1992–1993 für die exekutiven und legislativen Regierungsbauten am Spreebogen dar. Der aus über

While the development of almost all other larger open sites in the city since 1990 rather rigidly adhered to the principles of critical reconstruction, restoring the former plan of the city from Wilhelminian times, the so-called "Band des Bundes" (the Federal Ribbon) remains the only large-scale urban gesture to depart from the historical plan of the city and boldly propose a new order. It is also the only new large-scale project to venture beyond existing patterns and consciously embodies the division of Berlin and its overcoming as its central theme. As such, it actively contradicts the prevailing conviction during the 1990s that healing is best achieved by forgetting the division.

The Band des Bundes is the result of an international urban design competition in 1992–1993 for the executive and legislative parliamentary buildings on the site of the Spreebogen, the curve in the river next to the Reichstag. The design by Axel Schultes and Charlotte Frank was selected from over 800 entries and became the defining urban configuration for the entire parliament

800 Arbeiten ausgewählte Entwurf von Axel Schultes und Charlotte Frank wurde zur städtebaulichen Leitfigur für das gesamte Regierungsviertel erklärt. Der gesamte Komplex kreuzt auf einem Kilometer Länge und 100 Metern Breite zweimal den Verlauf der Spree und den ehemaligen Mauerverlauf nördlich des Reichstags von Ost nach West. Damit bildet das Band eine ganz explizite Geste städtebaulicher Verbindung der vormals geteilten Stadt und des geteilten Landes.

Von West nach Ost umfasst der Entwurf für das Band des Bundes die folgenden Teile: Kanzlerpark, Kanzleramtssteg, Bundeskanzleramt, Bürgerforum, Paul-Löbe-Haus, Marie-Elisabeth-Lüders-Steg und das Marie-Elisabeth-Lüders-Haus. Zudem soll auf der östlichen Straßenseite der Luisenstraße mit dem Luisenblock Ost ein Bau entstehen, der das gekappte Neubauensemble des Band des Bundes in einer halbovalen Figur analog zum westlichen Ende zum Abschluss bringen würde. Dem Bau dieser Halb-Ellipse mit verschiedenen Höfen als letzter Geste des Bandes steht bisher das ungeklärte

quarter. The complex is a 1-kilometer-long, 100-meter-wide strip that runs east-west, crossing the arc of the River Spree twice as well as the former course of the wall north of the Reichstag. Its urban form makes an explicit gesture of connection, linking together the previously divided city and divided country.

From west to east, the design for the Band des Bundes comprised the following sections: the Chancellery Park, the Chancellery Bridge, the Federal Chancellery, the Bürgerforum (Citizens' Forum), Paul Löbe Building, Marie-Elisabeth Lüders footbridge and Marie-Elisabeth Lüders Building. A further building, the Luisenblock Ost, is also planned for the eastern side of the Luisenstrasse that will complete the end of the currently cut-off Band des Bundes with a semi-oval shape that echoes the western end. The completion of this semi-ellipse with several different courtyards, the final gesture of the Band, is currently on hold pending clarification of the fate of a union headquarters building that currently occupies the site.

Bundeskanzleramt (Axel Schultes Charlotte Frank, 1997–2001)   Federal Chancellery (Axel Schultes Charlotte Frank, 1997–2001)

**Bundeskanzleramt (Axel Schultes
Charlotte Frank, 1997–2001)**
Federal Chancellery (Axel Schultes
Charlotte Frank, 1997–2001)

Schicksal eines Gewerkschaftssitzes auf gleichem Grundstück im Weg.

Mit Traufhöhen von 18 (Kanzleramt) und 22 Metern (die Parlamentsgebäude Marie-Elisabeth-Lüders-Haus und Paul-Löbe-Haus) ordnen sich die Gebäude des Bandes dem danebenliegenden Reichstag unter, bilden für ihn aufgrund ihrer monumentalen Länge aber eine Art horizontalen Hintergrund, vor dem der neue Sitz des deutschen Bundestages im Regierungsviertel den Dreh- und Angelpunkt bildet.

Die lineare städtebauliche Figur dieses gebauten Bandes besteht aus zwei rahmenden, parallel geführten Gebäudesträngen, deren Zwischenraum sich über die einzelnen Bauten fortsetzen soll. Besonders deutlich wird dies am Kanzleramt (dem einzigen von Schultes selbst realisierten Abschnitt), dessen Randscheiben den inneren Raum rahmen. Ursprünglich sollte die somit von außen wie innen wahrnehmbare Figur der Spange bis zum Bahnhof Friedrichstraße fortgesetzt werden. Diese Weiterführung des Bandes nach Osten scheiterte allerdings schnell an finanziellen Hürden sowie an den bestehenden Strukturen der nördlichen Friedrichstadt, was die ursprüngliche Idee empfindlich stutzte.

With eaves heights of 18 (Federal Chancellery) and 22 meters (the Paul Löbe Building and Marie-Elisabeth Lüders Building), the buildings are lower than the neighboring Reichstag building, and, due to their monumental length, form a long horizontal backdrop to the new seat of the German Bundestag as the focal point of the quarter.

The linear urban figure of the built ribbon consists of two long, parallel stretches of buildings that frame an internal space between them, which continues through the individual buildings. This is especially apparent in the Federal Chancellery (the only section of the complex built and designed by Schultes and Frank) whose flanking planes frame an interior space. The figure of a clasp that these two walls make is visible from outside and inside and was originally intended to continue up to the S-Bahn station at Friedrichstrasse. However, the extension of the band eastwards could not be realized due to financial constraints and the existing buildings in the northern Friedrichstadt, which curtailed the original idea dramatically.

The Marie-Elisabeth Lüders Building, designed by Stephan Braunfels, stands on the former course of

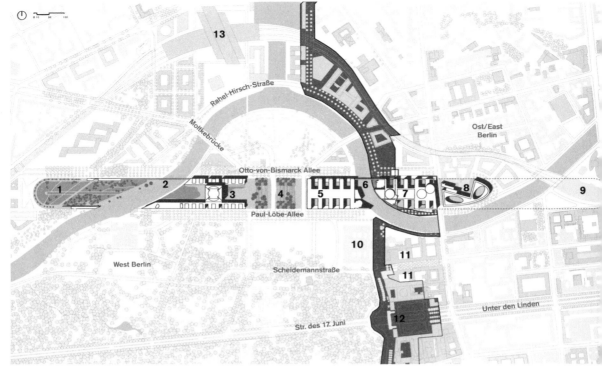

1. Kanzlerpark
2. Kanzleramtssteg
3. Bundeskanzleramt (Axel Schultes Charlotte Frank)
4. Bürgerforum
5. Paul-Löbe-Haus (Stephan Braunfels)
6. Marie-Elisabeth-Lüders-Steg
7. Marie-Elisabeth-Lüders-Haus (Stephan Braunfels)
8. Luisenblock Ost (Kusus + Kusus Architekten)
9. Bahnhof Friedrichstraße
10. Bundestag
11. Dorotheenblöcke
12. Brandenburger Tor
13. Hauptbahnhof

1. Chancellery Park
2. Chancellery Bridge
3. Federal Chancellery (Axel Schultes Charlotte Frank)
4. Bürgerforum (Citizens' Forum)
5. Paul Löbe Building (Stephan Braunfels)
6. Marie Elisabeth Lüders Bridge
7. Marie Elisabeth Lüders Building (Stephan Braunfels)
8. Luisenblock East (Kusus + Kusus Architekten)
9. Friedrichstrasse Railway Station
10. Bundestag
11. Blocks on the Dorotheenstrasse
12. Brandenburg Gate
13. Central Railway Station

Marie-Elisabeth-Lüders-Haus (Stefan Braunfels, 1998–2003) Marie Elisabeth Lüders Building (Stefan Braunfels, 1998–2003)

Das Marie-Elisabeth-Lüders Haus von Stephan Braunfels steht auf dem ehemaligen Verlauf der Berliner Mauer und beherbergt unter anderem die Parlamentsbibliothek, das Parlamentsarchiv, die Pressedokumentation sowie Räumlichkeiten für die wissenschaftlichen Fachdienste. Das Gebäude bedeckt Flächen, die sowohl links als auch rechts der früheren Mauerlinie liegen. Der Verlauf der Mauer ist als Mahnmal im Inneren des Gebäudes für Besucher zugänglich. Das Paul-Löbe-Haus und der Zwillingsbau Marie-Elisabeth-Lüders-Haus sind über die Spree hinweg durch eine öffentliche Fußgängerbrücke, den Marie-Elisabeth-Lüders-Steg, verbunden, sowie oberhalb dieses Stegs durch eine nur aus dem Inneren begehbare, 100 Meter lange Brücke, die die Gebäude auf Höhe des sechsten Stockwerks zusammenführt. Des Weiteren besteht eine unterirdische Verbindung. Die gegenüberliegenden Dachkanten wirken wie von der Spree durchtrennt.

Auf der Rückseite des Reichstags schließlich sind die Dorotheenblöcke mit weiteren Büros drittes Element des Ensembles. Die Anlage aus sechs Höfen auf historischem Stadtgrundriss mit Bestandsbauten des 19. Jahrhunderts und zeitgenössischen Gebäuden ist unterirdisch angebunden.

Das Regierungsviertel verbindet so drei Elemente, eine neue städtebauliche Setzung im Band des Bundes, die Transformation und Umnutzung des Reichstags mit seiner bewegten Vergangenheit und die Anbindung der historischen Blöcke im Dorotheenquartier. Damit zeigt sich im Regierungsviertel beispielhaft eine Verbindung von überkommener Stadtstruktur und neuer strategischer Stadtentwicklung.

the Berlin Wall and houses, among other things, the Bundestag library, the parliamentary archives, the press documentation division and rooms for dedicated information and research services. The building occupies a site that straddles the former course of the Wall, which is therefore marked as a publicly accessible memorial inside the building. The Paul Löbe Building and its twin, the Marie-Elisabeth Lüders Building, are connected by a public pedestrian bridge, the Marie-Elisabeth Lüders walkway, which continues on over the River Spree, and by a 100-meter-long aerial footbridge above it that connects the buildings on the sixth floor and is accessible only to staff. The buildings are also connected underground. The eaves on the opposite bank look as if they have been sliced through by the bend of the river.

To the rear of the Reichstag, the blocks along the Dorotheenstrasse, containing a large number of offices, are the third and final element of the ensemble of buildings. The complex arranged around six courtyards comprises existing buildings from the nineteenth century as well as new extensions and follows the historical plan of the city. They are connected underground.

The parliament quarter encompasses three elements: The Band des Bundes as a new urban insertion, the transformation and conversion of the Reichstag with its turbulent history and an extension of the historical block structure of the buildings along the Dorotheenstrasse. It represents an exemplary connection of existing historical urban fabric and new, strategic urban development.

REICHSTAG

Umbauentwurf (Norman Foster, 1992)
Original design of conversion
(Norman Foster, 1992)

Standort: Berlin Mitte
Architekt: Paul Wallott
Architekt (Erster Umbau): Paul Baumgarten
Architekt (Zweiter Umbau): Norman Foster
Bauherr (Umbauten): Bundesrepublik Deutschland
Bauzeit: 1884–1894
Bauzeit (Erster Umbau): 1961–1973
Wettbewerb (Zweiter Umbau): 1993
Bauzeit (Zweiter Umbau): 1995–1999

Location: Berlin Mitte
Architect: Paul Wallott
Architect (First conversion):
Paul Baumgarten
Architect (Second conversion):
Norman Foster
Client (Conversions):
Federal Republic of Germany
Construction: 1884–1894
Construction (First conversion):
1961–1973
Competition (Second conversion): 1993
Construction (Second conversion):
1995–1999

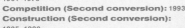

Reichstag Reichstag

Neben dem Brandenburger Tor ist in Berlin nur der Reichstag ein Ort von ähnlicher Symbolkraft und identitätsstiftender Wirkung. Kaum ein Bauwerk in der deutschen Geschichte ist derart stark für politische Botschaften oder demonstrative Gesten vereinnahmt worden.

Das von Paul Wallott 1884–1894 errichtete Parlaments-gebäude war im Deutschen Kaiserreich wie auch zur Zeit der Weimarer Republik Sitz des Reichstages. 1933 wurde das Bauwerk durch einen Brandanschlag weit-gehend zerstört, für Hitler und die Nationalsozialisten – noch keinen Monat an der Macht – die perfekte Gele-genheit, um brutal gegen politische Gegner vorzugehen.

Am Ende des Zweiten Weltkrieges ging das nachträg-lich gestellte Foto eines Soldaten um die Welt, der die Fahne der Roten Armee vom Dach des schwer beschä-digten Reichstages schwenkte. Das Foto wurde zu einem Symbol für die Niederlage Deutschlands und das Ende des Krieges, vermittelte aber auch eine Vorahnung der Spaltung des Landes.

Während der deutsch-deutschen Teilung lag der Reichstag im britischen Sektor. Die Berliner Mauer verlief hinter dem Gebäude, nur wenige Meter von der Rückseite entfernt. Das stark be-schädigte Bauwerk wurde, offiziell aus statischen Gründen, um seine Kuppel gestutzt und schließlich von Paul Baumgarten zum Sitzungsort des Deutschen Bundestages umgebaut. Der Plenarsaal durfte aufgrund der Bestimmun-gen des Viermächte-Ab-kommens allerdings nur für Ausschuss- und Fraktions-sitzungen genutzt werden. Wegen der direkten Nähe des Gebäudes zur Grenze brachten diese Sitzungen aber auch demonstrativ den Willen zur Einheit zum Ausdruck.

Reichstagsbrand, 1933
Reichstag fire, 1933

Alongside the Brandenburg Gate, only the Reichstag has such symbolic and iconic importance for the identity of Berlin and the country as a whole. Few buildings in German history have been so conspicuously appropriated for political means or demonstrative gestures.

Erected from 1884 to 1894 to a plan by Paul Wallott, the building was the seat of the German Parliament during the German Empire and the period of the Weimar Republic. In 1933, the building was badly damaged by an arson attack, which offered Hitler and the National Socialists—still in their first month in power—the perfect pretext to brutally crack down on their political enemies.

At the end of the Second World War, a photograph of a soldier waving the flag of the Red Army from the roof of the badly damaged Reichstag went around the world. The photo, staged shortly after the taking of the Reichs-tag, came to symbolize the defeat of Germany and the end of the war, but also conveyed a foreboding of the division of the country that was to come.

During the years of German division, the Reichstag lay in the British sector, with the Berlin Wall just a few meters behind the building. The cupola of the badly damaged

Hissen der sowjetischen Flagge auf dem Reichstag, 1945 Raising of the Soviet flag on the Reichstag, 1945

Mauerverlauf entlang des Reichstags
Course of the Wall behind the Reichstag

Nach der Wiedervereinigung und dem Beschluss zum Umzug des Regierungssitzes von Bonn nach Berlin wurde ein umfangreicher Umbau des Reichstagsgebäudes zum neuen Sitz des Bundestages beschlossen. Im Rahmen eines mehrstufigen Realisierungswettbewerbs konnte sich Norman Foster mit der Idee eines leicht wirkenden, von wenigen schlanken Säulen getragenen Daches durchsetzen, unter dem der Reichstag seine Monumentalität einbüßen sollte. Sein Sockel sollte in einer großflächigen Aufschüttung verschwinden. Nach heftiger Debatte und letztlich dem Einspruch des damaligen Bundeskanzlers Kohl einigte man sich schließlich auf die Wiedererrichtung einer geometrisch aufstrebenden, gläsernen und öffentlich zugänglichen Kuppel, ein Vorschlag, den in den 1980er Jahren schon Gottfried Böhm und danach der zweitplatzierte Wettbewerbsteilnehmer Santiago Calatrava angedacht hatten. Die über eine spiralförmige Rampe begehbare architektonische Geste soll ausdrücklich vor Augen führen, dass das Volk als Souverän „über" dem Parlament steht.

Die Verhüllung des geschichtsträchtigen Bauwerks durch das Künstlerpaar Christo und Jeanne-Claude im Jahr 1995 wurde unter anderem als eine geschichtliche Läuterung interpretiert und signalisierte angesichts des unerwartet großen Publikumserfolgs für viele eine Art öffentliche Inbesitznahme und Wiedergeburt des Hauses. Seit dem Abschluss der Umbauarbeiten 1999 ist das Reichstagsgebäude wieder Sitz des deutschen Parlaments.

building was taken down, officially for structural reasons, and later converted by Paul Baumgarten as an assembly room for the German Bundestag. Under the Four Power Agreement, the plenary chamber could only be used for committee and party meetings. At this location so close to the border, these meetings were nevertheless of symbolic importance as a demonstration of the will for unity.

After German reunification and the decision to relocate the seat of government from Bonn to Berlin, the building needed comprehensive conversion for use as the new seat of the Bundestag. The subsequent multi-stage architecture competition was won by Norman Foster, who proposed a lightweight canopy borne by slender columns that would extend over the Reichstag reducing its monumentality. The plinth of the Reichstag would be concealed by the raising of the terrain around the building. After fierce debate and ultimately Chancellor Kohl's veto, an alternative design was agreed to reconstruct a geometric glass dome accessible to the public, a proposal that had been made in the 1980s by Gottfried Böhm and later by Santiago Calatrava, who had won second place in the competition. The architectural gesture of a spiraling ramp in the dome allows the people to ascend symbolically above the heads of their representatives in the republic's chamber.

The wrapping of the historic building by the artist duo Christo and Jeanne-Claude in 1995 proved to be unexpectedly popular and was interpreted in part as a moment of historical purification, marking for many a kind of public re-appropriation of the building and its new beginning. After completion of conversion works in 1999, the Reichstag building once again became the seat of the German Parliament.

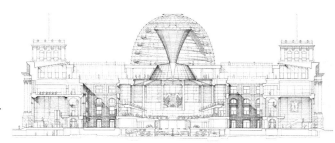

Schnitt Section

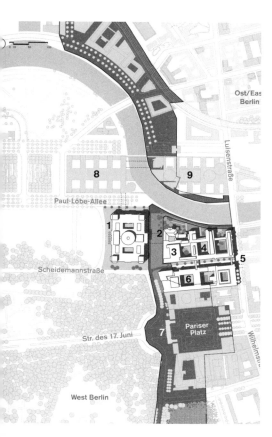

1. Bundestag
2. Reichstagspräsidentenpalais (van den Valentyn)
3. Dorotheenblöcke Haus 1+2, (SAA Schweger Architekten)
4. Dorotheenblöcke Haus 3+7 (Busmann + Haberer)
5. Dorotheenblöcke Haus 4+8 (Gerkan, Marg u. Partner)
6. Dorotheenblöcke Haus 5+6 (de Architekten Cie)
7. Brandenburger Tor
8. Paul-Löbe-Haus (Stephan Braunfels)
9. Marie-Elisabeth-Lüders-Haus (Stephan Braunfels)

1. German Parliament "Bundestag"
2. President palace of the German Reichstag (van den Valentyn)
3. Dorotheenblocks Houses 1+2 (SAA Schweger Architekten)
4. Dorotheenblocks Houses 3+7 (Busmann + Haberer)
5. Dorotheenblocks Houses 4+8 (Gerkan, Marg und Partner)
6. Dorotheenblocks Houses 5+6 (de Architekten Cie)
7. Brandenburg Gate
8. Paul Löbe Building (Stephan Braunfels)
9. Marie Elisabeth Lüders Building (Stephan Braunfels)

Reichstagskuppel (Norman Foster)
Reichstag dome (Norman Foster)

**Verhüllung des Reichstags (Christo und
Jeanne-Claude, 1995)** Wrapping of the
Reichstag (Christo and Jeanne-Claude,
1995)

PARISER PLATZ

PARISER
PLATZ

Pariser Platz, 1930   Pariser Platz, 1930

Standort: Berlin Mitte
Masterplan Rekonstruktion:
Hans Stimmann, Bruno Flierl, Walter Rolfes
Bauherr: Senatsverwaltung für
Stadtentwicklung Berlin
**Beschluss zur Bebauung in
historischer Form:** 1993
Wettbewerb: 1996

Location: Berlin Mitte
Reconstruction master plan:
Hans Stimmann, Bruno Flierl, Walter Rolfes
Client: Berlin Senate
Department for Urban Development
**Decision to restore the historical
city plan:** 1993
Competition: 1996

Pariser Platz, 2013   Pariser Platz, 2013

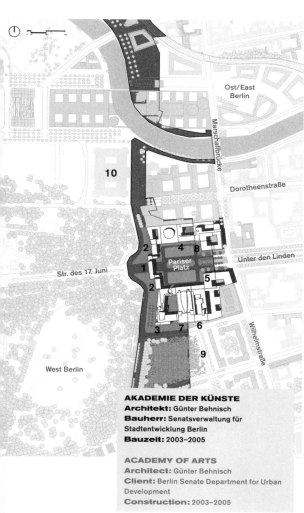

Ost/East
Berlin

10

Dorotheenstraße

Unter den Linden

Marschallbrücke

Str. des 17. Juni

Pariser
Platz

Wilhelmstraße

West Berlin

Akademie der Künste (Günter Behnisch, 2003–2005) Academy of Arts (Günter Behnisch, 2003–2005)

AKADEMIE DER KÜNSTE
Architekt: Günter Behnisch
Bauherr: Senatsverwaltung für Stadtentwicklung Berlin
Bauzeit: 2003–2005

ACADEMY OF ARTS
Architect: Günter Behnisch
Client: Berlin Senate Department for Urban Development
Construction: 2003–2005

Das Brandenburger Tor ist zum Wahrzeichen für Teilung und Wiedervereinigung geworden. 28 Jahre lang von der Mauer im Halbrund eingeschlossen, wurde es am 10. November 1989 mit auf der Mauer davor feiernden Menschen zu dem in alle Welt getragenen Bild der Maueröffnung.

Die Bebauung des daran anschließenden Pariser Platzes, des nördlichsten der drei wichtigen barocken Schmuckplätze an den Toren in die Friedrichstadt, war im Krieg stark beschädigt und vollständig abgeräumt worden, um volle Kontrolle und Sicht über die Grenzanlagen zu haben. Lediglich Reste der Akademie der Künste blieben erhalten.

Die Wiederherstellung des Platzes wurde direkt nach dem Fall der Mauer zur Bühne einer Debatte über den

The Brandenburg Gate became the definitive symbol of division and reunification. On November 10, 1989, after being enclosed behind a semi-circular arc of the Wall for 28 years, it and the people celebrating on the Wall in front of it became the image of the opening of the Wall that went around the world.

The buildings around the adjoining Pariser Platz, the northernmost of three important representational Baroque squares at the gates to the Friedrichstadt, were badly damaged during the war and subsequently completely removed to ensure full control and a clear view of the border strip. Only parts of the Academy of Arts remained.

Immediately after the fall of the Wall, the reconstruction of the square quickly became the focus of debate on

DZ Bank (Frank Gehry, 1996–2001)
DZ Bank (Frank Gehry, 1996–2001)

DZ BANK
Architekt: Frank Gehry
Bauherr: Deutsche
Zentral-Genossenschaftsbank
Bauzeit: 1996–2001

DZ BANK
Architect: Frank Gehry
Client: Deutsche
Zentral-Genossenschaftsbank
Construction: 1996–2001

Umgang mit dem historischen Stadtgrundriss und dem baukulturellen Erbe in Berlin insgesamt, eine Diskussion die direkt an die Themen der IBA 1984–1987 anzuschließen schien. Im Ergebnis wurde der Platz nach Gestaltungsvorgaben von Hans Stimmann und Bruno Flierl in seiner historischen quadratischen Figur wiedererrichtet, was letztendlich auch eine Folge des eigentumsrechtlichen Prinzips „Rückgabe (von z.B. enteigneten Grundstücken) vor Entschädigung" war und der Erwartungshaltung der USA und Frankreichs, die bis 1945 am Pariser Platz ihre Botschaften hatten und diese auch wieder dorthin verlegen wollten, entsprach.

Kernpunkte der Gestaltungsvorgaben waren, die festgesetzten Traufhöhen einzuhalten, für die neuen Gebäude ausschließlich stehende Fenster zu verwenden und maximal 50 Prozent der Fassadenflächen in Glas auszuführen. Die realisierten Bauten verhalten sich dazu unterschiedlich. Während mit der Wiedererrichtung des Hotel Adlon der Architekten Patzschke eine Art Replik entsteht und Joseph Paul Kleihues die seitlichen Torbauten neben dem Brandenburger Tor im Geiste der Vorgängerbauten dem Tor selber unterordnet, stehen die Beispiele der Botschaft der USA von Moore Ruble

approaches to the historical plan of the city and the city's architectural heritage as a whole, a discussion that almost seamlessly continued the themes of the IBA 1984–1987. As a result, the original historical square shape was reconstructed according to design guide lines set out by Hans Stimmann and Bruno Flierl. This decision was ultimately also a consequence of the policy to "return rather than recompense" land and property that had been previously expropriated, and met with the approval of France and the USA who wished to reestablish their embassies where they were originally located prior to 1945

The core aspects of the design guidelines were to maintain predefined eaves lines, to employ only tall-format windows and that no more than 50 percent of the façades should be glazed. The final buildings realized these principles differently. While the Hotel Adlon by Patzschke Architects was a near replica of the original and the buildings flanking the Brandenburg Gate by Joseph Paul Kleihues followed the pattern of their predecessors, subordinating themselves to the gate

udell mit ihrer Verschränkung geteilter Baukörper und historisierenden Versatzstücken sowie der von Frankreich von Christian de Portzamparc mit Gliederung in steinernem Sockel und abstrahiertem weißen Körper für zwei typische Beispiele der postmodernen Architektur. Die Akademie der Künste von Günter Behnisch und die DZ Bank von Frank O. Gehry gehen einen Schritt weiter. Während Behnisch sich nach langen Diskussionen mit einer voll verglasten Fassade, die Einblicke in die Foyers der Akademie eröffnet, durchsetzt, reagiert Gehry unerwartet mit einer abstrakt wirkenden Lochfassade, die im Inneren eine organische Freiform beherbergt.

Die Bandbreite der Architekturen aus einem Jahrzehnt auf diesem streng geometrisch eingehaltenen Stadtgrundriss zeigt eine eher streng kontrollierte Heterogenität, die die Lebendigkeit der vorgestellten Haltungen oberlehrerhaft domestiziert. Damit wird am Pariser Platz eine Entwicklung sichtbar, die in der Folge unter dem sich zunehmend durchsetzenden Dogma der kritischen Rekonstruktion und dem immer häufiger eingeklagten, angeblichen „steinernen Berlin" an Fahrt gewinnt und vielfach dominiert.

the American Embassy by Moore Ruble Yudell with its interlocking parts and historicist set pieces, and the French Embassy by Christian de Portzamparc, divided into a stone plinth and abstract white volume, are two typical examples of postmodern architecture. The Academy of Arts by Günter Behnisch and the DZ Bank by Frank O. Gehry go a step further. While Behnisch, after long discussions, was able to employ a fully-glazed façade that afforded a view into the foyer of the Academy, Gehry's unexpected response was to present an abstract punctuated façade that concealed an organic sculptural form within.

The spectrum of different architectural solutions that arose within the space of a decade on this strictly geometrical historical plan is in essence a highly controlled degree of variance in which dogmatic stipulations tame the variety of different approaches. The Pariser Platz exemplifies a development—the dogma of critical reconstruction and reference to Berlin's supposed "legacy of stone"—that would subsequently become increasingly popular and ultimately dominated much of the reconstruction of Berlin.

BRANDENBURGER TOR
Architekt: Carl Gotthard Langhans
Bauzeit: 1788–1791

BRANDENBURG GATE
Architect: Carl Gotthard Langhans
Construction: 1788–1791

Pariser Platz, 1994
Pariser Platz, 1994

Mauerverlauf entlang des Brandenburger Tors Course of the Wall around the Brandenburg Gate

CHECKPOINT BRAVO/ AUTOBAHN-GRENZÜBERGANG DREWITZ

Standort: Berlin Steglitz–Zehlendorf
Architekten (westliche Grenzanlage):
Rainer Rümmler und Hans Joachim Schröder
Bauzeit (westliche Grenzanlage):
1968–1973
**Umwandlung der DDR-Grenzanlagen
in Gewerbegebiet:** 1993
Gründung Checkpoint Bravo e.V.: 1998

Location: Berlin Steglitz-Zehlendorf
Architects (Western checkpoint):
Rainer Rümmler and Hans Joachim Schröder
Construction (Western checkpoint):
1968–1973
**Conversion of the GDR border facilities
in an industrial estate:** 1993
**Founding of Checkpoint
Bravo Association:** 1998

Erinnerungs- und Begegnungsstätte
Grenzkontrollpunkt Drewitz-Drei-
linden, dahinter Birkholz Perfume
Manufacture   Drewitz-Dreilinden
Border Crossing Memorial and
Museum, with Birkholz Perfume
Manufacture in the background

Tankstelle und Raststätte Dreilinden (Rainer Rümmler/Hans Joachim Schröder, 1968–1973) Dreilinden petrol station and restaurant (Rainer Rümmler/Hans Joachim Schröder, 1968–1973)

CHECKPOINT BRAVO/ DREWITZ FREEWAY BORDER CROSSING

Grenzübergänge stellten planerisch entlang der innerdeutschen Grenze besondere bauliche Aufgaben. Der Checkpoint Bravo war zusammen mit dem Checkpoint Alpha einer von zwei alliierten Übergängen außerhalb Berlins und gleichzeitig der größte deutsch-deutsche Grenzübergang. Anders als der Checkpoint Charlie in der Berliner Innenstadt liegt das Gelände exponiert im Wald. Die Bauten der westlichen Grenzanlage von Rainer Rümmler und Hans Joachim Schröder (1968–1973), darunter zwei Tankstellen, ein Brückenhaus und eine Gaststätte mit charakteristischem halbrunden Abschluss, haben in ihrer spätmodernen Pop-Ästhetik Signal- und Symbolkraft. Sie stehen heute unter Denkmalschutz, sind aber nach mehreren gescheiterten Projekten dauerhaft geschlossen. Denkmalschutz und Investoren konnten sich über die letzten 15 Jahre nicht auf ein Nutzungsmodell einigen. 2017 wechselte der Besitzer ein weiteres Mal; die Zukunft ist weiter ungewiss.

Wenig weiter südlich, auf dem Gelände der ehemaligen Grenzanlagen der DDR, entstand hingegen in den letzten Jahren ein gänzlich unideologisches, jedoch weitaus belebteres Areal, das allerdings die Geschichte des Ortes weitgehend außer Acht lässt. In diesem kleinen Gewerbegebiet siedelten sich eBay, Porsche, DHL und diverse kleinere Unternehmen an. Der städtebaulich isolierten Lage stehen der direkte Autobahnanschluss und der günstige Baugrund gegenüber. Einziger Erinnerungspunkt ist ein ehemaliger Wachturm, der in ein

Border crossing installations along the inner-German border presented a special challenge. Checkpoint Bravo, alongside Checkpoint Alpha, was one of two Allied border checkpoints outside Berlin, and was the largest border crossing between the two German nations. Unlike Checkpoint Charlie in the center of Berlin, it is situated in outlying woodland. The buildings on the west side of the border structures designed by Rainer Rümmler and Hans Joachim Schröder (1968–1973), include two petrol stations, a bridge building and a restaurant with a distinctive semicircular frontage, and are all striking and symbolic in their late-modern pop architecture esthetics. Today they are listed monuments but have been permanently closed after several failed attempts at redevelopment. For 15 years, investors and the conservation authorities have been unable to agree on a viable use concept. In 2017, the complex changed hands once more and its future remains uncertain.

Europarc Dreilinden auf dem Gelände der ehemaligen Grenzanlagen der DDR, 2017 Europarc Dreilinden on the site of the former GDR border checkpoint, 2017

Ehemalige Grenzanlagen der DDR, 1994
Former GDR border checkpoint, 1994

Mikromuseum zur Geschichte des Grenzübergangs umgewandelt wurde. Zu ihm gehört auch eine Stelenreihe. Wenige Meter daneben markiert die Parfümfabrik eines irakischen Bauingenieurs samt Palmenhain und golden glänzender Quadriga-Replika über dem Eingang einen eher pragmatischen Umgang mit dem Gelände. Hier hat der Geschäftssinn über die Geschichte gesiegt. Eingekehrt ist ein fast banaler, aber gegenwärtiger Alltag.

Als Kuriosum steht seit 1992 zwischen beiden Grenzanlagen auf dem Sockel eines ehemaligen Ost-Berliner Panzerdenkmals, das nach dem Fall der Mauer abgebaut wurde, ein rosafarbener Schneepflug des Künstlers Eckhart Haisch.

Der Industriepark zeigt, wie ehemalige Grenzanlagen außerhalb verdichteter städtischer Räume auch schlicht funktional als Baugrund begriffen werden. Gleichzeitig wird wenige Meter weiter sichtbar, dass schützenswerte Bauten in exponierter Lage besondere Herausforderungen an die Nachnutzung stellen.

A little further south, on the site of the former GDR border installations, an entirely unideological and actively used complex of buildings has arisen that pays little regard to the history of the site. eBay, Porsche, DHL and various other smaller companies have built logistics facilities in this small industrial estate, exploiting its location next to the freeway and cheap land prices. The only reminder of former days is an old watchtower that has been converted into a micro-museum of the history of the border crossing, along with an adjoining row of memorial stele. A few meters away, a perfume factory owned by an Iraqi building engineer, complete with palm grove and a replica of the Brandenburg Gate quadriga over the entrance, signals a return to more pragmatic concerns. Here, business interests triumph over history, and an almost banal if everyday existence has returned.

Between the two border installations lies a curiosity: on the plinth of a former vacated Soviet Tank Memorial stands a bright pink snowplow, placed there by the artist Eckhart Haisch in 1992.

The industrial estate illustrates the simple, functional repurposing of former border installations on the urban periphery as building land. At the same time, a few meters further, new uses are struggling to be found for buildings of historical value in a prominent location.

Schneepflug auf dem Sockel des ehemaligen Panzerdenkmals (Eckhart Haisch) Snowplow on the plinth of the former Soviet Tank Memorial (Eckhart Haisch)

Panzerdenkmal (1945, Standortwechsel 1954 und 1969, Abbau 1992) Soviet Tank Memorial (1945, relocated in 1954 and 1969, taken down in 1992)

SAALEBRÜCKE RUDOLPHSTEIN

RUDOLPHSTEIN BRIDGE OVER THE RIVER SAALE

Wiederaufbau, 1965   Reconstruction, 1965

Standort: Thüringen/Bayern
Architekt: Fritz Limpert
Architekt (1996): Ingenieurbüro Scholz
und Partner
Bauherr (1996): Bundesministerium für Verkehr
Länge: 296 Meter
Fertigstellung: 1936
Sprengung: 1945
Wiederaufbau: 1964–1966
Erweiterung: 1994–1996

Location: Thuringia/Bavaria
Architect: Fritz Limpert
Architect (1996): Ingenieurbüro Scholz
und Partner
Client (1996): Federal Ministry of Transport
Length: 296 meters
Completion: 1936
Demolition: 1945
Reconstruction: 1964–1966
Extension: 1994–1996

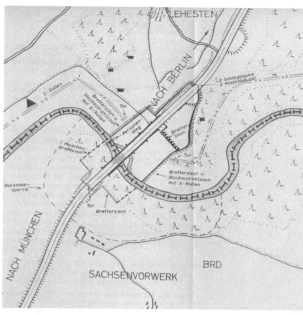

**Handgezeichneter Plan der Grenzan-
lagen, 1964** Hand-drawn plan of the
border installations, 1964

Auch für die Infrastruktur hatte die innerdeutsche
Grenze weitreichende Folgen. Mehrere Brücken, die
im Zweiten Weltkrieg zerstört wurden und sich im
Grenzbereich befanden, blieben für Jahrzehnte Ruinen.
Mancherorts wurde wie im Falle der Elbbrücke Dömitz
nach der Wiedervereinigung eine neue Brücke an glei-
cher Stelle gebaut.

Die Saalebrücke Rudolphstein ist in diesem Zusammenhang sowohl geschichtlich als auch architektonisch
hervorzuheben. Die Konstruktion von Fritz Limpert (mit
Beratung durch Paul Bonatz) beruhte auf zwei parallel
verlaufenden Steinrundbögen und wurde 1936 errichtet. 1945 zu Teilen zerstört, wurde der Wiederaufbau
während der Teilung zum Politikum. Westdeutschland
übernahm die Kosten (die Brücke war als Teil einer
Transitautobahn interessant), Ostdeutschland stellte die
Arbeiter. Für die Kooperation bedurfte es jedoch jahrelanger Geheimverhandlungen. Wegen der hohen Flucht-
gefahr wurden nur politisch zuverlässige, gründlich
überprüfte Bauarbeiter eingesetzt. Schaulustige auf der
Westseite und die starke Kontrolle und Überwachung
der Arbeiten im Auftrag der DDR-Führung verkomplizier-
ten den Wiederaufbau, der zwischen 1964 und 1966
erfolgte, zusätzlich.

The inner-German border also had far-reaching consequences for infrastructure. Several bridges that were
destroyed during the Second World War remained ruins
for decades as they lay in the border zone. After the
reunification of Germany, new bridges were sometimes
built at the same spot, as in Dömitz where a new road
bridge spans the River Elbe.

The Rudolphstein Bridge over the River Saale is a prominent example, both historically and architecturally. The
structure, designed by Fritz Limpert (with consultation
by Paul Bonatz) comprises two parallel rows of masonry arches and was built in 1936. Partially destroyed in
1945, its reconstruction during the years of division
became a delicate political issue. The bridge was
valuable as a transit route, and West Germany agreed to
finance the construction, with East Germany providing
labor. This cooperation, however, only took place after
years of secret negotiations. Thorough checks by the
GDR authorities ensured that only the most politically
reliable construction workers could work on this project

Nach der Sprengung The bridge after it was blown up

Mehrere Brücken, die im Zweiten Weltkrieg zerstört wurden und sich im Grenzbereich befanden, blieben für Jahrzehnte Ruinen.

Several bridges that were destroyed during the Second World War remained ruins for decades as they lay in the border zone.

Nach der Wiedervereinigung wurde die Brücke 1994 bis 1996 mit einer direkt angeschlossenen Spannbetonkonstruktion verbreitert. Der Neubau ist deutlich vom Bestand abgesetzt. Unter dem Namen „Brücke der Deutschen Einheit" ist sie heute als Teil der Autobahn A9 die am meisten befahrene Brücke über die ehemalige innerdeutsche Grenze. Als Überbleibsel der Teilung sind an beiden Brückenköpfen die ehemaligen Grenzstationen zu Autobahnraststätten verwandelt worden. Diese funktional redundante Dopplung bleibt als Kuriosum der Teilung an diesem Ort zurück.

so close to the West to minimize the risk of people fleeing. Onlookers from the West and strict controls and supervision by the East German authorities further complicated the reconstruction work, which was eventually undertaken between 1964 and 1966.

After reunification, the bridge was widened (1994–1996) through the addition of a parallel pre-stressed concrete construction. The new construction is clearly separated from the old. Now called the "Bridge of German Unity", the A9 expressway passes over it as the most heavily used bridge over the former inner-German border. A remnant of former days is still visible at each end of the bridge where the former border posts have been converted into expressway service stations. This functionally redundant duplication is a reminder of the former division of the country at this point.

Saalebrücke Rudolphstein, 2008
Rudolphstein bridge over the Saale
River, 2008

GEDENKSTÄTTE BERLINER MAUER

BERLIN WALL MEMORIAL

Standort: Berlin Mitte
Architekt: Kohlhoff & Kohlhoff
Bauherr: Deutsches Historisches Museum
Wettbewerb: 1994–1998

Location: Berlin Mitte
Architect: Kohlhoff & Kohlhoff
Client: Deutsches Historisches Museum
Competition: 1994–1998

Blick Richtung Süden
View south

Als die Berliner Mauer im November 1989 fiel, waren sich Politik und Gesellschaft weitgehend einig, die schmerzliche Erinnerung an die innerdeutsche Teilung schnellstmöglich aus dem Stadtgefüge und dem kollektiven Gedächtnis löschen zu wollen. Die Forderung „Die Mauer muss weg!" sollte nun endlich Wirklichkeit werden. So wurde in einem organisierten Abriss, an dem auch die ehemaligen DDR-Grenztruppen beteiligt waren, ab Juni 1990 ein Großteil der 300.000 Tonnen Mauerbeton zu Straßenschotter verarbeitet. Einzelne Mauerteile gingen aber auch über die ganze Welt verteilt an Museumssammlungen oder wurden als Denkmäler gestiftet und verkauft.

Gleichzeitig war die Tilgung der sichtbaren Zeugnisse 28-jähriger Teilungsgeschichte die Geburtsstunde einer der wichtigsten Gedenkorte in der Stadt Berlin. Denn je mehr die Mauer aus dem Stadtbild verschwand, desto lauter wurden nun auch jene Stimmen, die die Erinnerung an Teilung und Mauerfall für kommende Generationen bewahren wollten.

Einen der wenigen Orte, an dem die Originalstrukturen noch weitgehend erhalten waren, bildeten die Grenzanlagen in der Bernauer Straße. Ein Abschnitt davon war vom Ost-Berliner Magistrat einen Tag vor der Wiedervereinigung am 2. Oktober 1990 noch unter Denkmalschutz gestellt worden.

After the fall of the Berlin Wall in November 1989, politics and society were united in a widespread desire to remove all traces of the painful memory of the German division from the urban realm and collective memory as quickly as possible. "The Wall Must Go!" needed to finally become reality. From June 1990 onwards, the process of demolishing the Wall began with the assistance of the former GDR border patrol troops, and some 300,000 tons of concrete were broken down into road gravel. Individual sections of the wall were also acquired by museums around the world for their collections or were donated as memorials or sold.

At the same time, the removal of the visible testimonies to the 28-year history of German division was also the birth of one of the most important memorial sites in the city of Berlin. The more the Wall began to disappear, the louder the call became to retain some of it as a memory of the division of Germany and the fall of the Wall for future generations.

One of the few sites where the original structure of the Wall was still largely intact was a stretch of border installations in the Bernauer Strasse. On October 2, 1990, one day before German reunification, the City Council of East Berlin declared a section of this a listed monument.

The Berlin Senate's concept for promoting a culture of remembrance took this a step further, declaring the entire stretch of former border from the Nordbahnhof

1. Gedenkstätte Berliner Mauer
(Kohlhoff & Kohlhoff Architekten)
2. Kapelle der Versöhnung
(Peter Sassenroth & Rudolf Reitermann)
3. Erweiterung der Außenanlagen (Sinai/Mola + Winkelmüller Architekten)
4. Fenster des Gedenkens (ON Architektur)
5. Besucherzentrum
(Mola + Winkelmüller Architekten)
6. Dokumentationszentrum (Harald Franke/aim architektur immobilien managment)

1. Berlin Wall Monument
(Kohlhoff & Kohlhoff Architekten)
2. Chapel of Reconciliation
(Peter Sassenroth & Rudolf Reitermann)
3. Extension of the memorial site
(Sinai/Mola + Winkelmüller Architekten)
4. Window of remembrance (ON Architektur)
5. Visitor center
(Mola + Winkelmüller Architekten)
6. Documentation center (Harald Franke/aim architektur immobilien management)

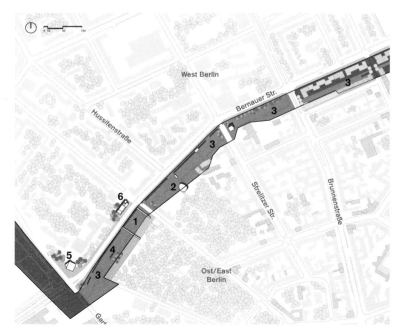

Das Konzept des Senats Berlin zur Förderung der Gedenkkultur erklärte die Brache des ehemaligen Mauerstreifens vom Nordbahnhof bis zum Mauerpark als schützenswertes historisches Sachdokument. Die Gestaltung des Freiraumes sollte diese Reste der Grenzsicherungsanlage präsentieren, kommentieren und erläutern ohne sie zu überformen. Bereits 1994 wurde ein Wettbewerb ausgelobt, der die Gestaltung einer der Flächen an der Ecke Ackerstraße im Sinne eines Denkmals für die Opfer des Mauerregimes und in Gedenken an die Teilung der Stadt in einen zusammenhängenden Kontext setzen sollte. War dieser Wettbewerb noch stark von dem Bestreben geprägt, hier ein Stück Todesstreifen möglichst unangetastet zu erhalten, hat sich mit den Jahren eine ganze Erinnerungslandschaft entlang der Bernauer Straße entwickelt und etabliert. Auf 4,4 Hektar und einer Länge von 1,3 Kilometern entstand ein lebendiger und heterogener Entdeckungsraum verschiedener Spuren und architektonischer Elemente, der BesucherInnen einen dokumentarischen, künstlerisch-gesellschaftlichen und geistig-religiösen Zugang ermöglicht.

1997 wurde auf Initiative des Berliner Senats der Verein Berliner Mauer gegründet, der als Träger des gesamten Gedenkstättenareals fungiert und dieses durch Bildungsarbeit unterstützt.

Gedenkstätte Berliner Mauer

Das Gesamtensemble der Gedenkstätte wird durch ein heute etwas fremd wirkendes Monument unterbrochen. 1994 war noch keine Rede davon, dass zwei Jahrzehnte später eine 1,4 Kilometer lange Gedenkstätte in der Bernauer Straße entstehen würde. Dem siegreichen Wettbewerbsentwurf des Büros Kohlhoff & Kohlhoff von 1994 lag der Wunsch zugrunde, ein Stück des Mauerstreifens und seine räumliche und menschenverachtende Logik zu konservieren. Hier sollte ein Stück originaler Mauerstreifen überleben.

Das Konzept sah vor, einen 40 Meter breiten und 70 Meter langen Streifen zwischen Vorderlandmauer und Kolonnenweg durch zwei 7 Meter hohe Scheiben, die innenseitig mit Chromstahl und außenseitig mit Cortenstahl beplankt sind, einzufassen. Es wurden also

to the Mauerpark an area of special historical signif icance. A future design for this public space woul need to present, demarcate and explain the remains o the border installations without obliterating or obscuring them. A competition was initiated in 1994 for a site at the corner of the Ackerstrasse as a memorial for the victims o the Wall and the GDR regime, and to embed the memor of the division of the city in a wider context. While this firs competition was informed by a desire to retain a section o the former "death strip" in an as intact form as possible, a entire memorial landscape has since been developed ove the length of the Bernauer Strasse. Extending 1.3 kilometer and covering an area of 4.4 hectares, a varied and stimulating space of discovery has been created, comprising various trace and architectural elements that operate at several levels—docu mentary, social and artistic, and spiritual and religious—offering visitors insight into the site and its history

In 1997, at the initiative of the Berlin Senate, an associatio was established, later to merge into the Berlin Wall Foun dation, to manage the entire memorial site and provide supporting educational services and information

Berlin Wall Monument

Within the overall ensemble of the memorial, the monu ment appears as something of a foreign object interrupt ing the flow. In 1994, the idea of a 1.4-kilometer-long memorial along the Bernauer Strasse had not been raised. Kohlhoff & Kohlhoff's prize-winning entry to the competition in 1994 aimed to conserve a stretch of the wall strip and border installations in its spatial entirety and inhuman logic. A section of the original Wall should remain at this point

The concept proposed enclosing a 40-meter-wide and 70-meter-long stretch of the border fortifications from the patrol road to the outer border wall between two 7-meter-high planes that are chrome-plated on the inside and faced with Corten steel on the outside. These very high new walls frame the section of the former "protec tive wall", the euphemistic GDR term for the death strip their chrome-plated faces reflecting the line of the wall into infinity—although the effect is not quite so convinc ing due to the matte surface of the material. The externa Corten steel surfaces, in turn, allude to the finality of the death strip and define the material palette for the entire memorial site and the memorial objects within it

**GEDENKSTÄTTE BERLINER
MAUER — ERWEITERUNG**
Architekt: Mola + Winkelmüller
Landschaftsarchitekt: Sinai
Bauherr: Senatsverwaltung für
Stadtentwicklung Berlin
Wettbewerb: 2007
Bauzeit: 2009–2014

**BERLIN WALL MEMORIAL—
EXTENSION**
Architect: Mola + Winkelmüller
Landscape Architect: Sinai
Client: Berlin Senate Department for
Urban Development
Competition: 2007
Construction: 2009–2014

Gedenkstätte Berliner Mauer
Berlin Wall Memorial

ehr hohe neue Mauern als Rahmung eingesetzt, um
en ehemaligen, im DDR-Sprachgebrauch Schutzwall
enannten Todesstreifen zu schützen. Die Stahlinnensei-
en sollten die so gerahmten Mauern in das Unendliche
piegeln, wobei der Effekt durch die gewählte matte
Oberfläche nicht wirklich funktioniert. Die Außenflächen
us Cortenstahl spielen auf die Endlichkeit des Todes-
treifens an und sollten stilbildend das Areal und weitere
Gedenkorte am Mauerstreifen beeinflussen.

Der nunmehr von den zwei existierenden und zwei
euen Mauern eingefriedete Bereich ist für die Öffent-
chkeit nicht betretbar und wird nur an besonderen
Gedenktagen benutzt. Durch einen Sehschlitz zwischen
en Betonfertigteilen der Hinterlandmauer erspäht
er Besucher einen Blick in den steinernen und toten
Zwischenraum. Die beeindruckend hohen Stahlmauern
verden allerdings heute auf den ersten Blick häufig von
ouristen mit der eigentlichen Grenzmauer verwechselt.
in originaler Wachturm wurde später von anderer Stelle
ierher versetzt.

The space enclosed between the two existing former
walls and the two new planes is not publicly accessible
and is only used on special days of remembrance. Visitors can, however, catch a glimpse of the blankness of
the death strip within through a narrow slot between the
precast concrete sections of the inner security wall. The
impressively high steel walls are, unfortunately, sometimes mistaken at first glance for the actual border wall
by unsuspecting tourists. An original watchtower was
later relocated here from another location.

Die Kapelle der Versöhnung

The Chapel of Reconciliation

Sprengung der Versöhnungskirche, 1985 (Gotthilf Ludwig Möckel, 1892–1894) Demolition of the Reconciliation Church in 1985 (Gotthilf Ludwig Möckel, 1892–1894)

After the Wall was built, the congregation of the Protestant Reconciliation Church in the Wedding district of West Berlin were cut off from their church, which stood directly on the death strip. As part of the ongoing expansion and fortification of the border installations, and to prevent people from using it to flee to West Berlin, the church was blown up by the GDR authorities in 1985, though not without first pressurizing the congregation into agreement. After reunification, the site was returned to the congregation under the condition that it should serve a religious use.

Seit dem Mauerbau lag die Kirche der evangelischen Versöhnungsgemeinde des West-Berliner Wedding mitten im Todesstreifen und war nicht mehr zugänglich. Im Zuge eines Ausbaus der Grenzanlagen, die kontinuierlich erweitert und verstärkt wurden, um Fluchten nach West-Berlin zu verhindern, wurde die Kirche auf Befehl der DDR-Regierung, nicht ohne zuvor die Kirchengemeinde zur Zustimmung gedrängt zu haben, 1985 gesprengt. Nach der Wiedervereinigung erhielt die Versöhnungsgemeinde das Grundstück unter der Auflage einer sakralen Nutzung zurück.

Manfred Fischer, who had been the pastor of the congregation in Wedding since 1977, campaigned passionately for saving the remaining sections of the Wall and converting the Bernauer Strasse into a place of remembrance. The Chapel of Reconciliation now stands on the site of the demolished church, its name referring not just to the lost church but also embodying the reconciliatory purpose of the memorial. Built in 1996 to a design by the architects Peter Sassenroth and Rudolf Reitermann, the oval interior of the chapel is made of rammed earth erected on the foundations of the earlier church. The earth oval of the inner core is surrounded by a delicate open ambulatory

Kapelle der Versöhnung
Chapel of Reconciliation

Manfred Fischer, der bereits 1977 Pfarrer der Versöhnungsgemeinde im Bezirk Wedding wurde, setzte sich nach dem Fall der Mauer vehement für die Erhaltung der Mauerteile und die Umwandlung in einen Erinnerungsort in der Bernauer Straße ein. Heute steht an der Stelle der gesprengten Kirche die Kapelle der Versöhnung, die in ihrem Namen die Bezüge auf die ursprüngliche Kirche und den Versöhnungsauftrag der Gedenkstätte vereint. 1996 wurde nach den Plänen der

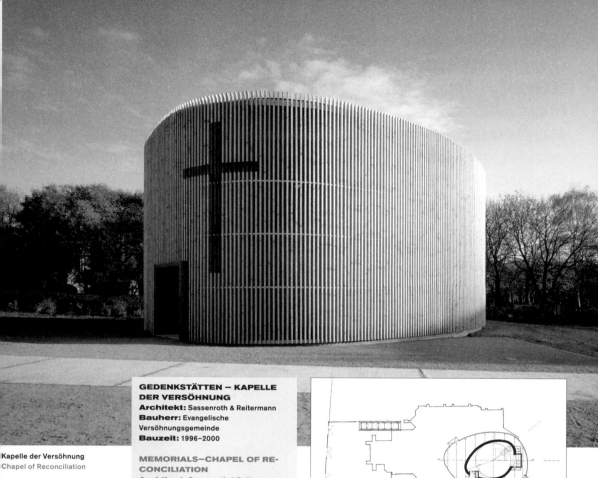

Kapelle der Versöhnung
Chapel of Reconciliation

GEDENKSTÄTTEN – KAPELLE DER VERSÖHNUNG
Architekt: Sassenroth & Reitermann
Bauherr: Evangelische Versöhnungsgemeinde
Bauzeit: 1996–2000

MEMORIALS—CHAPEL OF RECONCILIATION
Architect: Sassenroth & Reitermann
Client: Reconciliation Protestant Parish
Construction: 1996–2000
Construction: 2009–2014

Grundriss der Kapelle der Versöhnung mit Umriss der ehemaligen Versöhnungskirche   Floor plan of the Chapel of Reconciliation with outline of the former Reconciliation Church

Architekten Peter Sassenroth und Rudolf Reitermann der ovale Kirchenraum der Kapelle in Stampflehmbauweise auf den Fundamenten der ehemaligen Versöhnungskirche errichtet. Der Innenraum aus Lehm ist umgeben von einem Wandelgang aus lichtdurchlässigen Holzlamellen. Erhaltene Glocken, eine freigelegte Kellertreppe und das gerettete Altarbild der Versöhnungskirche wurden in den Entwurf integriert.

Die Versöhnungsgemeinde hat aktiven Anteil an der Erinnerungskultur; hier wird in täglichen Andachten an die Schicksale einzelner Mauertoten erinnert. Von einem kleinen Roggenfeld auf dem früheren Todesstreifen wird die jährliche Ernte zu Brot gebacken und als symbolische Geste am Jahrestag des Mauerbaues verteilt. Hinter der Versöhnungskapelle ist ein Garten entstanden, der von der Gemeinde, aber auch von Bewohnern der Umgebung genutzt wird.

made of wooden slats. The original bells, the exposed cellar stairs and the altarpiece of the earlier church have been incorporated into the design.

The parish plays an active role in practicing a culture of remembrance, regularly commemorating the victims of the Wall in daily worship. A field of rye planted on the former death strip is harvested each year and baked as bread as a symbolic gesture on the anniversary of the building of the Wall. A garden has also been created behind the chapel that is used by parish members and local residents.

Erweiterung der Gedenkstätte durch das Besucherzentrum, Außenanlagengestaltung und Fenster des Gedenkens

Extensions to the Memorial: The Visitor Center, Memorial Grounds and Window of Remembrance

2007 fand ein Wettbewerb zur Erweiterung der Gedenkstätte statt. Der bis 2014 umgesetzte Gewinnentwurf von Mola + Winkelmüller Architekten (mit Sinai, Landschaftsarchitektur, und ON Architektur, Ausstellungsgestaltung) sieht vor, die bestehenden Mauerreste und Bodenspuren zu sichern, freizulegen und zu ergänzen. Dabei wird, ausgehend vom Entwurf von Kohlhoff & Kohlhoff, für alle Interventionen zur Einheitlichkeit des Gesamtensembles weiter Cortenstahl verwendet. Dort wo die Mauerstücke inzwischen fehlen, wurden sie durch Cortenstäbe ersetzt. So wurde die Mauer in ihrer räumlichen Präsenz rekonstruiert. Gleichzeitig ist sie jedoch für Durchblicke und freie Bewegung durchlässig. Der Ort wurde auf die wesentlichen Spuren reduziert. Große einladende Wiesenflächen schaffen eine parkähnliche Aufenthaltsqualität. Es wird bewusst vermieden, einen Ort des Schreckens, bzw. einer fortbestehenden Teilung zu schaffen. Rückgrat der linearen Gedenkstätte ist der ehemalige Kolonnen- oder Postenweg. Spuren von Fluchttunneln werden sichtbar gemacht, Fundamente von Häusern, die dem Todesstreifen weichen mussten, freigestellt und Informationsstelen mit Hintergründen zum Mauerkomplex aufgestellt.

Ein wesentliches Element der Gedenkstätte ist das Fenster des Gedenkens. Es erinnert an die 131 Todesopfer, die die Berliner Mauer in der Zeit ihres 28-jährigen Bestehens forderte. Hierzu zählen vor allem diejenigen Menschen, die zwischen dem 13. August 1961 und dem 9. November 1989 bei der Flucht aus der DDR an der Berliner Mauer durch Soldaten der DDR-Grenztruppen erschossen wurden oder durch Unfälle ums Leben kamen.

Das Fenster des Gedenkens gibt den Angehörigen der Opfer, aber auch Besuchern der Gedenkstätte die

In 2007, a further competition was held for an extension to the memorial site. The winning design by Mola + Winkelmüller Architekten (with landscape architecture by Sinai, and exhibition design by ON Architektur) retains, marks and augments the remaining existing sections of the Wall and historical traces on the site, and was completed in 2014. To create a sense of overall coherence, all new interventions are made of Corten steel, continuing the material palette of Kohlhoff & Kohlhoff's monument. Missing sections of the Wall were replaced by a strip of vertical Corten rods that reconstruct the spatial presence of the Wall but remain visually and physically permeable. The design is pared back to highlight its key traces, and stretches of lawn give the site an inviting park-like character, consciously avoiding creating the impression of a place of terror or continued division. The backbone of the linear memorial site is the former patrol road and sentry path. Embedded markers in the ground

GEDENKSTÄTTE – FENSTER DES GEDENKENS
Architekt: ON Architektur
Bauherr: Senatsverwaltung für Stadtentwicklung Berlin
Wettbewerb: 2007
Bauzeit: 2009–2014

MEMORIAL—WINDOW OF REMEMBRANCE
Architect: ON Architektur
Client: Berlin Senate Department for Urban Development
Competition: 2007
Construction: 2009–2014

Möglichkeit, ihrer Trauer, auch um einzelne Opfer, Ausdruck zu verleihen. Hier wird auch der Toten gedacht, die nie eine Grabstätte erhalten haben. Die Opfer werden durch Nennung ihrer Namen, Lebensdaten und Portraitfotos aus der Anonymität geholt und in ihrer Individualität erkennbar.

Das Fenster des Gedenkens besteht aus einer langen, schlanken Stahlwand aus rostigem Cortenstahl, in der sich 165 Nischen befinden. Mit 131 dieser Nischen wird je einem Opfer gedacht. Um die Frage, ob hier auch der getöteten Grenzsoldaten gedacht werden solle, wurde lange gerungen. Mittlerweile erinnert eine Stele in nächster Nähe an sie und listet die Namen der im Dienst zu Tode gekommenen Grenzsoldaten auf.

Besucherzentrum
Visitor Center

**GEDENKSTÄTTE –
BESUCHERZENTRUM**
Architekt: Mola + Winkelmüller
Bauherr: Senatsverwaltung für
Stadtentwicklung Berlin
Wettbewerb: 2007
Bauzeit: 2008–2009

MEMORIAL–VISITOR CENTER
Architect: Mola + Winkelmüller
Client: Berlin Senate Department
for Urban Development
Competition: 2007
Construction: 2008–2009

Das Besucherzentrum ist in seiner Gestaltung klar als Neubau erkennbar. Es dient als erste Anlaufstelle für Besucher und Gruppen und ermöglicht die Einordnung des Ortes in den Gesamtzusammenhang der Berliner Mauerorte. Die zwei gegeneinander verdrehten Stockwerke beziehen sich auf den Mauerverlauf, der an der Stelle des Besucherzentrums von der Bernauer Straße nach Norden in die Gartenstraße abknickte. Über große Panoramafenster im zweiten Obergeschoss überblickt der Besucher die Anlage der ehemaligen Grenzanlagen und kann sie in seiner Gesamtheit erfassen. Die Fassaden aus Cortenstahl stellen eine Verbindung zu der von Kohlhoff & Kohlhoff entworfenen Gedenkstätte auf der anderen Straßenseite her. So wird dieses Mahnmal rückwirkend in die Gesamtanlage integriert. Das Komentationszentrum in den Räumen des ehemaligen Gemeindezentrums der Versöhnungsgemeinde beherbergt eine Dauerausstellung und schließt an einen Aussichtsturm an.

Die Gedenkstätte Berliner Mauer ist einer der wesentlichen Erinnerungsorte Berlins zum Thema Teilung, Überwindung und Verbindung. Die neuentstandene Erinnerungslandschaft mit ihren heterogenen Ansätzen zeigt auf, dass Berlin über die 28 Jahre seit der Öffnung mit unterschiedlichen Konzepten zum Umgang mit dem Todesstreifen gerungen hat und sich das Bewusstsein zum Bewahren und Umdeuten erst herausbilden musste. An der Bernauer Straße ist es in der Vielschichtigkeit der Projekte gelungen, das Alte mit dem Neuen zu ver-

reveal the location of escape tunnels and the outlines of buildings that were demolished to make way for the death strip, and information posts provide background information on the Wall and life in its shadow.

A key element of the memorial is the Window of Remembrance that commemorates the 131 victims of the Wall who lost their lives over the 28 years of its existence. The majority of them were shot by border guards or died in accidents while attempting to flee the GDR between August 13, 1961, and November 9, 1989.

The Window of Remembrance gives relatives of the victims and visitors to the memorial a channel for their loss and an opportunity for individual remembrance. It is also a memorial place for those who died but were never given a grave. The record of their names, key details and portraits elevates the victims from anonymity and commemorates them as individuals.

Constructed as a long, slender wall made of rust-red Corten steel, the Window of Remembrance has 165 niches, 131 of which commemorate a specific victim. The question of whether to also commemorate the border guards killed at the Wall was long debated. A pillar in the immediate vicinity now lists the names of those border guards who died in service.

Mit Chromstahl eingefasstes Mauerstück mit versetztem **Wachturm** Wall fragment encased in chrome steel with relocated watchtower

GEDENKSTÄTTE – DOKUMENTATIONSZENTRUM
Architekt: Harald Franke
Architekt (Umbau): aim architektur consulting
Fertigstellung: 1965
Fertigstellung (Umbau): 2014

MEMORIAL–DOCUMENTATION CENTER
Architect: Harald Franke
Architect (Conversion): aim architektur consulting
Completion: 1965
Completion (Conversion): 2014

Dokumentationszentrum
Documentation Center

The Visitor Center is clearly expressed as a new building. It is a first port of call for visitors and groups and helps locate the memorial within the overall context of the Berlin Wall. The two offset floor levels make reference to the course of the Wall, which bent at this point, turning northwards from the Bernauer Strasse into the Gartenstrasse. Large panorama windows on the second floor provide a view over the former border strip and allow visitors to comprehend the memorial as a whole. The Documentation Center in the former parish hall houses a permanent exhibition and is linked to a viewing tower.

The Berlin Wall Memorial is one of the most important places of remembrance in Berlin, exploring the themes of division, overcoming and connection. This new landscape of remembrance reveals with its various approaches how Berlin struggled for 28 years with different concepts for dealing with the legacy of the Wall and death strip, and how a sensibility for its conservation and interpretation has evolved over time. The memorial at the Bernauer Strasse, and the many different levels at which it operates, shows how it is possible to connect the old and the new, and to design a place of remembrance that also incorporates daily life in the present.

GARTENANLAGEN AN DER GRENZE ZU POTSDAM

Standort: Berlin Steglitz-Zehlendorf/Potsdam
Architekt: Peter Joseph Lenné, Fürst von Pückler-Muskau und andere
Bauzeit: Mitte des 19. Jahrhunderts

Location: Berlin Steglitz-Zehlendorf/Potsdam
Architect: Peter Joseph Lenné, Fürst von Pückler-Muskau and others
Construction: mid-19th century

Heilandskirche (Ludwig Persius, 1841–1944)   Heilandskirche (Ludwig Persius, 1841–1944)

LANDSCAPE GARDENS ON THE BORDER TO POTSDAM

An der Grenze zwischen Berlin und Potsdam erstrecken sich Gartenanlagen, die von Preußens berühmtestem Gartenbaumeister Peter Joseph Lenné, von Fürst von Pückler-Muskau und anderen gestaltet wurden. Über die Seenlandschaft der Havel hinweg verbinden sich viele Gärten über Sichtachsen zu einem weitläufigen Gesamtensemble. Die einzelnen Abschnitte gruppieren sich um die Schlossbauten von Sacrow, Glienicke und Babelsberg herum.

Diese historischen Landschaftsräume und Gartenanlagen wurden nach dem Mauerbau 1961 durch die Grenzanlagen zerstört oder schwer beschädigt. So wurden zum Beispiel, um den Grenzsoldaten freie Sicht und Schussbahn zu verschaffen, weite Teile gerodet, nivelliert und mit Pestiziden verödet. Direkt am Grenzstreifen gelegen, wurde die neoromanische Heilandskirche (Ludwig Persius, 1841–1844) kurzerhand mit der Kirchturmmauer direkt in die Grenzmauer integriert und verfiel, bis sie 1984–1985 auf westdeutschen Druck äußerlich restauriert wurde. In den 1990er Jahren wurde sie vollständig wiederhergestellt.

Along the border between Berlin and Potsdam, Prussia's most famous garden architect, Peter Joseph Lenné, and Fürst von Pückler-Moskau and others laid out gardens in the river lakelands of the Havel. Linked by visual axes, the gardens together form an extensive landscape. The individual sections congregate around the castles of Sacrow, Glienicke and Babelsberg.

This historic landscape and its gardens were destroyed or seriously damaged by the building of the wall and its border installations in 1961. To ensure border patrols had an unobstructed view and line of fire, large sections were cleared, leveled and kept free of vegetation using pesticides. The neo-Romanesque Heilandskirche (Ludwig Persius, 1841–1844) lay directly on the border and its church tower was incorporated directly into the border wall. It gradually fell into dereliction until 1984–1985 when its exterior was restored following pressure from the West. The church was comprehensively restored in the 1990s.

Peter Joseph Lenné (Zeichnung von Gerhard Koeber) Lageplan, 1833 Peter Joseph Lenné, (drawing by Gerhard Koeber) site plan, 1833

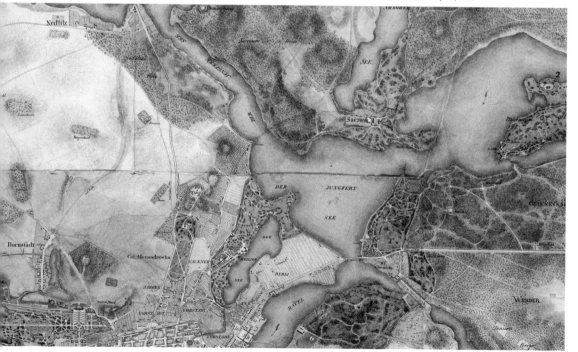

Nur Schritt für Schritt kann das weitläufige Areal mit seinen vielen verstreuten Gartendenkmälern und architektonischen Kleinodien, Schlössern und dazugehörigen Schmuck- und Nutzbauten restauriert werden. Nach Jahrzehnten der Verwahrlosung bleibt dies eine Jahrhundertaufgabe mit immensen Kosten, stetig am Rand des Substanzverlusts.

Historische Monumente in exponierter Lage sind immer noch ganz besonders davon bedroht, durch die Folgen der ehemaligen Grenzziehungen und fortgesetzten Verfall verloren zu gehen. Dies betrifft sowohl junge als auch ältere Baudenkmäler. Die Umnutzung zu öffentlichen Kulturstätten stellt eine große Herausforderung dar. Die hohe Zahl und die zugleich exponierte und relativ abgelegene Lage lassen geringe Besucherzahlen erwarten. Auch wird mit hohem Aufwand vergleichsweise wenig Nutzfläche erzeugt. Dies erschwert die Suche nach geeigneten Betreibermodellen.

The extensive area that the gardens cover, with their many scattered monuments and architectural jewels, castles, decorative structures and outbuildings, can only be restored step by step. After decades of neglect, it is a vast undertaking, consuming immense costs, and a race against time before valuable substance is lost.

Historic monuments in exposed situations are always especially at risk, and here even more so due to their prolonged dilapidation as a result of their proximity to the former border installations. It makes little difference whether the monuments are more recent or older. Their conversion for use as cultural locations also presents significant challenges, and their large number combined with their exposed positions and relatively isolated locations means that visitor numbers are likely to be limited. Likewise, the effort of restoring them is disproportionate to the usable space they offer, which makes it hard to develop viable concepts for their use and operation.

Mauerverlauf entlang der Heilandskirche The Wall ran directly alongside the Heilandskirche

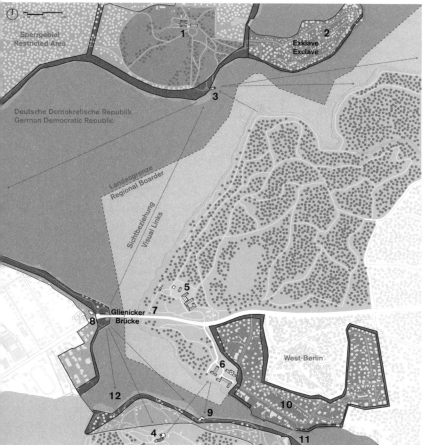

1. Schloss Sacrow
2. Exklave Meedehorn
3. Heilandskirche
4. Schloss Babelsberg
5. Schloss Glienicke
6. Jagdschloss Glienicke
7. Große Neugierde Glienicke
8. Villa Schöningen
9. Dampfmaschinenhaus
10. Exklave Klein Glienecke
11. Abgebrochene Brücke, ehemaliger Zugang zu Klein Glienecke

1. Sacrow Palace
2. Meedehorn Exclave
3. Heilandskirche
4. Babelsberg Palace
5. Glienicke Palace
6. Glienicke Hunting Lodge
7. Große Neugierde pavilion, Glienicke
8. Villa Schöningen
9. Steam-engine house
10. Klein Glienecke exclave
11. Demolished bridge, former access route to Klein Glienecke

Sperrgebiet
Restricted Area

Deutsche Demokratische Republik
German Democratic Republic

Landesgrenze
Regional Boarder

Sichtbeziehung
Visual Links

Exklave
Exclave

Glienicker
Brücke

West-Berlin

Villa Schöningen, 2006   Villa Schöningen, 2006

Villa Schöningen, 2009   Villa Schöningen, 2009

231

DEUTSCH-
DEUTSCHES
MUSEUM
MÖDLAREUTH

MÖDLAREUTH
MUSEUM
AND
MEMORIAL
SITE

Standort: Bayern/Thüringen
Erste urkundliche Nennung: 1289
Einwohner: 40
Eröffnung Freilichtmuseum: 1994

Location: Bavaria/Thuringia
First documentary evidence: 1289
Residents: 40
Opening of the open-air museum: 1994

Gekappter Wachturm   Shortened watchtower

Tannbach als Grenze zwischen
Mödlareuth-Ost und Mödlareuth-
West, 1948   The creek Tannbach
as border between East
and West Mödlareuth, 1948

Das heute 40 Einwohner zählende, landwirtschaft-
lich geprägte Mödlareuth ereilte im Kalten Krieg ein
ähnliches Schicksal wie Berlin. Da die Landesgrenze
zwischen Thüringen (DDR) und Bayern (Bundesrepublik)
entlang des durch die Dorfmitte fließenden Bachs verlief,
wurde das Dorf in zwei Teile geteilt. Da es in Mödlareuth
jedoch keinen Grenzübergang gab, war der Übergang
zwischen den beiden Dorfhälften unmöglich. Die Grenzanlagen waren zunächst mit einem Bretterzaun, später mit
Stacheldraht und schließlich mit einer 700 Meter langen
Betonmauer befestigt. Direkter Kontakt war nur möglich,
indem die im Westteil wohnenden Dorfbewohner bei
den DDR-Behörden eine Einreise beantragten, um einige
Kilometer außerhalb des Sperrgebiets Verwandte und
andere Ortsbewohner zu treffen. Die außergewöhnliche
Situation machte das Dorf in der Zeit der Teilung auf der
bayerischen Seite zur Touristenattraktion. Die Amerikaner
nannten es deswegen auch „Little Berlin".

The predominantly agricultural village of Mödlareuth,
with a population now numbering only 40, suffered a
fate similar to that of Berlin during the Cold War. The
border between the German states of Thuringia in the
GDR and Bavaria in West Germany was a stream that
ran through the center of the village, dividing it in two.
As there was no border crossing in Mödlareuth, it was
impossible for residents to visit the other side. Initially
the border was just a picket fence, but later it was fortified with barbed wire and eventually a 700-meter-long
concrete wall. Residents in the West could only make
direct contact with relatives and other residents of the
village by applying for an entry permit from the East
German authorities. The meeting point was several
kilometers outside the restricted zone. This exceptional situation turned the Bavarian side of the village into
a tourist attraction during the Cold War years. The
Americans called it "Little Berlin".

Als in Berlin die Mauer fiel, passierte in Mödlareuth zunächst nicht viel. Ein noch bis Mitte 1990 kontrollierter Übergangspunkt erlaubte es Ortsansässigen wenigstens tagsüber, die Grenze zu überqueren. In Eigeninitiative und vom Bürgermeister abgesegnet fuhr schließlich ein Bauunternehmer mit einem Bagger vor und begann die Mauer unter großem Jubel der Dorfbewohner einzureißen. Ein 100 Meter langes Stück und ein Wachturm wurden zur Erinnerung erhalten.

Auf Initiative der Bewohner entstand der Verein Deutsch-Deutsches Museum Mödlareuth e.V., der es sich zur Aufgabe machte, die erhaltenen Teile der Mauer in ein Freiluftmuseum zu verwandeln. Auf Betreiben der bayerischen Landesregierung wurde im Oktober 1990 der Beschluss gefasst, in der geschichtlich aufgeladenen Umgebung des Dreiländerecks zwischen der ehemaligen Tschechoslowakei, Ost- und Westdeutschland eine Freiluftgedenkstätte und ein Museum zur Erinnerung an die Teilung einzurichten. Die Wahl fiel auf Mödlareuth. So begann ab 1991 die staatliche Förderung des Museums. Heute wird die Aufklärungsarbeit des Museums durch weitere rekonstruierte Grenzanlagen ergänzt. Mit 80.000 Besuchern pro Jahr ist Mödlareuth in der strukturschwachen Region auch wirtschaftlich eine Erfolgsgeschichte.

Der Zusammenschluss der Dorfgemeinschaft verlief aufgrund der geringen Größe ausgesprochen schnell. Verwaltungstechnisch bekommt das Dorf aufgrund der Bundesländergrenze jedoch heute noch mit zwei Vorwahlen, Bürgermeistern, Schulsystemen, Wahlen und Fahrzeugkennzeichen seine besondere Lage zu spüren.

After the fall of the Wall in Berlin, little happened in Mödlareuth. A crossing point that was still manned until mid-1990 allowed local residents to at least cross the border during the day. Eventually the villagers took it on upon themselves, and a building contractor, working with the mayor's approval, arrived with a digger and began tearing down the wall amidst great rejoicing. A 100-meter-long section and a watchtower were left standing as a testimony to the times.

On the initiative of the residents, a German-German Mödlareuth Museum Association was founded to transform the remaining sections of the wall into an open-air museum. In October 1990, the Bavarian authorities resolved to establish an open-air memorial and museum in the historically and symbolically charged border region between former Czechoslovakia, and East and West Germany. Mödlareuth was chosen as the location, and from 1991 the Museum was state-funded. Today, the educational facilities of the museum encompass further reconstructed border facilities. Attracting 80,000 visitors every year, Mödlareuth has become an economic success story within the otherwise economically underdeveloped region.

The growing together of the village community happened quickly due to the small number of residents. However, because the state border still runs through the village, the villagers continue to feel the effects of their unusual political and administrative situation as evidenced by different dialing codes, mayors, school systems, voting catchment areas and number plates.

Teilabriss der Betonsperrmauer, 1990 Partial opening of the concrete border wall, 1990

Mit 80.000 Besuchern pro Jahr ist Mödlareuth in der strukturschwachen Region auch wirtschaftlich eine Erfolgsgeschichte.

Deutsche Demokratische Republik
German Democratic Republic

Sperrgebiet
Restricted Area

Tannbach

Mödlareuth

Landesgrenze
Regional Border

Bundesrepublik Deutschland
Federal Republic of Germany

Attracting 80,000 visitors every year, Mödlareuth has become an economic success story within the otherwise economically underdeveloped region.

1. Deutsch-Deutsches Museum Mödlareuth
2. DDR-Grenzmauer
3. DDR-Sperranlagen

1. German-German Museum, Mödlareuth
2. GDR border wall
3. GDR barrier construction

235

POINT-ALPHA-
GEDENKSTÄTTE

Grenzöffnung, 1989
Border opening, 1989

POINT ALPHA
MEM.ORIAL

**Haus auf der Grenze (Ingenieurbüro
Herget, 2002–2003)** "House on the Border
(Ingenieurbüro Herget, 2002–2003)

Sind erhaltene Mauerabschnitte schon selten, so sind in ihrer Gesamtheit erhaltene Grenzanlagen die absolute Ausnahme. Ein solches Stück steht an der hessisch-thüringischen Grenze nahe Fulda. Dieser Ort war während des Kalten Krieges ein von den Amerikanern Fulda Gap, in Ostdeutschland Thüringer Balkon genannter neuralgischer Punkt. Als westlichste Stelle im Grenzverlauf, hinter der keine größeren geografischen Hindernisse warteten, war er strategisch die wahrscheinlichste Stelle einer sowjetischen Invasion. Von dort wäre Frankfurt schnell erreichbar und Westdeutschland in zwei Hälften zertrennbar gewesen. Folglich standen sich dort ein amerikanischer Beobachtungsstützpunkt (Point Alpha) und DDR-Grenzanlagen gegenüber.

If intact authentic sections of the Wall are rare, complete sections of border installations are an absolute exception.

One remaining stretch still stands on the border between the German states of Hesse and Thuringia, near Fulda. During the Cold War, this neuralgic point was called the Fulda Gap by the Americans, and the Thuringian Balcony by the East Germans. As the westernmost point of the border, with no natural geographic barriers behind it, it was seen strategically as the most probable entry point in the event of a Soviet invasion. Frankfurt lay within easy reach and West Germany could quickly have be severed into two halves. Consequently, an Allied observation point (Point Alpha) and a GDR border control post stood opposite one other at this point.

Standort: Hessen/Thüringen
Architekt „Haus auf der Grenze":
Ingenieurbüro Herget
Bauherr: Point Alpha Stiftung
**Stiftungsgründung Grenzmuseum
Rhön Point Alpha e.V.:** 1995
Bauzeit „Haus auf der Grenze":
2002–2003

Location: Hesse/Thuringia
Architect "House on the Border":
Ingenieurbüro Herget
Client: Point Alpha Foundation
**Founding of foundation Grenzmuseum
Rhön Point Alpha e.V.:** 1995
Construction "House on the Border":
2002–2003

Today, Point Alpha is one of the most-visited border memorial sites outside Berlin. A local citizens' initiative campaigned early on to retain the complex and later established a foundation to develop and run a border museum. The permanent exhibition in the former army barracks and in a set of new buildings is now a popular stop for passing cyclists. As the first new buildings to be erected on the former inner-German border after reunification, this simple "House on the Border" was instrumental in taking back possession of the former death strip. Between the buildings is an authentic segment of the border installations from the 1970s and 1980s along with a reconstruction of the situation in the 1950s and 1960s.

The Point Alpha Memorial manifests a need for places to experience the inner-German border in outlying, rural areas where it is increasingly disappearing, despite signposting.

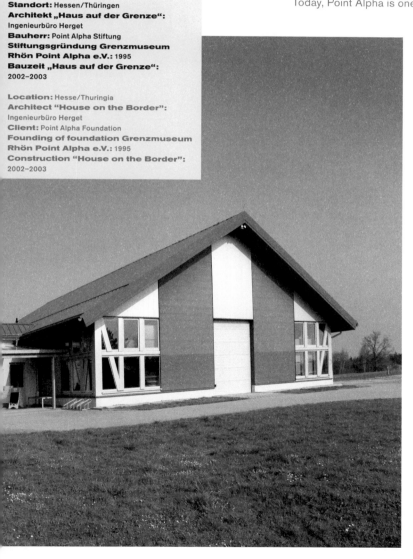

Heute befindet sich dort eine der meistbesuchten Mauergedenkstätten außerhalb Berlins. Ein Zusammenschluss aus Ortsansässigen veranlasste bereits früh den Erhalt der Anlagen und errichtete ein Grenzmuseum in Form einer Stiftung. Eine Dauerausstellung in den alten Armeebaracken und in Neubauten erfreut sich bei Besuchern auf Radtouren großer Beliebtheit. Als ersten Gebäuden auf der innerdeutschen Grenze nach der Wiedervereinigung gebührt diesen knallblauen, einfachen Neubauten eine besondere Stellung in der Wiederinbesitznahme des ehemaligen Todesstreifens. Zwischen den Gebäuden befindet sich die erhaltene Grenzanlage aus den 1970er und 1980er Jahren; Rekonstruktionen zeigen zudem die Situation der 1950er und 1960er Jahre.

Die Point-Alpha-Gedenkstätte manifestiert das Verlangen nach Kristallisationspunkten im ländlichen Raum, in dem sich die innerdeutsche Grenze trotz Beschilderungen schnell verliert. Mit einem Mahnmal, einer didaktischen Ausstellung mit reichlich Militärartefakten und den beschreibbaren, erhaltenen Originalanlagen zeigt sie das typische Repertoire der Grenzgedenkkultur. Abseits plakativer Mauerreste in der Hauptstadt zeigt sich an der innerdeutschen Grenze das Bedürfnis, mit konkretem Bezug auf die umliegende Region Orte zu schaffen, die die Erinnerung an die Teilung auf einfache, aber greifbare Weise bewahren.

With its memorial, an informative exhibition including numerous military artefacts and the authentic remains of the complex, which one can now cross on foot, it exhibits the typical repertoire of a border memorial and its culture of remembrance. It shows that outside Berlin and its emblematic remains of the Wall, there is also a need for places along the inner-German border in which to remember the division in a simple but tangible form, along with the effect it had on the surrounding regions.

Luftbild Aerial view

1. Haus auf der Grenze
2. US Camp Point Alpha
3. Point Alpha Museum
4. Ehemalige Grenzanlagen
5. Weg der Hoffnung

1. "House on the Border"
2. US Camp Point Alpha
3. Point Alpha Museum
4. Former border installations
5. Path of hope

Ehemalige Wachtürme
Former watchtower

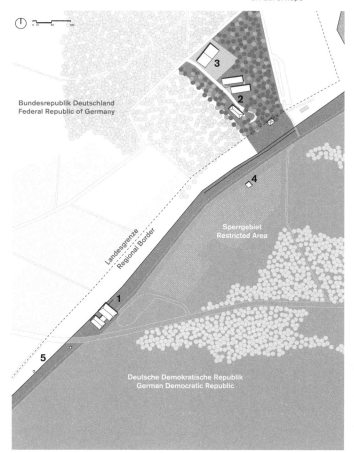

Bundesrepublik Deutschland
Federal Republic of Germany

Landesgrenze
Regional Border

Sperrgebiet
Restricted Area

Deutsche Demokratische Republik
German Democratic Republic

BROCKENHAUS

Standort: Nationalpark Harz, Sachsen-Anhalt
Architekt (Umbau): Wolf R. Eisentraut
Bauherr (Umbau):
Brockenhaus gemeinnützige GmbH
Erstes Gasthaus: 1800
Abhöranlage: 1983–1986
Umbau: 1998–2000

Location: Harz National Park, Saxony-Anhalt
Architect (Conversion): Wolf R. Eisentraut
Client (Conversion): Brockenhaus gemein-
nützige GmbH
First Guesthouse: 1800
Surveillance station: 1983–1986
Conversion: 1998–2000

**Brockenherberge und
Funkturm** Guesthouse
radio tower on the Brock

**Brockenmuseum
(Wolf Eisentraut)**
Brockenmuseum
(Wolf Eisentraut)

BROCKENHAUS

Auf dem höchsten Berg Norddeutschlands, dem Brocken, standen schon im 19. Jahrhundert eine Wetterwarte und eine bewirtete Herberge, später dann in den 1930er Jahren ein Sendeturm. Nach der Schließung der Grenzen befand sich der Gipfel im Grenzsperrgebiet der DDR. Aufgrund der günstigen Lage wurde dennoch 1973 ein weiterer, 123 Meter hoher Sendeturm mit großer Reichweite, auch Richtung Westen, errichtet. Mitte der 1980er Jahre wurden Abhöranlagen für die Staatssicherheit der DDR und für den sowjetischen Militärgeheimdienst als westlichster Vorposten errichtet. Sie bildeten eine wesentliche Frontfestung des Ostblocks im Kalten Krieg um Datenhoheit.

Nach dem Fall der Mauer wurde das Brockenhaus, aufgrund seiner Quaderform mit Antennenkuppel bis heute auch Stasi-Moschee genannt, 1993 in ein Museum umgewandelt. Zunächst wurde auf Initiative des damaligen Leiters des Harzmuseums Dr. Horst Scheffler in einer ausgedienten Radarkuppel Informationsmaterial zur Geschichte des Areals zusammen mit der verbliebenen Technik ausgestellt. Die neue Nutzung verlangte jedoch nach einer größeren baulichen Umgestaltung. 1998–2000 wurde die Anlage nach Plänen des Ost-Berliner Architekten Wolf R. Eisentraut stark umgebaut. Größte äußerliche Änderungen sind ein das Gebäude öffnendes, angesetztes, polygonales Glastreppenhaus und eine Holzverkleidung. Innen wurde der kleinteilige Aufbau der Abhöranlage zu größeren, zusammenhängenden Ausstellungsräumen vereinfacht.

A weather station and guesthouse have existed on the Brocken, northern Germany's highest peak, since the nineteenth century, and a transmission tower was built in the 1930s. After the closure of the border, however, the summit lay in the East German border zone. Due to its advantageous position, a second, 123-meter-high tower was added in 1973 that had a greater range extending into West Germany. Listening stations were built in the 1980s as the westernmost outpost for the GDR state security and Soviet military secret service. They represented the surveillance frontier of the East bloc during the Cold War.

After the fall of the Wall, the house on the Brocken, which was known as the Stasi-Mosque due to its cuboid shape and circular antenna dome, was converted in 1993 into a museum. Initially an exhibition on the history of the site initiated by the director of the Harz Museum, Dr. Horst Scheffler, was shown alongside the remaining equipment in a disused radar dome. But space was

DDR-Grenzer, 1987
GDR border guards, 1987

Am 3. Dezember 1989 erreichten tausende Demonstranten die Öffnung des Militärgeländes
Thousands of protestors forced the military site to open its gates on December 3, 1989

Anders als in anderen Mauergedenkstätten liegt der inhaltliche Fokus der Ausstellung hier nicht nur auf der Geschichte der innerdeutschen Grenze. Die lokale Flora und Fauna des Nationalparks Harz wird ebenso thematisiert wie die ältere Kulturgeschichte dieses für die Deutschen mythologischen Ortes. So entsteht eine interessante Alternative zur monothematischen Aufarbeitung der Grenzgeschichte, die einen Weg aufzeigen kann, die Erinnerung an die deutsche Teilung in ein komplexeres Narrativ einzubinden.

limited, and from 1998 to 2000 the complex was modified and converted into a larger facility by the East Berlin architect Wolf R. Eisentraut. The most visible changes to the exterior are an attached polygonal glass staircase and timber cladding. Inside, the many small sections of the listening post were consolidated into a single large exhibition area.

Unlike other Wall memorials, the focus of the exhibition lies not only on the history of the inner-German border but also on the flora and fauna of the Harz National Park as well as the earlier cultural history of this place and its role in German mythology. The museum, therefore, is an interesting alternative to the monothematic focus of most border memorials and shows how the memory of the German division can be presented as part of a wider, more complex narrative.

Luftbild, 1989
Aerial view, 1989

1. Brockenhaus (Wolf Eisentraut)
2. Brockenbahnhof
3. Sendeturm
4. Gipfelanlagen
5. Brockenbahn

1. Brockenhaus (Wolf Eisentraut)
2. Brocken railroad station
3. Radio tower
4. Summit facilities
5. Brocken railroad

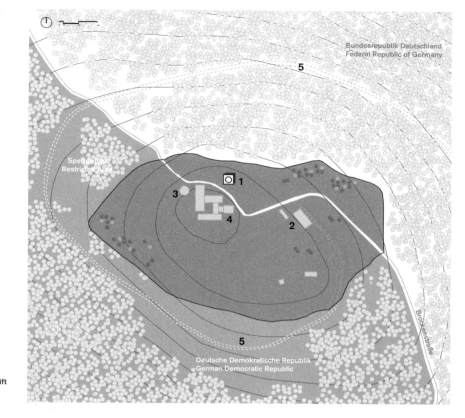

Artikel in der Ostberliner Zeitschrift Neue Berliner Illustrierte, 8/90, Februar 1990 Article in the East German magazine Neue Berliner Illustrierte, 8/90, February 1990

Schicksal Grenze

Festung Brocken

Der Nebel lichtet sich und gibt für Sekunden den Blick frei auf das Brockenplateau in 1142 Meter Höhe. Wie eine Festung hat man den höchsten Gipfel des Harzes ausgebaut. Beklemmend die schier endlose Mauer. Schockierend die mit Schotter zugeschüttete Landschaft. Wie ein Hohn nimmt man die Warnung auf Schildern zur Kenntnis: »Totalreservat. Betreten verboten!«
Nach fast drei Jahrzehnten sind die Hauptwanderwege auf dem Brocken endlich wieder frei.

Ein Beitrag von Manfred Hemprich (Text) und Eberhard Klöppel (Fotos)

TOTALRESERVAT
Betreten
verboten !

Naturschutz-gebiet

LANDWEHRKANAL
LANDWEHR CANAL

Standort: Berlin Treptow, Kreuzberg, Neukölln, Charlottenburg
Architekt: Peter Joseph Lenné
Länge: 10,7 km
Bauzeit: 1845–1850
Ausbau und Sanierung: 2009–2014

Location: Berlin Treptow, Kreuzberg, Neukölln, Charlottenburg
Architect: Peter Joseph Lenné
Length: 10.7 km
Construction: 1845–1850
Conversion and renovation: 2009–2014

Landwehrkanal mit Restaurant Freischwimmer und Club der Visionäre   Landwehr Canal with Freischwimmer Restaurant and Club der Visionäre

Parallel zur Spree wurde in der Mitte des 19. Jahrhunderts der Landwehrkanal als zweiter Wasserweg für den wachsenden Transportverkehr gebaut. Seine Funktion für den Güterverkehr verlor er 1961 mit dem Bau der Berliner Mauer. Nach der Öffnung sind heute fast nur noch Sightseeing-Schiffe darauf unterwegs. Seine Ufer sind jedoch zu Anziehungspunkten für Bewohner und Touristen geworden. Die denkmalgerecht restaurierte Uferbefestigung ist stellenweise von Grünstreifen gesäumt und schafft insbesondere zwischen Kreuzberg und Neukölln sehr beliebte Freiräume.

Am letzten Abschnitt vor der Spreemündung verlief auch der Mauerstreifen. Dort wurden mehrere Bottom-up-Projekte zu Subkulturmagneten. Der Club der Visionäre, das Restaurant Freischwimmer, das Gastronomieschiff Hoppetosse und die Arena, eine alte Halle der Busbetriebe, haben sich zu festen Größen in der über die Landesgrenzen hinweg berühmten Berliner Party- und Eventlandschaft etabliert. Trotz innerstädtischer Lage gibt es hier wenig direkte Anlieger. Laute Nächte und Vormittage (Kernzeit der Partys ist zwischen 3 und 11 Uhr morgens) bleiben unbehelligt, deren Orte aber gut erreichbar.

The Landwehr Canal was built as a second waterway parallel to the River Spree in the nineteenth century to accommodate increasing inland shipping. But after the building of the Berlin Wall in 1961, it lost its function as a freight waterway. Since the fall of the Wall, it is now used principally by sightseeing boats and its banks have become an attraction for locals and tourists alike. The restored historical canalside is partially flanked by stretches of green, and the urban waterside spaces between Kreuzberg and Neukölln have become particularly popular.

The Wall and border strip ran along the final section of the canal before it opened onto the River Spree. In this area, several bottom-up initiatives became magnets for the local subculture. The Club of Visionaries, the Freischwimmer Restaurant, the moored boat of the Hoppetosse bar and restaurant and the Arena, a former bus depot hall, have since become firm favorites on Berlin's famous nightlife circuit. Although at an easily accessible location in the inner city, they have few direct neighbors, and partying can continue without (causing) disruption throughout the nights and mornings (3 a.m. to 11 a.m. is the most frequented time).

Just beyond lies the Badeschiff, the product of a competition from 2002–2004 initiated by the art association Stadtkunstprojekte and won by AMP arquitectos with Gil Wilk and Susanne Lorenz.

Landwehrkanal, ca. 1900
Landwehr Canal, about 1900

Direkt dahinter entstand 2002–2004 für einen Wettbewerb des Kunstvereins Stadtkunstprojekte das Badeschiff von AMP arquitectos mit Gil Wilk und Susanne Lorenz. Der containerähnliche Mittelteil eines Frachtschiffverbands wurde zu einem 32 Meter langen, in der Spree verankerten Schwimmbecken umgebaut. Plattformen entlang des Steges zum Ufer sind als Sitz- und Liegeareale genutzt. Ein Jahr später kam für die Winternutzung ein Holz-/PVC-Membranüberbau hinzu, der die Anlage ganzjährig nutzbar macht. Daneben liegt ein bis heute ungenutzter 500 Meter langer Zollsteg der ehemaligen DDR. Nun soll dort mit Ausstellungen auf Kähnen ein Museumshafen entstehen.

Berlins Umgang mit seinen vielfältigen Wasseradern war immer eher von Logistik und Pragmatismus geprägt und so dominieren oftmals Industrieareale die Uferlagen. Die kreative Szene hat sich diese Lagen nach dem Mauerfall sehr schnell angeeignet. Gerade wo Uferlage und Grenzgebiet zusammenfielen, gab es neue Räume zu erobern und zu definieren. Projekte wie diese tragen einerseits ohne Zutun der behördlichen Stadtplanung stark zur Attraktivität und Lebensqualität Berlins bei, bringen durch ihre Popularität jedoch gleichzeitig Gentrifizierungs- und Verdrängungsprojekte in Gang. Die Spreeufer in der direkten Nachbarschaft und auf der gegenüberliegenden Seite sind Dauerbrennpunkte zwischen Großinvestorprojekten (Mediaspree) und starken Protesten der Bevölkerung („Mediaspree versenken!").

The container-like central section of a transport barge has been converted into a 32-meter-long swimming pool anchored in the River Spree. Platforms along the walkway to the banks are used for sitting and sunbathing. A year later, a timber and PVC membrane covering was added to allow the ship to be used in winter. Next to it is a disused 500-meter-long former GDR customs and border wharf that is soon to become Berlin's Harbor Museum, with exhibition spaces in the barges docked there.

Berlin's diverse waterways were always predominantly defined by logistics and pragmatic concerns, and as a result most of the waterside areas are dominated by industrial sites. After the fall of the Wall, the creative scene quickly occupied many of these locations. In particular, the disused sites where the former border and waterside coincided were ripe for appropriating for new uses. Projects like these without official involvement of the planning authorities contribute on the one hand to the attraction and vibrancy of Berlin and, at the same time, their popularity attracts gentrification projects that generate displacement effects. The banks of the Spree in the immediate vicinity and on the opposite bank are the focus of ongoing conflicts between large investors (Mediaspree) and protest initiatives by local citizens ("Mediaspree versenken!"– Sink Mediaspree).

Zollsteg, 1988–89 Former customs wharf jetty, 1988–1989

LANDWEHRKANAL LANDWEHR CANAL

Badeschiff Badeschiff
open-air swimming pool

BADESCHIFF
Standort: Berlin Treptow
Architekt: AMP arquitectos mit Gil Wilk
und Susanne Lorenz
Bauherr: Kulturarena Veranstaltungs GmbH
Wettbewerb: 2002
Bauzeit: 2004–2005

BADESCHIFF
Location: Berlin Treptow
Architect: AMP arquitectos with Gil Wilk
and Susanne Lorenz
Client: Kulturarena Veranstaltungs GmbH
Competition: 2002
Construction: 2004–2005

1. **Club der Visionäre, Bar**
2. **Freischwimmer, Restaurant**
3. **Hoppetosse, Gastronomieschiff**
4. **Arena Berlin**
5. **Badeschiff (AMP arquitectos)**
6. **ehemaliger Zollsteg**
7. **Universal Music**
8. **Hotel nhow Berlin**
   (Tchoban Voss Architekten)
9. **Coca Cola Deutschland**
   (Tchoban Voss Architekten)
10. **Wohnturm The White**
    (Tchoban Voss Architekten)
11. **VIMN Germany**
12. **die fernsehwerft**
13. **MAZ & More TV Produktion**

1. Club der Visionäre, bar
2. Freischwimmer, restaurant
3. Hoppetosse, bar and restaurant
4. Arena Berlin
5. Badeschiff (AMP arquitectos)
6. Former customs wharf jetty
7. Universal Music
8. Hotel nhow Berlin
   Tchoban Voss Architekten)
9. Coca Cola Germany
   Tchoban Voss Architekten)
10. The White residential tower
    Tchoban Voss
    Architekten)
11. VIMN Germany
12. die fernsehwerft television wharf
13. MAZ & More TV Production

AXEL-SPRINGER-NEUBAU

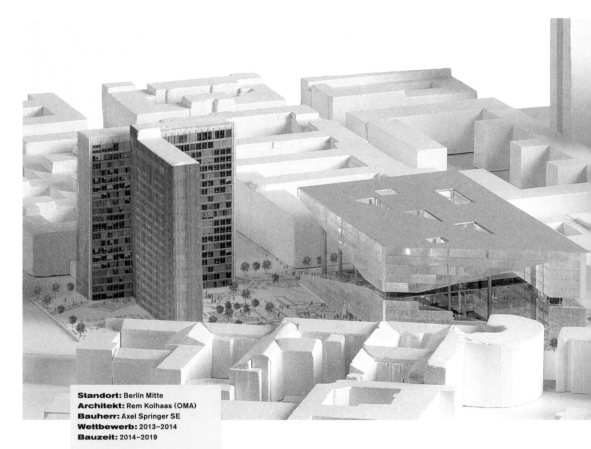

Standort: Berlin Mitte
Architekt: Rem Kolhaas (OMA)
Bauherr: Axel Springer SE
Wettbewerb: 2013–2014
Bauzeit: 2014–2019

Location: Berlin Mitte
Architect: Rem Koolhaas (OMA)
Client: Axel Springer SE
Competition: 2013–2014
Construction: 2014–2019

Modell mit Axel-Springer-Hochhaus (Melchiorre Bega/Gino Franzi/ Franz Heinrich Sobotka/Gustav Müller, 1959–1965) und Axel-Springer-Neubau (Rem Koolhaas, OMA, seit 2014) Model with the Axel Springer headquarters (Melchiorre Bega/Gino Franzi/Franz Heinrich Sobottka and Gustav Müller, 1959–1965) and new Axel Springer Campus (Rem Koolhaas, OMA, since 2014)

Axel-Springer-Hochhaus, 1966
Axel Springer headquarters, 1966

Auf dem ehemaligen Todesstreifen zwischen Kreuzberg und Mitte entsteht aktuell der Springer-Neubau von OMA. Der Entwurf von Rem Koolhaas führt den Mauerverlauf diagonal als *Void* (Leere) durch das Gebäude und bildet so einen großzügigen Innenraum aus, der neben der Teilung Berlins auch das Zusammenwachsen der Stadt thematisiert.

Der neue Medien-Campus ergänzt die alte Verlagszentrale, die von 1959 bis 1965 durch Axel Springer aus politisch-symbolischen Gründen unmittelbar an der Grenze zu Ost-Berlin errichtet wurde. Obwohl viele Unternehmen sich nach der Teilung der Stadt aus dem ehemaligen Zeitungsviertel zurückzogen, verlegte der Springer-Verlag als einziges Medium seine Hauptzentrale von Hamburg nach Berlin. Als der damalige Regierende Bürgermeister Willy Brandt 1959 den Grundstein legte, ahnte allerdings niemand, dass das 78 Meter hohe Gebäude zukünftig neben Mauer und Todesstreifen stehen würde. Während des gesamten Kalten Krieges zog das prägnante Gebäude die Blicke von beiden Seiten der Mauer auf sich.

Das städtebauliche Großprojekt „Komplex Leipziger Straße", durch die Kollektive Joachim Näther (Städtebau) und Werner Straßenmeier (Hochbau) in unmittelbarer Nachbarschaft des Springer-Hochhauses, aber auf der Ostseite der Mauer gebaut, wird häufig als direkte Reaktion auf die exponierte Sichtbarkeit des Verlagshauses vom Osten der Stadt aus interpretiert. Joachim Näther, damals Chefarchitekt Ost-Berlins, hat diesen Zusammenhang allerdings zeit seines Lebens bestritten. Städtebaulich nahmen die Wohnhochhäuser an der Leipziger Straße dem Verlagshochhaus dennoch seine Dominanz und versperrten teilweise den Blick auf die vom Dachgeschoss aus weit in den Osten hinein strahlende Nachrichten-Leuchtschrift.

The former death strip between Kreuzberg and Mitte is the site of the new campus building for Axel Springer designed by OMA. The design by Rem Koolhaas traces the course of the Wall diagonally through the building as a void, creating an expansive interior atrium that symbolizes not just the division of Berlin but also the growing together of the city.

The new media campus augments the former newspaper headquarters that Axel Springer built from 1959–1965 as a political and symbolic statement directly next to the border with East Berlin. Although many newspapers moved out of the former newspaper district after the Wall was built, the Springer Verlag was the only media outlet to relocate its headquarters from Hamburg to Berlin. When the then mayor Willy Brandt laid the foundation stone in 1959, however, no one knew that the 78-meter-high building would soon stand directly next to the wall and the death strip. For the duration of the Cold War, large advertising was displayed high on the building, visible from both sides of the Wall.

The high-rise blocks of the Leipziger Strasse complex, designed by the collective of Joachim Näther (urban design) and Werner Straßenmeier (architecture) and built in the direct vicinity of Springer's high-rise headquarters on the east side of the Wall, were frequently

Im Neubau ist die Sichtachse des 30 Meter hohen Atriums auf das Bestandsgebäude der Verlagszentrale ausgerichtet. Terrassierte Ebenen bieten Raum für 3500 Mitarbeiter und bilden eine informelle Bühne, die sich mit Ausstellungsflächen und Restaurants zum Stadtraum hin öffnet. In der Stille des ehemaligen Todesstreifens entsteht hier mit einem digitalen Nachrichtenraum einer der womöglich aktivsten Orte der sich neu erfindenden Stadt. Als Blockstruktur bleibt das Gebäude im Schwarzplan der ihn umgebenden Friedrichstadt, nimmt aber durch die doppelte Höhe die notwendige Verdichtung der Innenstadt Berlins voraus. OMA führt an dieser Stelle eine Architekturgeschichte fort, die auch gestalterisch weiterhin eng mit der Geschichte der innerdeutschen Teilung verwoben bleibt.

interpreted as a direct reaction to the prominent visibility of the newspaper headquarters building from the East. Although Joachim Näther, then City Architect of East Berlin, disputed this throughout his lifetime, the high-rise residential blocks on the Leipziger Strasse lessened the dominance of the Springer building and partially obscured the view of the illuminated headlines shining to the East from its roof.

The main axis of the 30-meter-high atrium of the new campus building is oriented towards the existing headquarters building. The terraced floors within provide space for 3,500 members of staff and create an informal stage that opens onto the urban surroundings with exhibition areas and restaurants. In what was once the quiet void of the former death strip, the new digital newsroom will be one of the most active spots in the ever-changing city. As a block structure, the building adheres to the block plan of the surrounding Friedrichstadt district, but with twice the height, it points to the future, contributing to a much-needed increase of density in the center of Berlin. With this new building, OMA picks up the threads of architectural history and spins them onwards, weaving the history of the division of Germany into its narrative

Perspektive Perspective

Schnitt Section

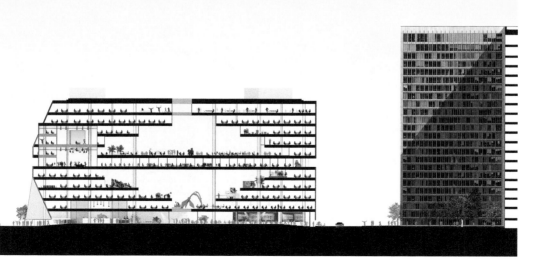

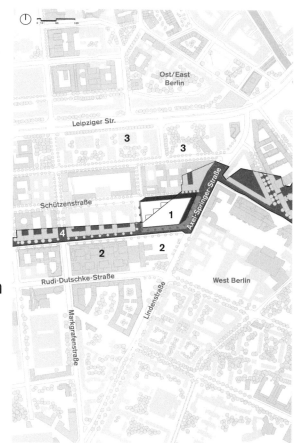

In der Stille des ehemaligen Todesstreifens entsteht hier mit einem digitalen Nachrichtenraum einer der womöglich aktivsten Orte der sich neu erfindenden Stadt.

In what was once the quiet void of the former death strip, the new digital newsroom will be one of the most active spots in the ever-changing city.

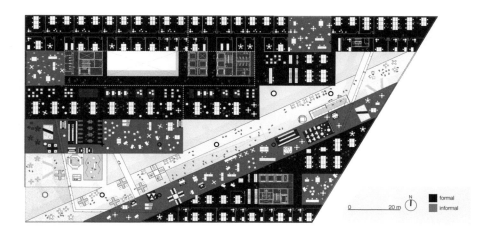

Grundriss   Floor plan

formal
informal

BROMMYBRÜCKE

Standort: Berlin Friedrichshain-Kreuzberg
Architekt: Alfred Messel
Bauzeit: 1907–1909
Sprengung: 1945

Location: Berlin Friedrichshain-Kreuzberg
Architect: Alfred Messel
Construction: 1907–1909
Demolition: 1945

Überreste der Brommybrücke
Remains of the Brommy Bridge

Christian Ernst (BEaM architects):
Brommy – One More Time, Entwurf für
die 6. Internationale Fußbrückenkonferenz, 2017   Christian Ernst (BEaM
architects): Brommy—One More Time,
design for the Sixth International
Footbridge Conference, 2017

BROMMY BRIDGE

Brommybrücke, 1910
Brommy Bridge, 1910

Als Nachfolgebau einer Eisenbahnbrücke baute Alfred Messel zur Verbindung von Kreuzberg und Friedrichshain 1907–1909 die Brommybrücke über die Spree. 1945 wurde sie von deutschen Truppen gesprengt. Zurück blieben ein Brückenkopf auf der Südseite sowie ein Brückenpfeiler als Flussinsel. Da der Brückenverlauf die Grenze zwischen Ost- und West-Berlin querte, gab es lange Zeit keine Bestrebungen zum Wiederaufbau. Dort, wo die Brücke einst stand, befindet sich heute die East Side Gallery (S. 154).

Erst in den 1990er Jahren begann die Planung für eine neue Straßenbrücke. In der Zwischenzeit gewannen beide Uferseiten an Bedeutung. Insbesondere durch die heftig diskutierten Planungen zum Neubauviertel Mediaspree wurde eine starke Verkehrszunahme erwartet. Gleichzeitig führten die erheblichen Proteste gegen die geplante Bebauung und Gentrifizierung der Spreeufer zu einer grundlegenden Skepsis vieler Anwohner gegenüber derartigen Großprojekten. Die geplante Straßenbrücke stieß vor allem aufgrund des zu erwartenden Verkehrsanstiegs auf breite Ablehnung; der Plan wurde Ende der 2000er Jahre begraben. Stattdessen gab es im Anschluss zögerliche Planungen für eine Fahrrad- und Fußgängerbrücke.

Währenddessen entstand am südlichen erhaltenen Brückenkopf 2007 mit dem Spreebalkon eine Aussichtsplattform, die an die historische Brücke erinnert. 2017 wurden anlässlich der 6. Internationalen Fußbrückenkonferenz von zahlreichen Architekten und Büros Entwürfe für eine hier gelegene Fußgängerbrücke präsentiert. Die nächsten nötigen Schritte des Senats lassen allerdings weiter auf sich warten. Eigentlich wäre zu erwarten gewesen, dass das Wiedererrichten verloren gegangener Brücken die konsensfähigsten Bauinitiativen der Wiedervereinigung sein würden. Im erst 2001 zusammengelegten Bezirk Friedrichshain-Kreuzberg ist die fehlende Brücke auch ein Zeichen der Lähmung in manchen Debatten auf dem Weg zu einer normalen Stadt.

Alfred Messel's Brommy Bridge over the River Spree replaced an earlier railway bridge and connected Kreuzberg with Friedrichshain. Built from 1907 to 1909, it was blown up in 1945 by German troops. All that remained was a bridgehead on the south side of the river and a pillar as an island in the river. As the route of the bridge crossed the border between East and West Berlin, there was no incentive to rebuild it. Where the bridge once stood is now the East Side Gallery (p. 154).

Plans for a new road bridge were first proposed in 1990. In the meantime, the areas along both sides of the river were increasingly becoming the focus of speculation. A marked increase in traffic was expected, most notably as a result of the development of the hotly debated plans for the new Mediaspree quarter. At the same time, vociferous protests against the planned development and gentrification of the riverside areas along the Spree meant that many residents were skeptical of all large projects. The proposals for a new road bridge met with much opposition due to the increased traffic it would bring, and the plans were eventually shelved towards the end of the 2000s. Shortly afterwards, tentative proposals then followed for a bicycle and pedestrian bridge.

Meanwhile, a balcony and viewing platform that recalled the historical bridge was erected at the southern bridgehead in 2007, overlooking the river. As part of the 6th International Footbridge Conference in 2017, numerous architecture and design offices presented designs for a footbridge. The project now awaits the next steps by the Berlin Senate.

It had been expected that after reunification, most people on both sides of Berlin would be in favor of reinstating lost bridges. The continued absence of this bridge in the Friedrichshain-Kreuzberg district, which merged in 2001, is a sign of the paralysis caused by some debates on the way to becoming a normal city.

KLEINGARTENANLAGE „FREIHEIT"

Luftbild Richtung Osten, 2016
Aerial view looking eastwards, 2016

Standort: Berlin Treptow
Gründung: 1910

Location: Berlin Treptow
Founded: 1910

"FREIHEIT" GARDEN COLONY

**Kleingärtner der Kolonie
„Freiheit"** Gardener at work in
the "Freiheit" garden colony

The garden colony next to the Kiefholzstrasse in Berlin's Neukölln and Treptow districts is at first glance unremarkable but it is an example of the lasting existence of physical and psychological walls. Founded in the early twentieth century under the emblematic name "Freiheit" (freedom), the colony, whose management was located in West Berlin, lost a significant number of plots to the East when the Wall was built through it in 1961. The allotment gardeners went about their business largely unperturbed and over time two entirely independent garden colonies developed on each side of the Wall. The gardens on the East, however, were only accessible to those with a corresponding permit.

After the fall of the Wall, each colony had the usual reservations about those on the other side. Initial tentative attempts to reestablish a connection between the two colonies petered out, and today there is comparatively little contact between the allotment owners on each side. The website of the garden colony association in the West lists the building of the Wall as an event alongside the demolition of the toilet latrines. The fall of the Wall that divided the colony and in whose shadow the gardeners lived and worked for almost three decades is not even mentioned. Today, the border strip is now a local recreation area for local residents that runs between the two garden colonies, still dividing them.

Die auf den ersten Blick eher unscheinbar wirkenden Kleingartenanlagen entlang der Kiefholzstraße (Neukölln/Treptow) sind ein Beispiel für lange nachwirkende physische und psychologische Mauern. Anfang des 20. Jahrhunderts mit dem symbolträchtigen Namen „Freiheit" gegründet, wurden große Teile der Parzellen von dem im Westen ansässigen Verein getrennt, als 1961 die Mauer errichtet wurde. Die Kleingärtner gärtnerten jedoch verhältnismäßig unbeeindruckt weiter. So bildeten sich im Lauf der Zeit zwei voneinander völlig unabhängige Kolonien. Der östliche Teil allerdings war nur mit Passierschein erreichbar.

Nach dem Fall der Mauer hielten sich die üblichen Vorbehalte gegenüber der jeweils anderen Seite aufrecht. Zaghafte Verbindungsversuche liefen ins Leere. So gibt es bis heute kaum Kontakt zwischen den Kleingartenbesitzern beider Seiten. Die Website des westlichen Vereins Freiheit nennt den Bau der Mauer in einem Atemzug mit dem Abriss der Plumpsklos. Der Fall der Mauer, die den Verein getrennt hatte und in deren Schatten die Gartenfreunde für fast drei Dekaden leben

mussten, wird nicht einmal erwähnt. Heute befindet sich auf dem ehemaligen Grenzstreifen eine Parkanlage, die den Bewohnern des Kiezes Erholung bietet, die beiden Gartenkolonien allerdings weiterhin trennt.

Der anstehende Generationenwechsel gibt jedoch Grund zur Hoffnung. So spielen die alten Ressentiments bei jüngeren Besitzern, die die Mauer nicht mehr selbst aktiv miterlebt haben, nur noch eine untergeordnete Rolle. Die Geschichte der inzwischen über 100 Jahre alten Kleingartensiedlung zeigt einerseits, wie alltägliches Leben scheinbar kaum berührt auch in unmittelbarer Grenznähe fortbestehen konnte. Andererseits sind die auch 28 Jahre später noch nicht überwundenen Gräben zwischen beiden Seiten ein Beweis dafür, dass lange nach dem Abriss einer physischen Mauer die sprichwörtliche Mauer in den Köpfen weiterbestehen und die Überwindung sich über Generationen hinziehen kann.

There is, however, cause for hope as a new generation o gardeners begins to take over. The old resentments are no longer relevant to younger allotment owners, espe cially those with no personal experience of the Wall. The history of the over-100-year-old garden colony shows how, on the one hand, daily life went on even in direc proximity to the Wall, and on the other how, 28 years on, the divisions between the two have still not been overcome. It shows how proverbial walls in the mind can persist long after the physical wall has been torn down These barriers can take generations to overcome

Abriss der Mauer im Bereich der Kolonie „Freiheit" Removed segment of Wall near the "Freiheit" garden colony

Nach dem Fall der Mauer hielten sich die üblichen Vorbehalte gegenüber der jeweils anderen Seite.

After the fall of the Wall, each colony had the usual reservations about those on the other side.

WÜSTUNGEN

DESERTED VILLAGES

Jahrsau, 2008, aus dem Projekt „Wüstungen" von Anne Heinlein und Göran Gnaudschun   Jahrsau, 2008, from the project "Wüstungen–Razed Structures" by Anne Heinlein and Göran Gnaudschun

„Geschliffene" Dörfer: über 50
Zwangsumsiedlungen: über 11.000

"Flattened" villages: over 50
Forced resettlements: over 11,000

Unter den Decknamen „Ungeziefer" und „Kornblume" (ein Unkraut) wurden auf Befehl der SED 1952 und 1961 in Nacht- und Nebelaktionen ohne gesetzliche Grundlage über 11.000 Menschen aus Dörfern in unmittelbarer Grenznähe zwangsumgesiedelt. Betroffen waren Familien, die nicht als „linientreu" galten, also als politisch unzuverlässig. Manchmal genügte auch die Denunziation eines Nachbarn, die Zugehörigkeit zur Kirche oder ein nicht erfülltes Ablieferungssoll an Milch oder Getreide. Einige kleine Dörfer, die nur wenige Dutzend Einwohner besaßen, wurden so fast völlig entvölkert; manchmal blieb nur eine einzige Familie zurück. Zwei Beispiele dafür sind Jahrsau und Lankow.

Jahrsau (Sachsen-Anhalt) war ein seit dem Mittelalter bewohnter sogenannter Rundling, ein kreisförmig angeordnetes Bauerndorf. Nachdem 1961 auch die letzte Familie zwangsumgesiedelt worden war, wurde der Ort 1970 „geschliffen", also komplett abgerissen. Die Natur eroberte das Areal schnell zurück. 2003 wurden ein Stück Grenzzaun und das Areal der ehemaligen Siedlung unter Denkmalschutz gestellt. Dies ist insofern ungewöhnlich, als eigentlich keine physischen Überbleibsel mehr vorhanden sind. Einzige Zeugen dieser schweren Menschenrechtsverletzungen sind ein kleiner Gedenkstein, Infotafeln und ein demonstrativ aufgestelltes Ortsschild ohne Ort.

In 1953 and 1961, under the code name "Ungeziefer" (Operation Vermin) and "Kornblume" (Operation Cornflower, named after the weed), the Socialist Unity Party (SED) forcibly resettled over 11,000 people living in villages near the border, typically from one day to the next without notice or legal basis. Those affected were families classified as "not loyal to the party line" and "politically unreliable". Sometimes denunciation by a neighbor, membership of the church or under-fulfilled milk or grain quotas were reason enough to be removed. Several small villages with only a few dozen residents were almost entirely depopulated; sometimes only one family remained. Two examples of these are Jahrsau and Lankow.

Jahrsau in the state of Saxony-Anhalt was a village with a circular ring of farmhouses that had existed since the Middle Ages. After the last remaining family was forcibly resettled in 1961, the settlement was "razed", i.e. completely demolished in 1970. Nature has since reclaimed it. In 2003, a stretch of border fence and the site of the former village was declared a listed monument, an unusual step given that no physical remains still exist. The only testimonies to this serious violation of human rights are a small memorial stone, an information panel and an entry sign marking the name of the village that is no longer there.

Auch in Lankow (Mecklenburg-Vorpommern) wurden 1952 und 1961 viele Familien in andere Teile der DDR umgesiedelt. In der Folge ließen sich auch die 28 verbliebenen Bewohner 1973 umsiedeln. Schließlich wurde der verlassene Ort 1976 ebenfalls „geschliffen". Nur ein symbolisches Ortsschild und einige Fundamente sind heute noch zu sehen.

Eine Rückkehr und Restitution des enteigneten Landes ist bis heute nicht abschließend erfolgt, da viele der ehemaligen Privatgrundstücke inzwischen Teil des sogenannten Grünen Bandes, eines Naturschutzgebiets, sind. Die Enteignung wurde also auch von der Bundesregierung nicht rückgängig gemacht. Diese über 50 aufgegebenen Siedlungen, auch Wüstungen genannt, zeigen, wie an manchen Orten auch 28 Jahre nach dem Mauerfall die gesellschaftliche Kraft zur rechtlichen Aufarbeitung und zum Wiederaufbau fehlt. Faktoren wie die bis heute anhaltende Landflucht in Sachsen-Anhalt und Mecklenburg-Vorpommern tragen ebenfalls dazu bei, dass jahrhundertealte Dörfer ausgelöscht bleiben.

Lankow in the state of Mecklenburg-Western Pomerania suffered a similar fate. Many families were forcibly resettled in 1952 and 1961 to other parts of the GDR and the 28 remaining residents eventually agreed to resettlement in 1973. In 1976, the deserted village was also razed. All that remains today are a few foundations and a symbolic village sign.

Not everyone has since been able to return to their former villages and properties as many of the former private plots now lie in the Green Band nature reserve. As such, not all wrongful confiscations have been reversed by the Federal Government. More than fifty deserted villages are evidence of a continued lack of will in society to officially put right these wrongs and to reconstruct what was lost. Further factors, such as ongoing population decline in the rural areas of Saxony-Anhalt and Mecklenburg-Western Pomerania, also contribute to the fact that villages that had existed for centuries are no longer.

DDR-Grenzsoldaten vor einem Hof in Buchenmühle, ca. 1958. Der Hof wurde 1961 „geschliffen". GDR border soldiers in front of a farm building in Buchenmühle, about 1958. The farmyard was razed in 1961.

Eine Rückkehr und Restitution
des enteigneten Landes ist bis
heute nicht abschließend erfolgt.

Not everyone has since been
able to return to their former
villages and properties.

In der Serie „Confrontier" dokumentierte der Fotograf Kai Wiedenhöfer zwischen 1989 und 2018 auf zahlreichen Reisen Grenzmauern. Die folgenden Aufnahmen zeigen die sechs Grenzen der *Wall of Opinions* im Deutschen Pavillon (S. 14–15).

KAI
WIEDENHÖFER

CONFR

ONTIER

Between 1989 and 2018, the photographer Kai Wiedenhöfer documented border walls in numerous trips all over the world in his photo series "Confrontier". The following photos show the six borders of the *Wall of Opinions* in the German Pavilion (p. 14–15).

Israel/Palästina (Westjordanland): seit 2002 im
Bau – veranlasst durch Israel – 700 Kilometer befestigte
Grenze – circa 100 Grenzübergänge – Befestigungen:
Gräben, Zäune, Stacheldraht, Betonmauern,
Wachtürme, Kameras

**Israel/Occupied Palestinian Territories
(West Bank):** under construction since 2002 – built
by Israel – 700 kilometers fortified border –
35 border crossings – fortifications: trenches, fences,
barbed wire, concrete walls, watchtowers, cameras

Zypern: seit 1974 im Bau – veranlasst durch die Vereinten Nationen – 180 Kilometer befestigte Grenze – 7 Grenzübergänge – Befestigungen: Gräben, Stacheldraht, Zäune, Stahlfässer, Stein- und Betonmauern, Wachtürme

Cyprus: under construction since 1974 –
built by the United Nations – 180 kilometers fortified
border – 7 border crossings – fortifications: trenches,
barbed wire, fences, steel drums, masonry
and concrete walls, watchtowers

USA/Mexiko: seit 1994 im Bau – veranlasst durch die USA – 1130 Kilometer befestigte Grenze – 48 Grenzübergänge – Befestigungen: Zäune, Stacheldraht, Betonmauern

USA/Mexico: under construction since 1994 –
built by the USA – 1130 kilometers fortified
border – 48 border crossings – fortifications:
fences, barbed wire, concrete walls

Northern Ireland: under construction since 1969 –
built by Northern Ireland – 34 kilometers fortified
border – 11 border crossings – fortifications: fences,
steel, masonry and concrete walls

Nord- /Südkorea: seit 1953 im Bau – veranlasst durch Nord- /Südkorea – 250 Kilometer befestigte Grenze – 3 Grenzübergänge – Befestigungen: Gräben, Minen, Stacheldraht, Zäune, Wachtürme, Kameras

North and South Korea: under construction
since 1953 — built by North and South Korea — 250
kilometers fortified border — 3 border crossings — fortifications: trenches, mines, barbed wire, fences,
watchtowers, cameras

Spanien/Marokko (Ceuta): seit 2001 im Bau –
veranlasst durch Spanien (als Teil der EU-Außengrenze) –
24 Kilometer befestigte Grenze – 1 Grenzübergang –
Befestigungen: Barrieren, Stacheldraht, Tränengas-
anlagen, Zäune, Wachtürme, Kameras

Spain/Morocco (Ceuta): under construction since
2001 — built by Spain (as part of the EU external border) —
24 kilometers fortified border — 1 border crossing —
fortifications: barriers, barbed wire, tear gas sprinklers,
fences, watchtowers, cameras

AN
HANG

APP
END
IX

ÜBER DIE KURATOREN

**Lars Krückeberg, Thomas Willemeit,
Marianne Birthler, Wolfram Putz
Kuratoren des Deutschen Pavillons
auf der 16. Architekturbiennale in
Venedig, 2018**
Lars Krückeberg, Thomas Willemeit,
Marianne Birthler, Wolfram Putz
Curators of the German Pavilion at
the 16th Architecture Biennale in
Venice, 2018

ABOUT THE CURATORS

MARIANNE BIRTHLER

Marianne Birthler, geboren 1948 in Berlin, ist eine deutsche Politikerin (Bündnis 90/Die Grünen). Sie gehörte zur DDR-Opposition und 1990 der ersten frei gewählten Volkskammer an. Der Deutsche Bundestag wählte sie im Jahr 2000 zur Bundesbeauftragten für die Stasi-Unterlagen. Dieses Amt hatte sie bis 2011 inne. Frau Birthler ist heute ehrenamtlich in diversen Gremien tätig, unter anderem gehört sie dem Beirat der Gedenkstätte Berliner Mauer an.

LARS KRÜCKEBERG

Lars Krückeberg, geboren 1967 in Hannover, hat Architektur an der Technischen Universität Braunschweig, der Università degli Studi di Firenze und dem Deutschen Institut für Kunstgeschichte in Florenz, Italien, studiert. Er machte seinen Abschluss Dipl.-Ing. Arch. in Braunschweig und erhielt seinen Masterabschluss in Architektur am Southern Californian Institute of Architecture SCI Arc, Los Angeles, USA. 1998 gründete Lars Krückeberg das Büro GRAFT zusammen mit Wolfram Putz und Thomas Willemeit. Nach Gastprofessuren an der Hafen City Universität Hamburg sowie der RWTH Aachen hat Lars Krückeberg aktuell eine Gastprofessur an der TU Delft inne.

WOLFRAM PUTZ

Wolfram Putz, geboren 1968 in Kiel, studierte Architektur an der Technischen Universität Braunschweig sowie der University of Utah, Salt Lake City. Er machte seinen Abschluss Dipl.-Ing. Arch. in Braunschweig und erhielt seinen Masterabschluss am SCI Arc, Los Angeles, USA. 1998 gründete Wolfram Putz das Büro GRAFT zusammen mit Lars Krückeberg und Thomas Willemeit. Nach einer Gastprofessur 2008–2009 sowie einer Vertretungsprofessur 2016–2017 an der RWTH Aachen hat Wolfram Putz aktuell eine Gastprofessur an der TU Delft inne.

THOMAS WILLEMEIT

Thomas Willemeit, geboren 1968 in Braunschweig, studierte Architektur an der Technischen Universität Braunschweig und diplomierte 1997 nach Meisterklassen zu Architektur und Städtebau am Bauhaus Dessau und in Wien. Er gründete das Büro GRAFT zusammen mit Wolfram Putz und Lars Krückeberg 1998 in Los Angeles. Neben seiner Tätigkeit als Architekt gewann Thomas Willemeit zahlreiche Preise als Violinist, Sänger und Dirigent. Er war Gastprofessor der Architektur an der RWTH Aachen, an der Peter-Behrens-School-of-Art Düsseldorf und ist derzeit Gastprofessor an der TU Delft.

MARIANNE BIRTHLER

Marianne Birthler, born 1948 in Berlin, is a German politician (Bündnis 90/Die Grünen). She was part of the GDR opposition and the first freely elected People's Parliament in 1990. From 2000 to 2011 she was the Federal Commissioner for the Records of the State Security Service of the former German Democratic Republic. She is active in several committees, among which is the Council of the Berlin Wall Memorial.

LARS KRÜCKEBERG

Lars Krückeberg, born 1967 in Hanover, studied architecture at the Technical University Braunschweig, Germany, the University of Florence, Italy, and the German Institute for History of Art, Florence, Italy. He graduated as Dipl.-Ing. Arch. in Braunschweig and received his Master of Architecture at the SCI Arc, Los Angeles, USA. In 1998, he founded GRAFT together with Wolfram Putz and Thomas Willemeit in Los Angeles. After visiting professorships at HafenCity University in Hamburg and the RWTH Aachen, Lars Krückeberg is currently a visiting professor at the TU Delft.

WOLFRAM PUTZ

Wolfram Putz, born 1968 in Kiel, studied architecture at the Technical University Braunschweig, Germany, and the University of Utah, Salt Lake City, USA. He graduated as Dipl.-Ing. Arch. in Braunschweig and received his Master of Architecture at the SCI Arc, Los Angeles, USA. In 1998, he founded GRAFT together with Lars Krückeberg and Thomas Willemeit in Los Angeles. After a visiting professorship in 2008–2009 and an acting professorship in 2016–2017 at the RWTH Aachen, Wolfram Putz is currently a visiting professor at the TU Delft.

THOMAS WILLEMEIT

Thomas Willemeit, born 1968 in Braunschweig, studied architecture at the Technical University Braunschweig, where he graduated as Dipl.-Ing. Arch. in 1997, and partook the masterclass for architecture and urban planning at the Bauhaus Dessau. He founded GRAFT together with Lars Krückeberg and Wolfram Putz in 1998 in Los Angeles. In addition to his successful career in the architectural field, he won numerous national prizes as a violinist, singer and conductor. He was a visiting professor for architecture at the RWTH Aachen and at Peter Behrens School of Art in Düsseldorf and is currently a visiting professor at the TU Delft.

ÜBER DIE AUTOREN

ABOUT THE AUTHORS

MICHAEL CRAMER

Michael Cramer (geboren 1949) war von 1989 bis 2004 Mitglied der Grünen-Fraktion im Abgeordnetenhaus von Berlin. Seit 2004 sitzt er als Mitglied der Fraktion der Grünen/Europäische Freie Allianz im Europäischen Parlament.

SCILLA ELWORTHY

Dr. Scilla Elworthy (geboren 1943) ist Friedensstifterin und Gründerin der Oxford Research Group. Sie wurde dreimal für den Friedensnobelpreis nominiert.

KRISTIN FEIREISS

Kristin Feireiss (geboren 1942) ist Architekturkuratorin, Buchautorin und Herausgeberin. Sie ist Gründerin und Leiterin der weltweit ersten unabhängigen Architekturgalerie, dem Aedes Architekturforum in Berlin.

BRUNO FLIERL

Bruno Flierl (geboren 1927) ist ein deutscher Architekt, Stadtplaner und Architekturwissenschaftler mit Publikationen zu Geschichte, Theorie und Kritik der Architektur.
Er setzte sich für den Erhalt des Palasts der Republik ein und gilt als Experte für Städtebau in der DDR.

AXEL KLAUSMEIER

Axel Klausmeier (geboren 1965) ist seit 2009 Direktor der Stiftung Berliner Mauer und Honorarprofessor für Historische Kultur- und Erinnerungslandschaften an der BTU Cottbus-Senftenberg.

MICHAEL CRAMER

Michael Cramer (born in 1949) was a member of the Greens' parliamentary group in the Berlin House of Representatives from 1989 to 2004. Since 2004 he has been a member of the Greens/European Free Alliance political group in the European Parliament.

SCILLA ELWORTHY

Scilla Elworthy, PhD (born in 1943) , is a peace builder and founder of the Oxford Research Group. She was nominated three times for the Nobel Peace Prize.

KRISTIN FEIREISS

Kristin Feireiss (born in 1942) is an architectural curator, book author and publisher. She is the founder and director of the world's first independent gallery of architecture, the Aedes Architekturforum in Berlin.

BRUNO FLIERL

Bruno Flierl (born in 1927) is a German architect, urban planner and scholar and has published widely on topics of history and theory of architecture as well as architectural criticism. He campaigned to save the Palast der Republik and is regarded as an expert on urban design in the GDR.

AXEL KLAUSMEIER

Axel Klausmeier (born in 1965) has been director of the Berlin Wall Foundation since 2009 and is an honorary professor for historical cultural and memorial landscapes at Brandenburg University of Technology in Cottbus and Senftenberg.

JOHN KORNBLUM

John Kornblum (geboren 1943) ist ein amerikanischer Diplomat und war von 1997–2001 amerikanischer Botschafter in Deutschland. Er ist ehemaliger Deutschland-Chef der amerikanischen Investmentbank Lazard.

THOMAS KRÜGER

Thomas Krüger (geboren 1959) ist seit Juli 2000 Präsident der Bundeszentrale für politische Bildung. Seine politische Karriere begann er 1989 als eines der Gründungsmitglieder der Sozialdemokraten in der DDR (SDP).

DANIEL LIBESKIND

Daniel Libeskind (geboren 1946) ist ein polnisch-amerikanischer Architekt und Stadtplaner. Nachdem er den Wettbewerb zum Bau des Jüdischen Museums gewonnen hatte, gründete er 1989 sein Architekturbüro in Berlin. 2003 zog er mit seinem Büro nach New York, um sich der Umsetzung seines Masterplans für die Neubebauung des World Trade Center-Geländes zu widmen.

MICHAEL PILZ

Michael Pilz (geboren 1965) war bis 1990 Laborant, Betonarbeiter und Chemiestudent. Im vereinten Deutschland wurde er Journalist, seit 1998 schreibt er für das Feuilleton der Welt.

JOCHEN SANDIG

Jochen Sandig (geboren 1968) ist Kulturunternehmer und gründete in Berlin die vier Kulturinstitutionen Kunsthaus Tacheles (1990), Sasha Waltz & Guests (1993), die Sophiensæle (1996) und das Radialsystem V (2006).

HANS STIMMANN

Hans Stimmann (geboren 1941), Architekt und Stadtplaner, war von 1991 bis 2006 Senatsbaudirektor beziehungsweise Planungsstaatssekretär in Berlin. Seit 2007 ist er Honorarprofessor am Institut für Stadtbaukunst der TU Dortmund.

WOLFGANG TIEFENSEE

Wolfgang Tiefensee (geboren 1955) war Oberbürgermeister von Leipzig sowie Bundesminister für Verkehr, Bau und Stadtentwicklung und ist gegenwärtig Minister für Wirtschaft, Wissenschaft und Digitale Gesellschaft in Thüringen.

JOHN KORNBLUM

John Kornblum (born in 1943) is an American diplomat and was American Ambassador to Germany from 1997 to 2001. He is a former director of the German branch of the American investment bank Lazard.

THOMAS KRÜGER

Thomas Krüger (born in 1959) has been president of the Federal Agency for Civic Education (bdp) since July 2000. His political career began in 1989 as a founding member of the Social Democratic Party in the GDR (SDP).

DANIEL LIBESKIND

Daniel Libeskind (born in 1946) is a Polish-American architect and urban designer. He established his architectural studio in Berlin in 1989 after winning the competition to build the Jewish Museum. In 2003 he moved his studio to New York to oversee the master plan for the World Trade Center redevelopment.

MICHAEL PILZ

Michael Pilz (born in 1965) was, prior to 1990, a laboratory assistant, concrete worker and chemistry student. In unified Germany, he became a journalist. He has been writing for the culture section of the Welt newspaper since 1998.

JOCHEN SANDIG

Jochen Sandig (born in 1968) is a cultural entrepreneur and has founded four cultural institutions in Berlin: the Kunsthaus Tacheles (1990), Sasha Waltz & Guests (1993), the Sophiensæle (1996) and Radialsystem V (2006).

HANS STIMMANN

Hans Stimmann (born in 1941) is an architect and urban planner and was director of the Senate Department of Urban Development and State Secretary of Planning in Berlin from 1991 to 2006. In 2007, he became an honorary professor at the Institute for Urban Design at the TU Dortmund.

WOLFGANG TIEFENSEE

Wolfgang Tiefensee (born in 1955) was Mayor of Leipzig and Federal Minister for Transport, Building and Urban Development. He is presently Thuringian Minister for Economic Affairs, Science and Digital Society.

BILDNACHWEIS

ILLUSTRATION CREDITS

172 Herbert Hoffmann (bpk Berlin)
173 Herbert Maschke
Mick Leeming (akg-images)
174 Berlin Partner/FTB-Werbe-
fotografie
176 Robert Grahn (akg-images/
euroluftbild.de)
177 Max Missmann, Reproduktion:
Oliver Ziebe (Stiftung Stadtmuseum Berlin)
178 KoSP GmbH
Wolfgang Schubert (Berlin Wall
Foundation)
180 Simon Menges c/o Brigitta Horvat
181 Metin Yilmaz
Wikicookie Data (CC BY-SA 3.0)
182 Franz Richter (CC BY-SA 3.0)
183 Robert Conrad
Peter Trzeciok (Berlin Wall
Foundation)
184 Alexander Puell
185 Robert Grahn (euroluftbild.de)
186 Friedhelm Denkeler
188 Archiv Will McBride
Ralf Günther (BILD Zeitung)
190 Frank Schmeichel
Wolkenkratzer (CC BY-SA 4.0)
192 Gerhard Launer
(akg/euroluftbild.de)
194 Eredi Aldo Rossi (Fondazione
Aldo Rossi)
Felix Torkar
196 Reinhard Görner (Artur Images)
197 Axel Schultes Charlotte Frank
198 Werner Huthmacher (Artur Images)
199 Mark Wohlrab (Artur Images)
200 Werner Huthmacher (Artur Images)
Fritsch (ullstein bild)
202 Helmut Jacoby-Archiv, Deutsches
Architekturmuseum, Frankfurt am
Main
Reinhard Görner (Artur Images)
203 picture-alliance/IMAGNO/
Thomas Sessler Verlag
Tass (picture-alliance/dpa)
204 Archiv.Berliner-Mauer.tv
(Panoramen der Gt./DDR)
205 Werner Huthmacher (Artur Images)
Foster + Partners
Wolfgang Volz
206 www.bilderbuch-berlin.net
Sebastian Steinberg (DSK GmbH)
207 Dieter E. Hoppe (akg-images)
208 Felix Loechner (Artur Images)

209 picture-alliance/akg-images
Oltmann Reuter
210 Felix Torkar
211 Schütze/Rodemann (akg-images)
212 Hajo Dietz (Nürnbergluftbild)
picture alliance/ZB/euroluftbild
213 Dajana Marquardt
akg-images/picture-alliance/dpa
214 Bundespolizeiabteilung Bayreuth
215 GSA Süd 3 Bayreuth
216 Bundespolizeiabteilung Bayreuth
217 Störfix (CC BY-SA 3.0)
218 Brian Harris
Juergen Hohmuth (Zeitort.de)
221 Klemens Ortmeyer
222 Roland Holschneider (dpa)
Bruno Klomfar
223 Bruno Klomfar
Sassenroth & Reitermann
225–227 Klemens Ortmeyer
Ansgar Koreng (CC BY 3.0 de)
228 Gerhard Westrich (laif)
229 Daniel Lindner (Stiftung Preußische
Schlösser und Gärten Berlin-
Brandenburg)
230 Paul Glaser (picture alliance/
dpa-Zentralbild)
231 karstenknuth
Doris Antony (CC BY-SA 3.0)
232 Mediathek des Deutsch-Deutschen
Museum Mödlareuth
233 Gerhard Launer
Otto Donath (Bundesarchiv, Bild
183-N0415-363)
234 Dieter Weidlich (Mediathek des
Deutsch-Deutschen Museum
Mödlareuth)
235 Bayerische Grenzpolizei, Alfred
Eiber (Mediathek des Deutsch-
Deutschen Museum Mödlareuth)
236 Karl-Heinz Burkhardt
Birgit Konrad (Point Alpha)
238 imageBROKER/Alamy Stock Foto
Birgit Konrad (Point Alpha)
239 Gerhard Launer (euroluftbild.de)
240 W. Bulach (CC BY-SA 4.0)
Brockenhaus GmbH
241 Hans Wiedl (picture-alliance/ZB)
Peter Förster (picture-alliance/ZB)
242 Brockenhaus GmbH
243 Klöppel (Zeitschrift: NBI, Ausgabe:
8/90)
244 Dagmar Schwelle (laif)
245 public domain

246 Archiv.Berliner-Mauer.tv
(Panoramen der Gt./DDR)
247 Dagmar Schwelle (laif)
248 Frans Parthesius (OMA)
249 Axel Springer SE
250–251 OMA
252 Jürgen Schäfer
Christian Ernst (BEaM architects)
253 Hermann Rückwardt (public
domain)
254 BSF Swissphoto GmbH
(euroluftbild.de)
255–256 Marina Jubelt
257 Luftbild Bertram (blickwinkel)
258 Anne Heinlein
259 Kilian Privatsammlung (aus/from:
„Wüstungen" Anne Heinlein, Göran
Gnaudschun)
260 courtesy of Anita Heller
261 Bundespolizeiakademie Lübeck
(aus/from: „Wüstungen" Anne
Heinlein Göran Gnaudschun)
264–275 Kai Wiedenhöfer
278 Pablo Castagnola
286 GRAFT

Umschlag Innenseite vorne/
Front cover inside
Maurice Weiss (Ostkreuz)

Umschlag Innenseite hinten/
Back cover inside
Stephan J. Sönksen
(Axel Springer SE)

Alle übrigen Pläne und Karten: GRAFT
All other plans and maps: GRAFT

Jeder mögliche Versuch ist unternommen
worden, die Besitzer von Bildrechten
ausfindig zu machen. Falls es unabsicht-
lich dabei zu Fehlern oder Auslassungen
gekommen sein sollte, bitten wir die
Rechteinhaber um Nachricht. Die Fehler
werden in der nächsten Auflage der
Publikation korrigiert.

Every effort has been made to trace the
copyright holders of images. We apo-
logize in advance for any unintentional
omission and would be happy to insert
the appropriate acknowledgement in any
subsequent edition of this publication.

IMPRESSUM PUBLIKATION/ PUBLICATION CREDITS

Herausgeber/Editors
Marianne Birthler
Lars Krückeberg
Wolfram Putz
Thomas Willemeit

Projektleitung/Project management
GRAFT
Nora Zerelli

Redaktion/Editorial team
GRAFT
Felix Torkar
Nora Zerelli

Bildredaktion und Rechercheassistenz
Illustration editing and research assistance
GRAFT
Marta Busnelli
Julia Dorn
Laura Harnisch
Ameli Klein
Verena Otto

Redaktionelle Betreuung und Projektleitung Birkhäuser
Editorial supervision and project management Birkhäuser
Henriette Mueller-Stahl, Berlin

Übersetzung vom Deutschen ins Englische/Translation from German into English
Julian Reisenberger, Weimar

Übersetzung vom Englischen ins Deutsche/Translation from English into German
Roland Pawlitschko, München/Munich
S./pp. 48-55, 72-81, 98-107

Redaktion/Copy editing
Michael Wachholz, Berlin

Transkriptionen/Transliterations
Amy LaBranch, Helena Reiners (Transkripto)

Grafische Gestaltung, Umschlag und Typografie/Layout, cover design and typography
PROXI.ME
Christian Schärmer, Reinhard Steger

Herstellung/Production
Amelie Solbrig, Berlin

Lithografie/Lithography
Oriol Rigat, Barcelona

Papier/Paper
110g/m² Amber Graphic

Schriften/Typefaces
Akzidenz Grotesk, Exil71

Druck/Printing
DZA Druckerei zu Altenburg GmbH

Library of Congress Control Number: 2018937452

Bibliographic information published by the German National Library
The German National Library lists this publication in the Deutsche Nationalbibliografie; detailed bibliographic data are available on the Internet at http://dnb.dnb.de.

This publication is also available as an e-book (ISBN 978-3-0356-1594-4)

© 2018 Birkhäuser Verlag GmbH, Basel
P.O. Box 44, 4009 Basel, Switzerland
Part of Walter de Gruyter GmbH, Berlin/Boston

Printed on acid-free paper produced from chlorine-free pulp. TCF ∞

Printed in Germany

ISBN 978-3-0356-1613-2

9 8 7 6 5 4 3 2 1

www.birkhauser.com

IMPRESSUM AUSSTELLUNG/
EXHIBITION CREDITS

Im Auftrag von/On behalf of

 Bundesministerium
des Innern, für Bau
und Heimat

Bundesministerium des Innern,
für Bau und Heimat
Federal Ministry of the Interior,
Building and Community

Fachliche Begleitung/Monitoring
Gabriele Kautz, BMI
Anne Keßler, BMI
Olaf Asendorf, BBSR

GRAFT
& MARIANNE
BIRTHLER

Kuratoren/Curators
Marianne Birthler, Lars Krückeberg, Wolfram Putz,
Thomas Willemeit

Projektleitung/Project management
Nora Zerelli

Produktionsleitung/Production
management
Felix Torkar

Projektassistenz/Project assistance
Julia Dorn, Marta Busnelli, Laura Harnisch, Ameli Klein,
Verena Otto

Design Team/Design team
Marvin Bratke, Raluca Ana Maria Constantin, Alexander
Liu Cheng, Moritz Hanshans, Christopher Nielsen, Marta
Piaseczynska, Laurent Thill

Ausstellungsrealisierung/
Exhibition realization
Alexander Lubic
cfk architetti: Clemens F. Kusch und Martin Weigert

Grafische Gestaltung/Graphic design
PROXI.ME: Christian Schärmer, Reinhard Steger,
Max Schmieding, Maria Martí Vigil, Clara Vituri,
Ainoa Pubill

Video Installation
Wall of Opinions
Regie/Director: Maria Seifert
Kamera/Cinematographer: Helge Renner

Öffentlichkeitsarbeit/Public Relations
A B C Ana Berlin Communications

Event Manager in Venedig/
Event Manager in Venice
solmarino: Tomas Ewald

DANK/ACKNOWLEDGMENTS

Den folgenden Personen möchten wir besonders für ihre Unterstützung danken/
We would like to thank the following people for their support

Gunther Adler, Doris Annegarn, Dafne B, Thomas Baumgarten, Melinda Bartolain, Henri van Bennekom, Josele Bernabé, Jean Boué, Donatella Brugnolo, Leslie Brocket, Daniel Butz, Hans-Jürgen Commerell, Michael Cramer, Selina Degen, Andreas Denk, Julian Deutz, Lothar Dittmer, Mathias Döpfner, Scilla Elworthy, Kristin Feireiss, Alexandra Feldner, Bruno Flierl, Paula Flores, Tom Friedl, Kornelius Glaser, Ephraim Gothe, Sabine Gotthardt, Simone Hain, Till Harter, Anna Herrhausen, Kordula Hildebrandt, Eva Maria Hinkers, Peter Hofweller, Valerie von Hummel, Justinian Jampol, Almut Jirku, Claus Käpplinger, Ingolf Kern, Wolfgang Kil, Axel Klausmeier und dem Team der Gedenkstätte Berliner Mauer, insbesondere/especially Tuba Arikan, Gesine Beutin, Friederike Kroschel, Kathrin Thielecke und Manfred Wichmann, Parag Khanna, Lars Knöner, John Kornblum, Christoph Körner, Jan R. Krause, Thomas Krüger, Jong Kwon Ko, Klaus Lederer, Christian Lewandowski, Via Lewandowski, Daniel Libeskind, Nina Libeskind, Ahmad Mashal, Mohamed Massad, Axel Meise, Björn Melhus, Ryan Mendoza, Elisabetta Mengaldo, Najwa Mubarki, Henriette Mueller-Stahl, Heskel Nathaniel, Marco Nieschka, Martin Nowicki, Markus Olesch, Fernando Perez, Oke Petersen, Michael Pilz, Svenja Gräfin von Reichenbach, Julian Reisenberger, Helge Renner, Erwin Ritter, Donovan Ross, Eva Rösler, Peter Russell, Sebastian Rüß, Jochen Sandig, Matthias Sauerbruch, Joachim Sauter, Joes Segal, Petra Schaefer, Christian Schärmer, Günter Schlusche, Peter Cachola Schmal, Ekkehard Schönherr, Marion Schumacher, Michael Schuster, Kersten Schüssler, Maria Seifert, Danielle Shapira, Dijane Slavic, Amelie Solbrig, Friede Springer, Linda Stannieder und dem GRAFT Brandlab Team, Reinhard Steger, Hans Stimmann, Martin Stukenkemper, Neophytos Stylianou, Wolfgang Tiefensee, Deniz Turgut, Rainer Traube, Eduardo Trejo, Felix Trolldenier, Rahme Veziroglu, Michael Wachholz, Kai Wiedenhöfer, Sylvia Wengler.

und allen/and all Grafties

Wir wollen zudem den Studenten der TU Delft, Complex Projects Ms1 danken.
We would also like to thank the students of TU Delft, Complex Projects Ms1.
Insbesondere/especially Rik Meijer und/and Computerlab TU Delft.

Wir danken Werner Gegenbauer für die freundliche Unterstützung dieses Ausstellungskatalogs.
We thank Werner Gegenbauer for supporting this exhibition catalog.

Wir danken allen, die zum Fall der Mauer beigetragen haben.
We would like to thank everyone who helped unbuild the Wall.

Freiheits- und Einheitsdenkmal, Einheit überall, GRAFT, 2008 Monument to Freedom and
Unity, Union Everywhere, GRAFT, 2008

SPONSOREN/SPONSORS

Körber
Stiftung

---

axel springer

Occhio

JUNG

**Berlin
Hallenbetriebs GmbH**

JAB
ANSTOETZ

sto

OBJECT
CARPET

TROCKLAND.

---

vitra.

Solarlux

Brillux

Mit freundlicher Unterstützung von Friede Springer

Axel-Springer-Neubau 2018
Axel Springer Campus, 2018